長島淳子
NAGASHIMA Atsuko

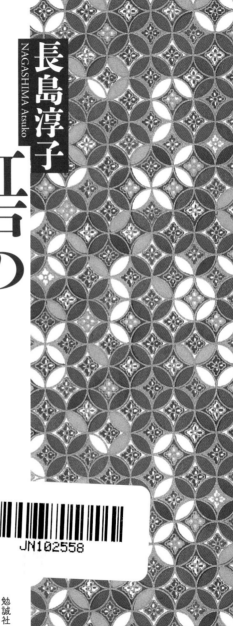

増補改訂 江戸の異性装者《クロスドレッサー》たち

セクシュアルマイノリティの理解のために

JN102558

勉誠社

◉増補改訂版にあたって

はじめに

初版出版後、六年がたった。その間、多くの有益なご教示、ご指摘、ご感想などを頂戴したことにまずは感謝したい。また今回、思いがけず増補改訂版のお話を頂き、セクシュアルマイノリティの問題が人々の関心事であり続けていることを実感している。

拙著のサブタイトル「セクシュアルマイノリティの理解のために」は、当初は歴史学の立場から何か役に立てればとの気持ちで付けたが、年を重ねるうち自身が常に学ぶ姿勢を持たねばという感覚に変化してきた。そして、私の専門とする女性史も、こうした問題とは不可分な研究分野であることを改めて痛感している。この機会を使って、「第五章　セクシュアルマイノリティ研究の現在」を増補することにした。

六年の間にセクシュアルマイノリティの社会的理解は着実に進んできた。以前はＬＧＢＴでそれを表現してきたが、今はＬＧＢＴという概念に限定せず、誰しもがもつＳＯＧＩ（性的指向・性自認）で考えることが主流になっている。ＳＯＧＩが浸透する中でＬＧＢＴＱ＋という概念も普及してきている。Ｑはクイアやクエスチョニングなどを表し、既存の性のカテゴリ以外の人や、性自認・性的指向が定まらない、あえて決めない人などを含んでいる。そしてＳＯＧＩが個々人にとって千差万別であるように、英語の頭文字では表現できない多種多様な性のありようを＋（プラス）として表している。

また、初版で使ったＦｔＭ・ＭｔＦの表記も、現在では男女二元論に根差す思考として退けられ、それぞれトランス男性・トランス女性、トランスの人というようになっている。このようにさまざまな性の表現についても、今後の理解の深まりとともに変化し続けていくだろう。

いっぽう、セクシュアルマイノリティに関する世界的規模での意識改革や法制度の整備が進むなか、今年二月、日本では岸田政権内で露骨な同性愛差別・蔑視発言をした首相秘書官が更迭されるという不祥事が起きた。国会議員の中にも同性愛者を不当に蔑視する発言を繰り返し、厳しい批判を浴びて総務政務官の辞任に追い込まれるなど、良識のあるべき人々が耳を疑う言動を繰り返している。こうした差別・蔑視を駆り立て、これを受ける側の心情を想像できない人々が社会に一定程度存在することは事実であり、セクシュアルマイノリティ問題の解消には、一筋縄ではいかない困難な課題が山積している。

そうしたなか六月には、通常国会において懸案となっていた法律第六十八号「ＬＧＢＴ理解増進法」が成立したが、二年前の超党派議員連盟による法案からは大きく後退した内容となった。そもそも「理解増進」などにとどまらず、性的指向・性自認差別禁止の法整備が主目的であるはずだが、第十二条に「全ての国民が安心して生活することができることとなるよう、留意するものとする」という新たな文言が設けられたことで、多数派の安心が前提という状況が創出され、法案のセクシュアルマイノリティへの有効性はもちろん、学校や地方自治体、社会全体における差別解消に向けた施策が抑制される危惧が生じることになった。セクシュアルマイノリティに対する差別禁止を念頭に置いた法改正が必要である。

ジェンダーの講義を担当していると、学生にも変化が表れてきていると感じる。以前は少数ではあるが個人的にカミングアウトしてくる学生がいたが、現在はクラスの自己紹介の場で話す学生もいる。心配しながら聞いているが、マスメディアなどでもオープンに考える機会を提供していることもあろう。カミングアウトする・しないは個人の意思に任せるべきものだが、自由に話せる雰囲気が社会に醸成される一方、危険な側面もまだまだ存在することは否めない。自らの発言が予期せぬ反応を招き、不幸な結果ともなりかねない。だからこそ、差別や偏見のない社会を実現させる努力が重要である。

私のわずかな経験ではあるが、学生も講義を通して学ぶと、小学生の頃からこういう授業をするべきとの感想を述べる人も少なくない。最近では当事者による実情の発信、市民レベルの運動・活動の場での問題提起、訴訟事例なども着実に広がっている。こうした機会を積極的にとらえて知識を共有化することもひとつの解決策になろう。差別や偏見の多くは無知からもたらされる。想像力を鍛え、諦めることなく、希望をもって地道な努力を重ねることだと、自らを叱咤する日々である。

この本は江戸時代を分析対象としている。歴史に興味のある人が主たる読者層であろうが、私としては現在の問題にまで想像の翼を広げてほしいと願っている。今の私たちは、膨大な歴史の積み重ねの上に生きているのだから。

（二〇二三年七月一日記）

はじめに

近年、セクシュアルマイノリティの認知と権利の保障について、国内において当事者が勇気をもって声を上げ、多くの人々を巻き込んでの議論が盛んになっている。また、国連人権理事会における「性的指向と性自認の人権決議（ＳＯＧＩ決議）」（二〇〇八年）の採択をはじめ、諸外国や日本におけるセクシュアルマイノリティの権利保障の法整備や行政の対応も進展しつつある（谷口、二〇一五年）。

こうした状況の背景には、性科学や性医学、発達心理学等の研究成果の進展が大きく寄与している。まずは、「病理」や「異常」として扱われてきたセクシュアルマイノリティ像を覆したことは銘記すべきであろう。したがって、この問題については以前より格段に理解が広がっているようにみえる。

日本人には想像しがたいことではあるが、キリスト教の伝統の強い欧米諸国では同性愛（特に男性同性愛）に対し、死刑を含む厳罰をもって禁止する制度が数百年にわたって維持されてきた。この法制をソドミー法（旧約聖書「創世記」にある性行為の乱れを理由に焼き滅ぼされた商業都市ソドムに由来する）と呼ぶ。中国やイランなどキリスト教国以外でもこれに類する法制を布いてきた国や地域も多い。一九六〇年代から二〇〇〇年代にかけて、成人同性間の合意に基づく同性愛を合法化する国や地域がふえている。しかし、現在でも世界の一九五カ所（国・地域）のうち、約三五パーセントにあたる七〇カ所が同性愛を違法とし、そのうちの四〇カ所では男性同性愛に限定して処罰の対象としている。その他、性的指向に対しては、宗教上の理由以外にも様々な要因で刑罰（死刑を含む）を設けている国・地域も存在する（「ソドミー法」ウィキペディア日本語版　https://ja.wikipedia.org/　2016.12.18閲覧）。

《ヨーロッパの同性愛者への抑圧》

キリスト教の影響でヨーロッパ中世には同性愛を否定する法が各国に存在した。一五三三年、イギリスのヘンリー八世によって「自然に反する犯罪」（ソドミー行為）を禁止する法令が布かれ同性愛者は死刑となった。フランスでは革命後の一七九一年に同性間の性行為を禁じたソドミー法が廃止され、一八一〇年にフランス民法典（ナポレオン法典）により制度化された。ナポレオン支配下にあったベルギー（一七九四）・ルクセンブルク（一七九四）・オランダ（一八一一）とイタリアの一部も成人同士の合意による同性間の性行為の処罰を廃止した。その一方、可視化された同性愛者に対しドイツ・アメリカ・イギリスでは刑の厳罰化が進んだ。イギリスでは一八六一年に死刑は廃止され刑罰は緩和したものの、告発件数は増加した（一八九五年、アイルランドの作家オスカー・ワイルドに対する刑事訴追後、懲役二年の実刑判決など）。また、ナチスドイツによる同性愛者の逮捕・投獄、強制収容所への送致（記録が破棄されたが五〇〇〇～一五〇〇〇人）も銘記すべきである（大島、二〇〇五年、風間・河口、二〇一〇年参照）。イギリスでは成人男性間の合意に基づく性交渉は、一九六七年にイングランドおよびウェールズで、八〇年にはスコットランドで、八二年には北アイルランドでそれぞれ合法化した。ドイツでは一八七一年から一九九四年まで男性同性愛を禁止する「刑法一七五条」があった。西ドイツでは同条文が一九六九年まで続いたが、以後適用範囲が縮小された。東ドイツでは一九五〇年代に同性愛罰則規定を削除したが、六八年、大人と青少年の場合は禁止の対象とした。九四年の東西ドイツの再統一後、「刑法一七五条」は撤廃された。

また、我が国をはじめ世界各地で依然として様々なかたちでの抑圧や偏見、嫌がらせや暴力が存在しており、無理解や差別を助長する言動によって引き起こされる痛ましいニュースを見聞きすることもしばしばである。こうしたセクシュアルマイノリティの人々は、現在のみならず過去にも存在したはずで、その時代の国家や社会の対応を歴史的に辿ってみたいというのが本書の出発点である。

私は日本近世史を専門にしながら、女性史に関心をもって研究を続けてきた。女性史研究は「女性差別の解消」をめざし、そのために各時代の社会にある差別の実態を明らかにするとともに、それを突き崩そうとする方向に光を照射してきた。ジェンダー論は個々の論者によって女性解放の視点を表に出す度合いは異なるが、男女の社会的文化的性差に着目し、男性女性の双方が各時代から受ける規定性を解明するものである。そして、両者とも男女という性区分については当然の前提にしてきたのではないだろうか。

男女平等や男女同権を獲得するには、女性差別解消のために法制や社会的通念、個々の実態を明らかにしなければならない。これをすべての人間の平等・同権に置き換えれば、男女という性区分の中でセクシュアルマイノリティとして生きざるを得ない人々も含めての平等・同権でなければならないはずである。セクシュアルマイノリティについての歴史的研究は、女性史やジェンダー史という歴史研究と重ね合わせることで、人間存在の理解を深めることに役立つに違いない。

私はこれまでセクシュアルマイノリティについて専門に研究してきたのではないが、女性史に向き合う中でまさにそうした問題に遭遇したのである。その遭遇の端緒は、〝竹次郎事たけ〟と呼ばれた人物との出会いである。江戸時代の女性や女性史に興味があれば、たけについてご存知の方も多いであろう。一九世紀前半を生きた「女性」である。本書で詳しく取り上げるので、ここでは簡単な紹介をしておきたい。

たけは女性として生まれたが、長じて男装となり、幕府から再三禁止されてもこれを止めず、ついには遠島という厳刑に処された。彼女は男尊女卑思想の蔓延する江戸社会にあって決然と男装をし続けることで、支配体制や社会矛盾に抵抗し続けた勇敢な女性として、私たちの前に描き出された。

たけの存在は、関民子の著書『江戸後期の女性たち』（関、一九八〇年）で広く知られるようになり、私も関の著書から学んだ一人である。その当時、どこの大学の授業科目からも敬遠されていた女性史を、関は手堅い実証作業と論理展開を通して、たけをはじめ様々な女性に光をあて浮かび上がらせることに成功した。法規範や道徳規範の中で説かれる女性の位置づけから、その地位の劣悪性を強調する従来の研究姿勢を脱却したということができる。それは学問としての存在意義はいうまでもなく、女性史の計り知れない面白さを引き出すことになった。

一九八〇年代初めから、私は女性史研究に取り組んできたが、その間、大学での講義や社会人教育などにも携わってきた。折しも九〇年代からはジェンダー論が脚光を浴び、そうした視角の研究を取り入れた授業や社会人教育の場で講義する機会がふえた。その中で特に忘れがたいのが、私の授業で出会った一人の学生である。

「彼女」は出席簿ではいわゆる「女名前」だったので、外見や立ち居振る舞いから、かなり「ボーイッシュ」な学生がいるなと当初から気になる存在であった。しばらくして、その学生が授業の後、教壇の傍にやって来て色々話してくれるようになった。

実は、彼はＦｔＭ（female-to-male。女性の身体をもちながら男性へと移行したトランスジェンダー。その反対の男性の身体から女性への移行はＭｔＦ、male-to-female）のトランスジェンダーであった。小学校に入る頃から自分の性に違和感をもちはじめ、高学年になるとそれは決定的となった。中学生になり制服のブラウスとスカートがどうしても着られず、着ようとすると頭痛や吐き気に襲われ、学校に行くことも儘ならなかった。このため、下着だけは男物（トランクスやランニングシャツ）を着用して、どうにかやり過ごしていたという。この性の違和感は高校生になっても相変わらず続いたが、大学に入学すると服装が自由になったため、今はいくぶん気持ちが楽になったとのことであった。

その頃、「性同一性障害者の性別の取り扱いの特例に関する法律《性別特例法》」（二〇〇三年制定、二〇〇四年施行）が成立したので、彼も自分の戸籍の性別や名前の変更を役所に申請する予定とのことであった。でも、条件が厳しいので受理されるか不安であるとも。そして、これを機に家族にも自分のジェンダーアイデンティティ（性自認。自分自身の認識している性別）について、やっと打ち明ける気持ちになれたという。しかし、この社会で生きていくにはまだまだ辛いことが多いと話してくれた。

私は授業後に彼の話をただ聞くばかりであったが、この服装に関する話は強烈な印象で心に残った。まだ幼さの残る小学生が、自分のジェンダーアイデンティティを家族に告げることもできず、下着を「男物」にして違和感や不快感を乗り切ろうとしている姿を想像すると胸が痛んだ。それでも、私も人の子の親の立場からいえば、親や家族はそれとなく気づいており、やはり心を痛め動揺していたのではないかと思う。

そして、しばらく経ったある日、この彼のカミングアウトと関が世に送り出した〝男装の女性、たけ〟とが、突如として一本の線に結びついたのである。その時の胸の高鳴りと高揚感は、今でも忘れられない。

果たして、たけがＦｔＭのトランスジェンダーであったという確証はもちろんなく、確かめる術も持ち合わせていない。それでも史料を読み込むと、一つの仮説としてたけをトランスジェンダーとして捉えることは、あながち誤りではないと考えはじめた。その閃きをもとにまとめたものが、拙稿「幕藩制社会における性規範――女性の男装をめぐって」（長島、二〇〇八年）である。本書の第一章は、その論考にさらに新たな史料を加えて、改稿したものである。

本書では、このたけをはじめ、江戸時代に生きた異性装者《クロスドレッサー》やトランスジェンダーの人々、また、ゲイやレズビアンなど同性愛の人々の生きざまを、わずかながらではあるが掘り起し、社会の中での彼らのありようや権力側の方針や施策、世間の反応などを通してその歴史的位置を考察していく。その一方で、異性装《クロスドレス》を余儀なくされた人々の位相にも迫ってみたい。

もう一つ、諸外国と比較して、江戸時代が男色《なんしょく》や同性愛に対して寛容で緩やかな時代であったと評される論調に対して、別の視点からの問題提起を試みるのも本書の目的である。

執筆するにあたっては、性の多様性の確保と権利の保障、その相互理解をめざし、性差別や民族・人種差別をはじめ、あらゆる差別の減少・解消を支持する立ち位置での叙述を心掛けた。本書は異性装をはじめ、「LGBT」（レズビアン・ゲイ・バイセクシュアル・トランスジェンダー）、性自認（ジェンダーアイデンティティ／GI）、性的指向（セクシュアルオリエンテーション／SO）などの語を用いて叙述している。そもそも、そうした用語や概念のなかった江戸時代を語るのに、それらを使うことに疑念を呈する向きもあろう。しかし、江戸時代を理解するための想像力や、思考の深化に不可欠の視点であろうという見通しのもとに使用する次第である。

また、本書で使用する「男装」・「女装」という語であるが、「自己のジェンダーアイデンティティに従った男の身なり、女の身なりをしているのであって、反対の性の衣装をことさら身につけているのではない」という立場をとる人からは、無理解と思われる表現になろう。その点についてはなるべく注意して論じていきたいが、史料上や行論上、止むを得なく使用する場合があること、また、性自認が男性であって、女性の身なりを好む場合は「女装」、その反対の場合は「男装」という語を使用することもある。これも前もってお断りしておきたい。

本書で取り上げた事件史料は、『藤岡屋《ふじおかや》日記《にっき》』からの引用を中心としている。史料には現在では差別的・不適切な表現もみうけられるが、その時代の特質を踏まえ、あえて原文のままで使用した。また、文章には句読点を補い、異体字・踊り字などは適宜改め、難読語句にはルビを付した。

本文の引用史料であるが、『藤岡屋日記』は『藤岡屋』巻数・頁数を、『御仕置例類集《おしおきれいるいしゅう》』・『徳川禁《とくがわきん》令考《れいこう》』などは巻数・掲載番号を、『近世風俗志（守貞謾稿《もりさだまんこう》）』は『守貞』巻数・頁数を、『徳川制度』は巻数を、それぞれ丸括弧（）内に示した。また、難読箇所には読み下しをルビ部分に付し、適宜、亀甲括弧〔〕内に現代語訳を補った。参照した著書・論文には著者名と出版年を示したので、いずれも後掲の参考文献一覧を参照していただきたい。

なお、本書ではインドのヒジュラーやメキシコのムシェなど「第三の性」と呼ばれる人々や、インターセックス（セクシュアルマイノリティとは別個に扱うべき問題である）については、私の力の及ぶ範囲ではないため検討の対象としない。

最後にいうまでもないことであるが、私のセクシュアルマイノリティに関する知識は、狭隘であり上っ面でしかない。日本近世史・女性史研究者として近世史料を用い、性の多様性や時代の問題点について感じとれるわずかな持論を展開したに過ぎない。本書の中に、誤った解釈や独善的な理解のあることを恐れるものであり、読者のご叱正、ご教示を切にお願いする次第である。

現代社会において性の多様性の浸透や理解が改善されつつあるとはいえ、まだ課題は山積みである。本書が歴史的な事象を素材にしながら、現代社会に潜むジェンダー構造を解明し、人権保障と共生社会を築いていくためのスクラムの最後尾になりとも加わることができれば幸いである。

目次

第一章

女性の異性装をめぐって

第一節　たけの最初の罪

竹次郎事たけ

はじめに登場してもらうのは、〝竹次郎事《こと》たけ〟といわれた人物である。この人物は、生まれたときに「たけ」と命名されたが、長じてからはみずからを「竹次郎」と名乗り、男の身なりを通した。彼（あるいは彼女）のジェンダーアイデンティティ（性自認）は男性であると推測されるため、ＦｔＭ（female-to-male。女性の身体をもちながら男性へと移行したトランスジェンダー）の例としてみていきたいが、使用する江戸時代の史料はあくまでもたけを「女性」と認識しているため、読み進むうえで混乱を招くのを避ける意味からも、ここではとりあえず「彼女」として扱うことにする。

さて、たけに関する史料はそう多くないのだが、幕府評定所《ひょうじょうしょ》の裁判記録『御仕置例類集』、江戸の書肆《しょし》藤岡屋由蔵《ふじおかやよしぞう》の『藤岡屋日記』、および『八丈島流人銘々傳《るにんめいめいでん》』、三宅島の「流人帳」などから確認できる。評定所とは幕府の最高裁判機関を指す。通常、寺社奉行《じしゃぶぎょう》・町奉行《まちぶぎょう》・勘定奉行《かんじょうぶぎょう》の三手《さんて》掛《がかり》および目付《めつけ》列座で審議するが、ことに重要な事項については、大目付《おおめつけ》・目付を加えた五手掛《ごてがかり》で評議した（『徳川制度』（上））。

まず、『八丈島流人銘々傳』（葛西・吉田、一九八二年）によると、たけは、「天保七年七月入牢《じゅろう》、押《おし》借《がり》の科《とが》、在島中は鍛冶職《かじしょく》につき、天保九年一〇月二〇日に病死、明治元年一二月に赦免《しゃめん》」とある。一方、その死の前年の天保八年（一八三七）春、たけが八丈島送りになる途次、中継地の三宅島で記された「流人帳」には次のようにある。

無宿入墨
たけ
酉二十四歳

一　ゆすり御科　日蓮宗

（朱筆）
此もの別囲ニて差遣候

この一条から、「ゆすり」の罪で処罰を受けた「無宿入墨《むしゅくいれずみ》」のたけ（二四歳）が、「別囲《べつがこい》」で八丈島に送られたことが分かる（林、一九九三年）。「無宿」は宗門人別改帳《しゅうもんにんべつあらためちょう》から名前を除かれた者。「入墨」は窃盗罪の刑として前科の印とされた（本節「たけの罪状と処罰」で後述）。「別囲」とは、武士や女性が護送される際、船内で隔離されることをいう。当然のことながら、たけは女として処遇されていた。身なりも女物であったのだろう。伊豆七島は江戸からの遠島《えんとう》の地であったが、八丈・三宅島送りは年に春船・秋船の二回あり、罪人はまず三宅島に送られ、さらに八丈島送りの場合はその数か月後、順風を待って移送された。そのため両島へ送られる流人は、三宅島到着時にその罪状・宗旨・身分・名・年齢などを「流人帳」に記載されたのである。

この二つの史料によると、たけは「押借」ないしは「ゆすり」の罪で遠島に処せられ、八丈島では男仕事の領域であろう鍛冶職に一年ほど従事したのち、病死したことになる。つまり、たけは文化一一年（一八一四）に生まれ、天保九年（一八三八）に数え年二五という若さで、その数奇な生涯を閉じたのである。その後三〇年を経た明治元年（一八六八）に赦免となっている（葛西・吉田、一九八二年）。赦免理由は詳らかでないが、政治体制が変わったとはいえ、彼女の罪は三〇年後には許されるものなのか。もしそうであるなら、本人が生きている間に実現させたかったと思う。

たけの生い立ち

たけの人となりを知る手がかりになるのが『藤岡屋日記』である。どのような史料かを説明しておこう。

《『藤岡屋日記』と須藤由蔵》

江戸外神田御成道《おなりみち》（将軍の東叡山寛永寺《とうえいざんかんえいじ》への参詣道のうち、現東京都千代田区外神田・JR秋葉原駅西側付近）の書肆《しょし》・藤岡屋由蔵《ふじおかやよしぞう》（一七九三～没年未詳）が蒐集《しゅうしゅう》した公私の事件に関する文書の写し、巷《こう》間《かん》の聞き書き、噂話、瓦版《かわらばん》の転載などからなる膨大な史料群である。なかには「本由《ほんよし》」と記される由蔵自身の文章や狂歌などもあるが、多くは蒐集した文書類で占められている。

収載期間は文化元年（一八〇四）から慶応四年（一八六八）まで六五年間におよび、鈴木棠三・小池章太郎編『近世庶民生活史料　藤岡屋日記』全一五巻（三一書房、一九八七～九五年）として刊行されている。原本は関東大震災（一九二三年）で焼失したが、写本一五二巻分が東京都公文書館に保管されている。詳細は刊本の例言や関連書籍等を参照願いたいが、以下、吉原健一郎、鈴木棠三の著書を参考に、藤岡屋について説明を加えておこう。

藤岡屋由蔵は姓を須藤といい、寛政五年（一七九三）、上野国《こうづけのくに》藤岡（現群馬県藤岡市）に生まれた。文化元年一一歳の頃江戸に出て、二〇歳代で江戸城の人足《にんそく》（御本丸御広敷請負人足《ごほんまるおひろしきうけおい》、埼玉屋の寄子《よりこ》）となる。その後、神田御成道入り口広場に蓆《むしろ》を敷いて露店の古書店を始めた。雨の日以外は古本を売りながら、蓆の上で素麺箱《そうめんばこ》を机にして多種多様の記録を書き留めることに没頭し、それらの情報を諸藩の記録方や留守居役《るすいやく》などに売買して生計を立てていた。当時の川柳に、「本由は人の噂で飯を食ひ」とあるくらいである。のちに御成道西側の餅屋（鶴屋）の隣に平屋の茅葺《かやぶき》屋根の家を建て、古本の店を出したが、素麺箱の机に向かうことは以前と同様であった。

でっぷりとした体軀の由蔵は、「御成道の達磨《だるま》」と呼ばれたが、由蔵の真骨頂は、「お記録本《きろくほん》屋《や》」といわれたように、そこに行けば様々な公的情報が入手できたことである。そのため記録方や留守居役が足繁く通ってきたのである。江戸の一介の本屋が、これだけ膨大な公私の文書類をなぜ蒐集できたのかであるが、由蔵は「下座見《げざみ》」という探訪記者のような者たちを雇って集めさせたという記録（『藤岡屋由蔵小伝』）がある。下座見が諸国を探訪して知りえた情報を、一情報につき銭二四～三〇文で買い取り、それを九六文で売り捌いて利鞘《りざや》を稼いだのである。また人足時代に江戸城の役人との関係ができたなどの説もある。

明治三年（一八七〇）、七八歳の頃、子どものなかった由蔵は藤岡に住む甥の勧めで故郷に帰り、その地でまもなく没したという。彼の子孫・縁者・墓所などは判明していない（吉原、一九七八年・鈴木、二〇〇三年）。

さて、たけの話に入ろう。

『藤岡屋日記』の天保三年（一八三二）八月の項に、江戸町名主《まちなぬし》幸助から江戸町奉行筒井伊賀守《つついいがのかみ》（筒井伊賀守政憲《まさのり》、南町奉行、在職・文政四～天保一二）宛ての「御届《おとどけ》ケ」が載っている。たけに関する最も早い記述である。

〈史料1〉

町奉行筒井伊賀守殿江御届ケ

四ツ谷内藤宿、大守寺（宗）門前丁山口と申す、兵蔵店《ひょうぞうだな》

蕎麦屋《そばや》忠蔵

同人召使《めしつかい》　竹次郎　辰二十

右竹次郎義、実ハ山王丁《さんのうちょう》火消二番組之内も組人足長吉娘ニ而、幼少之節両親相果《あいはて》、たけ義ハ親類之世話を以成長致し、一二、三才之頃武州八王寺（子）宿鯛屋《たいや》と申旅籠屋《はたごや》へ年季奉公《ねんきほうこう》ニ相済候処、飯売《めしうり》奉公難儀《なんぎ》ニ致、同処を逃去、御当地江出、月代剃《さかやきそり》、男の風俗ニ成、別人方へ立廻り罷在《まかりあり》候処、新吉原町《しんよしわらちょう》其外茶屋向等有之《ちゃやむきとうこれある》場所、台屋《だいや》と申煮売屋《にうりや》等へ売物等持運致し給金を取居《とりおり》、猶又《なおまた》当八月十日より深川永代寺門前仲町《ふかがわえいだいじもんぜんなかちょう》半七と申者請人《うけにん》ニ而、右忠蔵方へ相雇召仕罷在候処、同廿九日昼九ツ時頃、竹義俄《にわか》ニ腹痛致し難義之旨申候ニ付、忠蔵居宅二階江廻り介抱致居候処、男子出生　仕《つかまつり》候。たけ義、平日半天着《はんてんをき》、或ハ股引《ももひき》をはき罷在、洗湯《せんとう》ハ男湯江参り候。風俗仕業共《しわざとも》女とハ相見へ不申候ニ付、無何心差置候旨《なにこころなくさしおきそうろうむね》、忠蔵申出候。右之通男ニ而致出産候《しゅっさんいたしそうろう》趣《おもむき》、其外種々取沙汰《とりざた》致候ニ付、一通《ひととお》り入御聴《おききにいれ》ニ度《たく》、此段奉申上候、以上

名主　幸助

（『藤岡屋』一巻・四九三頁）

（右の竹次郎は、実は山王町火消二番組のうち、も組の人足長吉の娘で、幼少期に両親が亡くなり、たけは親類の世話で成長した。一二、三歳の頃武州八王子宿の鯛屋という旅籠屋に年季奉公に出たが、飯売奉公に難儀し、同所を逃げ去り、江戸へ出て月代を剃って男の身なりとなり、別人宅にいたとき、新吉原町や茶屋方面へ台屋という煮売り屋などに売り物（料理）を運ぶ仕事で給金を稼いでいた。また、本年八月一〇日より深川永代寺門前仲町の半七という者を請人として、蕎麦屋忠蔵方で雇われていたが、同月二九日昼九ツ時頃、たけが

突然腹痛になり難儀の旨を申すので、忠蔵宅の二階へ上がり介抱していたところ、男子を出産した。たけは普段は半纏《はんてん》を着、あるいは股引を穿いており、銭湯は男湯に行く。身なりや所業ともに女とは見えなかったので、何の疑いもなく置いていたと忠蔵は申し出ている。右の通り、男でもって出産したこと、その他種々の評判が立っているので、あらましをお耳にお入れ頂きたく、この段を申し上げる」

この町名主の届けは、〝男と思って蕎麦屋で雇っていた者が、子どもを産んだ〟という事柄の報告書である。事の良し悪しというより、風評が届け以前に町奉行の知るところとなるのを避け、町名主から早々に申し出たものである。江戸の町ごとに置かれた町名主は二百数十名におよび、職務は町用・公用全般にわたったが、町奉行所への訴状や届書きの検閲・奥印も含まれている（加藤貴）、一九九二年）。たけの日常の男装に対して非難がましい文言がない点に注目しておこう。

四ツ谷内藤宿の「大守寺（ママ）」とは、現在、東京都新宿区新宿二丁目にある浄土宗寺院「太宗寺《たいそうじ》」のことで、江戸時代には譜代大名内藤家の下《しも》屋敷があった場所である。寛永六年（一六二九）に五代内藤正勝《ないとうまさかつ》の葬儀を執り行ったことから同家と寺院との関係が深まり、寛文八年（一六六八）には六代重頼《しげより》により寺領七〇〇〇坪余りが寄進された。太宗寺内には内藤家の墓所がある。また、〝内《ない》藤新宿《とうしんじゅく》のお閻魔《えんま》さん〟、〝葬頭河《そうずか》のばあさん〟として親しまれた閻魔大王や奪衣婆《だつえば》の像が江戸庶民の信仰を集め、藪入《やぶい》りには縁日が立つなどの賑やかな門前町であった。この門前町にある「山口」という蕎麦屋でたけは召使いとして働いていた。たけは、天保三年（辰年）に二〇歳とあることから、文化一一年（一八一四）戌年生まれになる。山王町火消二番組、も組の鳶人足《とびにんそく》長吉の娘として出生したという。たけの出生地の山王町は、現在の中央区銀座八丁目に位置する。

《町火消制度》

享保三年（一七一八）、町奉行大岡越前守忠相《おおおかえちぜんのかみただすけ》により町方に命ぜられた町火消設置は、以後整備を繰り返しながら、元文三年（一七三八）に至り、隅田川《すみだがわ》以西の町々に大組八組、小組四七組の町火消制度として完成をみた。大組八組のうち二番組には、ろ・せ・も・す・め・百・千の七組の小組があり、長吉の属したも組は鳶人足一〇八人を擁し、管轄地域には新両替《しんりょうがえ》町《ちょう》・南鍋町《みなみなべちょう》・元数寄屋町《もとすきやちょう》・山王町《さんのうちょう》・竹川町《たけかわちょう》・加賀町《かがちょう》・芝白金台町《しばしろかねだいまち》などがあった。これらの地域は、現在の東京都中央区銀座一丁目から八丁目、および港区白金台付近にあたり、広範囲を受けもっていたことが分かる。

鳶職は本来、建築労働者であったものを、その技能を買われ町火消に用いられたのである。したがって、鳶人足は木造家屋の構造を熟知しており、火災家屋の破壊消火をはじめ、大工とともに足場の架設・上棟《じょうとう》・木遣《きや》り（材木運搬）などにも携わり、さらには寺社祭礼の準備から神輿《みこし》・山車《だし》の巡行、木遣り唄奉納、終了後の片づけなどに中心的な役割を担った。火事場での纏《まとい》振《ふ》りや鳶装束《とびしょうぞく》での消火活動の勇壮さは、江戸っ子の憧れの的であり、「火事と喧嘩《けんか》は江戸の華」といわれたように、威勢がよく喧嘩っ早い鯔背《いなせ》な若連中であった。

この鳶人足について、『近世風俗志（守貞謾稿）』から引用したいが、まず著作について説明しておこう。

《『守貞謾稿』》

著者は喜田川守貞《きたがわもりさだ》（一八一〇～没年未詳）。守貞自身については不明な点が多いが、著者による「概略」によれば、文化七年六月、浪華《なにわ》（大坂）で生まれ、本姓は石原氏。天保一一年（一八四〇）九月、三一歳で江戸に引き移り北川家の養子となる。「喜田川」は北川の借字である。『守貞謾稿』は天保八年に起筆し、最終的には慶応三年（一八六七）まで補足・訂正など加筆された百科全書的風俗志である。

守貞は江戸に移住する前にも、しばしば中山道《なかせんどう》経由で江戸を訪れており、天保八年に「深川に間《(ママ)》居し、黙して居諸《きょしょ》を費さんことを患《うれ》へ、一書を著さんと思ひ、筆を採りて几《き》に対すれども、無学短才、云ふべき所なし」（『守貞』一巻・九頁）とあり、江戸の深川にしばらく居を構えたが、そこで黙って日月を無駄に費やすのを心許なく思い、本書を書き始めたという。その後はまた大坂に戻ったわけである。

嘉永六年（一八五三）冬、いったん「概略」・「目録」とともに編集されたが、「概略」によれば、ペリー来航により幕府とアメリカとの戦争勃発を危惧した守貞が、武州川越（現埼玉県川越市）の親戚へ原稿・諸財等を避難させるためにまとめたという。幸い戦争が回避されたため、また川越から取り戻し、慶応年間まで著述が続けられた。江戸後期の風俗を、生まれ育った大坂や京など関西地域の状況と、現在住まいする江戸とを比較対照しつつ解説し、さらに古代以来の通史的叙述を織り交ぜるなど、著者の広い識見を自在に駆使した興味深い著作である。

『守貞謾稿』によると、「火消人足は、平日は土木の用を業とし」、火事場に出るときに必ず鳶口《とびくち》という道具を携帯するので「鳶《とび》の者《もの》」ともいわれた。火事場に鳶口のみ持って出る者を「平《ひら》人足」と呼ぶ。また、諸道具を持つ者のうち、纏持ちを良とし、梯子《はしご》持ちがそれに次いだ。両者を「道具持ち」と呼び、道具持ちから頭取《とうどり》への道が開ける。

火事場には木遣り唄を歌いながら向かうが、先頭には火事装束の名主、次に組の印半纏《しるしばんてん》、紺股引《こんももひき》を着た家主《やぬし》が続き、その後ろに鳶の者たちが群れて行く。鳶人足の前方に梯子、その中ほどに纏、後方に竜吐水《りゅうどすい》（箱に入れた水を手押しで噴出させる消火用具）が配置される。竜吐水や玄蕃桶《げんばおけ》（火災の際、水を入れて担ぎ込んだ大桶）を持つ者は、平人足より下位とされた（『守貞』一巻・一四七〜八頁）。

この説明に従えば、おそらく、たけの父親は平人足だったのではないだろうか。

さて、幼くしてたけは両親と死別したため親類に引き取られて成長するが、一二、三歳頃武蔵国八王子宿（現東京都八王子市。甲州街道の宿場町）の旅籠屋鯛屋へ奉公に出される。鯛屋は飯売旅籠《めしうりはたご》であったため奉公に難儀をし、そこから逃げ出して江戸へ出て、月代《さかやき》を剃って男装となった。飯売下女（＝飯盛女《めしもりおんな》）奉公に難儀をしたという箇所は、一般論としては少女が宿場女郎として男性客を取るのが辛かったという解釈ができるが、もう一つは、たけが男を性交の相手とすることに違和感ないしは嫌悪感を覚えるという、彼女の性的指向に基づく意味合いにも受けとれる。ここではこれ以上の推測はやめ、指摘に留めておきたい。

〝男が子どもを産んだ〟

江戸で知り合いのところにいる間、たけは新吉原（現東京都台東区千束）や茶屋に料理を仕出しする台屋（遊廓などに料理を仕出しする店。台《だい》の物《もの》屋）に料理を届ける煮売り屋で働き日銭を稼いでいた。男装のたけは台屋に仕出しを運ぶ担《かつ》ぎ（物資の運搬人）をしていたと考えるのが順当であろう。

天保三年八月一〇日からは深川永代寺門前仲町（現東京都江東区富岡）の半七を請人として件《くだん》の蕎麦屋忠蔵方に雇われた。前職が台屋への仕出し担ぎなので、おそらくこの時も出前持ちや力仕事の雑用を受けもったと思われる。ところが雇われて二〇日も経たない二九日の昼九ツ（正午）頃に、たけは腹痛を訴え、蕎麦屋の二階で男子を出産したのである。兎にも角にも忠蔵をはじめ周囲の人々の仰天ぶりはいかばかりであったか。たけは月代（成人男性が額《ひたい》から頭の中央にかけて、半月形に髪を剃り落としたもの。また、その部分）を剃った立派な男衆《おとこしゅ》であり、半纏（半天とも）・股引姿で重い荷物を運び、銭湯も男湯に入ったのだから。〝男が子どもを産んだ〟というセンセーショナルな事件は、すぐさま口さがない江戸雀《えどすずめ》の格好の話の種となったのであろう。

それにしても、たけを雇う時点で、皆が臨月《りんげつ》を見抜けなかったことに多少の疑問が残る。しかし、身体をゆったりと覆う半纏を着用し、すべらかな脛《すね》も股引で隠し――男なら毛深い脛であろうから――、月代を剃った町人髷《まげ》で、そのことば遣いや所作などから、女とは思いもよらなかったということであろうか。

また、たけが男湯に入ったという点だが、寛政三年（一七九一）正月に、幕府は湯屋《ゆや》に対し「男女入込湯《いりこみゆ》停止」（『徳川禁令考』前集第五、三三四九番）を命じ、場末《ばすえ》を含めて場所柄を問わず風俗統制の面から男女の混浴を禁じている。したがってこの時期は男湯といえば男性専用であり、身重のたけが脱衣場などで、なぜ女と気づかれなかったのか不思議ではある。とはいえ、月代を剃った野郎頭からくる先入観があれば、たけは小太りの男とみえ、さらに手拭いで前を隠せば、上手くごまかせたのかもしれない。石榴口《ざくろぐち》（銭湯の洗い場から浴槽への入り口。湯が冷めるのを防ぐために低く作り、かがんだ姿勢で入る）の奥の湯船は湯煙でもうもうとしており、昼間でも薄暗くて周囲がよくみえなかったというから、それも幸いしたのであろう。

男装と盗み――天保三年の事件のあらまし

次にたけが犯罪者として現れる史料をみていきたい。

前述の幕府評定所の裁判記録『御仕置例類集』のうち「天保類集　女之部　火附盗賊之類《ひつけとうぞくのたぐい》」の

「天保三辰年御渡」の箇所にある（『御仕置例類集』第一六冊、一五六三番）。火附盗賊改《ひつけとうぞくあらため》、柴田七左衛門《しばたしちざえもん》康直《やすなお》から評定所宛ての伺書《うかがいしょ》である。火附盗賊改は先手頭《さきてがしら》・持筒頭《もちづつがしら》・持弓頭《もちゆみがしら》から人選され、江戸市中を巡察して火附・盗賊・博奕《ばくえき》の犯人の検挙、および裁判を主な任務とする臨時職であり、本役《ほんやく》に加えて課せられたため加役《かやく》と呼ばれる。配下に与力《よりき》・同心《どうしん》を従えた。本来は与力五騎、同心一〇人であったが、拝命すると他の先手頭からの増員を受け、与力一〇騎、同心五〇人に拡大した。

元来、火附盗賊改は町奉行に協力する立場であったが、その職務の境界は明確ではなく、自分の屋敷に白洲《しらす》や仮牢《かりろう》を設け、拷問の道具を備えるなど、かなり手荒に逮捕者の吟味にあたったため町方住民からは恐怖の的であったという。ちなみに柴田の火付盗賊改在職期間は、天保二年一二月から同六年八月までである。

左の史料は柴田がたけの事件に関する自己の判断について、評定所の見解を伺ったものであるが、天保三年のみの記載で月日は分からない。

〈史料2〉

一　無宿竹次郎事たけ、盗いたし候一件

当時《とうじ》無宿

竹次郎事

たけ

右之もの儀、旅籠屋え年季奉公済いたし居候処、女子之所業を嫌ひ、男之子供遊ひ居候処え参り打交《うちまじり》遊ひ、主人より叱りを受候ても不取用《とりもちいず》、弥《いよいよ》男之所業面白候迚《おもしろくそうろうとて》、自分《じぶん》と髪を切、若衆《わかしゅ》に相成、又候《またぞろ》主人叱り候迚欠落《かけおち》いたし、被尋出間敷《たずねいだされまじく》と野郎《やろう》ニ姿を替《かえ》、竹次郎と申立《もうしたち》廻《まわり》、酒給合候《さけたべあいそうろう》もの女子之儀相察、不義《ふぎ》被申掛《もうしかけられ》候節、相断候処、右姿之儀申触《もうしふら》し候由申候迚《とて》、不得止事《やむことをえず》、密会いたし、其後知人之方え参候処、居合不申候迚《いあわせもうさずそうろうとて》、手元竿《さお》ニ懸有之《かかりこれある》帯盗取、右始末は押隠し、蕎麦商《あきな》ひいたし候もの方月雇《つきやとい》いたし候砌《みぎり》、出産いたし、右之趣主人え申明《もうしあか》し、出生之小児は死去いたし候得共、面目無之《めんぼくこれなし》と存候処、又々悪心出、手元ニ有之合羽《かっぱ》盗取、欠落いたし、又候右始末ハ押隠し、煮売商ひいたし候もの方月雇いたし、暇出候《ひまいでそうろう》後、古着商ひいたし候もの方ニて衣類衒取《ごまかしとり》、右品之内、所持いたし質入売払候金銀銭は、不残遣捨候段《のこらずつかいすてそうろうだん》、不《ふ》届《とどき》ニ付、入墨《いれずみ》之上、五十日過怠牢《かたいろう》、（下略）

（右の者（たけ）は、旅籠屋へ年季奉公していたところ、女子のやることを嫌い、男子の遊んでいる所へ行って混ざって遊び、旅籠屋の主人から叱られても一向に気にしなかった。益々男のやることが面白くなり、みずから髪を切って若衆の姿になり、またまた主人が叱ったので逃亡し、尋ね出されぬように野郎に姿を替え、竹次郎と名乗って立ち回っていた。ある時、酒をいっしょに飲んでいた男が、たけが女であることを察し、不義（性交）を持ちかけてきたので断ったところ、男装をしていると申し触らすというので、仕方なく性交に及んだ。その後、知人宅へ行ったところ、居合わせなかったので、手近の竿に掛けてあった帯を盗んだ。右の事の次第は隠したまま、蕎麦屋方で月雇いをしているときに出産し、これまでの事情を主人に打ち明けた。生まれた赤ん坊は死んでしまったが、恥ずべきことをして世間に顔向けできないと思っていたのに、またまた悪心が出て、手近にあった合羽を盗んで逃亡した。その後、またもや事情を隠して煮売り商方で月雇いをし、暇を出された。その後、古着商をしている者のところで衣類をごまかして取り、これらの衣類を質入れして、売り払った金銭を残らず使い果たしたのは法に背くものであり、入墨の上、五〇日間の過怠牢《かたいろう》に処す」

以上のように、たけの一件の経過を述べ、柴田は自身の下した判断「入墨之上、五十日過怠牢」の可否を評定所に問うている。

この後、評定所での審議事項について記載されているが、柴田はもっぱら盗み・奉公先からの出奔・盗品売却などに着目して罪科の処分を伺っているのに対し、評定所は男の身なりになったことを検討した上で柴田の判断を支持した（本節「たけの罪状と処罰」で後述）。文書の最後に朱書きで「評《ひょう》議《ぎ》之《の》通《とおり》済《すみ》」とあることから落着が判明する。

たけは『藤岡屋日記』に記された天保三年八月二九日の出産後に、窃盗の罪により火附盗賊改に逮捕された。

まず、注目したいのは肩書の「当時無宿《とうじむしゅく》」である。「当時」は現在という意味であり、「無宿」は宗門人別改帳から除外された者を指す。つまり、両親の死後に引き取って育て、旅籠屋奉公に出した親類とは縁が切れていることになる。奉公期間中の奉公人の逃亡は契約違反であり、請人は雇用主に対し逃亡による損失の保障義務が発生する。請人がこの親類の者かは分からないが、たけを奉公人として預けた親類は、厄介払《やっかいばら》いができた後は知らぬふりを通したのだろう。身寄りを無くしたたけの姿が浮かび上がる。

〈**史料2**〉からは、たけの少女期から江戸に逃亡するまでの様子が読みとれる。ここにある年季奉公先の旅籠屋は、『藤岡屋日記』でみた八王子宿の飯売旅籠、鯛屋であろう。「女子之所業を嫌ひ、男之子供遊ひ居候処え参り打交遊ひ、主人より叱りを受候ても不取用」とあることから、女子のやることを嫌い、男の子たちに混じって遊ぶので、旅籠屋の主人から叱られるのだが、まったく意に介さなかった。

一方〈**史料1**〉では、たけの逃亡理由を「飯売奉公難儀ニ致」したためとある。〈**史料1**〉と〈**史料2**〉の違いをどのように考えるか。

鯛屋の主人はたけを女郎にする目的で受け入れたが、数えの一二、三歳ではまだ客も取れず、しばらくは子どものできる雑用をさせていたのだろう。この間たけは男子たちと遊んでいた。年を経て客を取らせる年齢になったが、たけは女郎となるのを嫌がり、その抵抗としてみずから髪を切り、「若衆」姿になって逃亡した。たけの逮捕後、柴田の取り調べを受けた鯛屋の主人は売春にかかわる事柄は隠蔽し、たけの少女期の男子との遊びやそれを叱責した点、それにもかかわらず男装したまま「欠落」したことを陳述したのであろう。

髪を切って若衆になるとは、若衆髪の少年になることである。元服前（およそ一五歳未満）の男子は、前髪を残して中剃りをし元結《もっとい》で結った髪形であった（**図1**）。さらに「野郎《やろう》に姿を替える」とは、野郎頭の一人前の男の姿になることである。野郎頭は、額から頭頂にかけて髪を剃り落とした月代《さかやき》を施した頭髪である。残りの脇の髪は束ね、髻《もとどり》を上に折り返して根の部で結ぶ。これを銀杏髷《いちょうまげ》と呼

図1　「元文中　少年風」の髪形
（出典：『守貞謾稿』第2巻　国立国会図書館蔵）

女が少年へ、そして成人男性へと姿を変えたことを意味する。

幼少期に異性との遊びを好む子どもは珍しくはないだろうが、自己の性を否定してまで異性に同化しようとして、みずから髪を切って少年の頭髪に変え、さらには月代を剃ってまで男に変貌するとなると、多少の男装好きとは異なる域である。ましてや男女の別や身分の別に厳格な江戸時代の社会通念からは、逸脱行為として映るであろう。見方を変えれば、江戸時代における男女の髪形の相違がきわめて明瞭であったため、性別越境を望む者は髪形を変えるのがもっとも手っ取り早く、有効な手段であったともいえる。

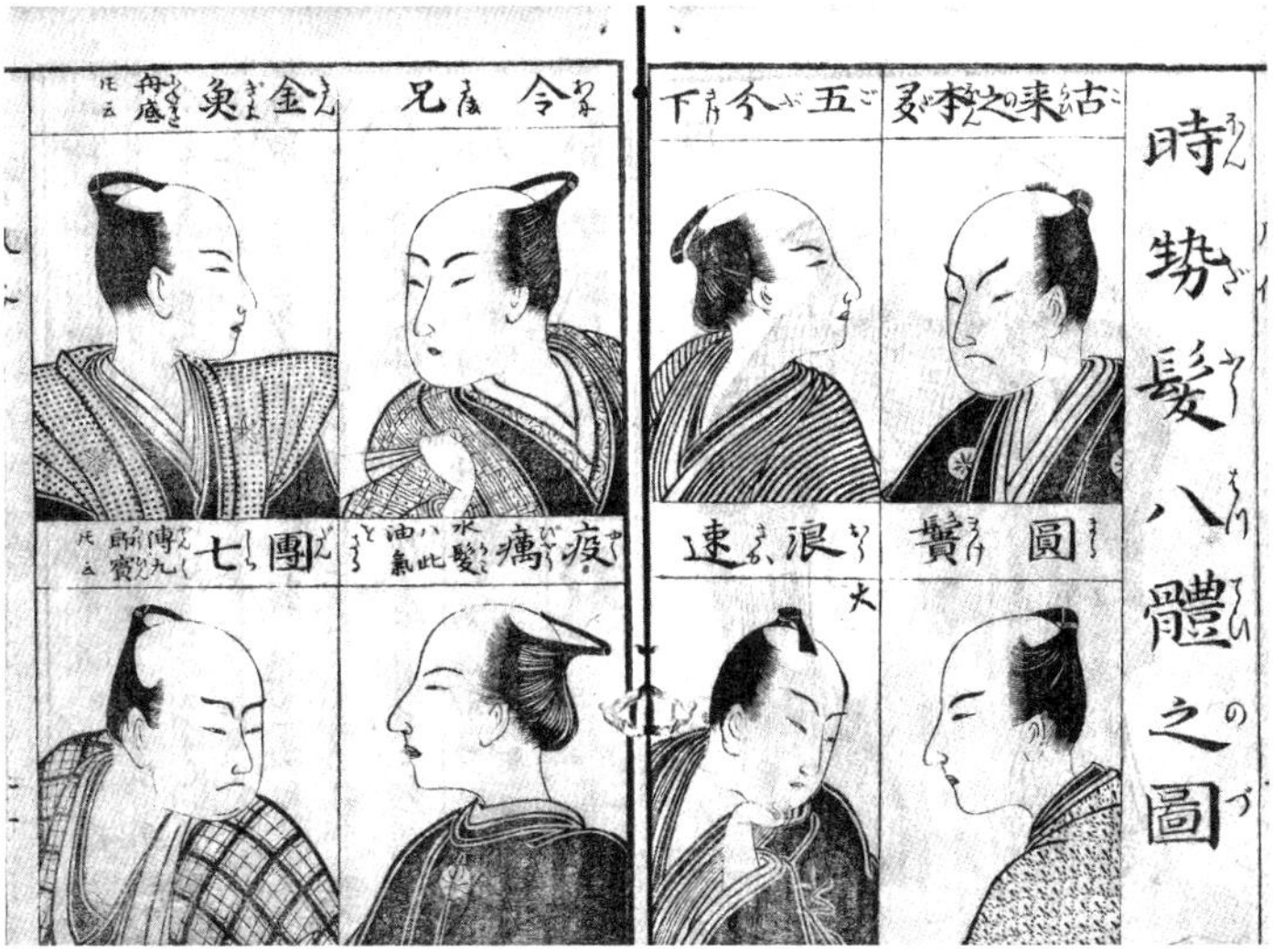

図2　安永2年『当世風俗通』のうち本多髪八体（出典：『守貞謾稿』第2巻　国立国会図書館蔵）

さて、江戸へと逃げ出したたけは——といっても、江戸山王町生まれの彼女にとっては、古巣に舞い戻ったわけだが——竹次郎と名乗っていることから、当然のごとく男の身なりであり、前述のような職人風の半纏・腹掛け・股引姿が想定される。

ある日、酒席で居合わせた男に、たけは女であることを見破られ性交をもちかけられる。強く断ったのだが、男装をしていることを周囲に吹聴すると脅され、止むを得ざる事と観念し男の要求に応じ、その挙げ句、不運にも妊娠してしまったのだろう。その後、知人宅を尋ねたがあいにく留守であり、その場にあった竿にかけてある帯を盗み取ってしまった。最初の「盗み」である。

こうした事態は押し隠したまま、蕎麦屋

で月雇いで働いていたが、その蕎麦屋の二階で出産してしまう。そのためこれまでの経緯を、蕎麦屋の主人忠蔵に打ち明けた。生まれた子はすぐに死んでしまい、たけは諸々の事情を主人に隠していたのを面目無いとは思ったが、また悪心が出て、手元にあった合羽を盗んで逃亡してしまう。二度目の「盗み」である。

その後、事情を隠して煮売り商をしている者のところで月雇いされ、暇を出された後、古着商をたぶらかして衣類を盗み取り、これらを質入れし、受け取った金銭は残らず使い果たしてしまった。三度目の「盗み」である。柴田はこれらの諸行為を違法とし、たけに入墨、並びに五〇日間の過怠牢の刑が妥当だという判断を下したのである。

たけの罪状と処罰

右の〈**史料2**〉に続いて、たけの罪状と処罰についての詳細が記され、『公事方御定書《くじかたおさだめがき》』に沿った評定所の判断が示される。それに従って整理すると、【1盗み】、【2密通】、【3若衆・野郎に変身し、身分を偽《いつわ》って月雇いしたこと】、【4奉公先からの逃亡】に分けられる。

『公事方御定書』は八代将軍徳川吉宗《よしむね》統治の寛保二年（一七四二）にほぼ完成し、宝暦四年（一七五四）に確定した江戸幕府の基本法典である。上下二巻。上巻は八一条。下巻の一〇三条は「御定書百《ひゃっ》箇条《かじょう》」と呼ばれ、門外不出の刑事裁判規定の集成となった。

まず、【1盗み】は帯・合羽・衣類などがあった。『公事方御定書』の四三条「欠落奉公人御仕置《かけおちほうこうにんおしおき》之事《のこと》」のうち、「一　手元《てもと》ニ有之品《これあるしな》を與風《ふと》取逃《とりにげ》いたし候もの」に該当し、金一〇両以下の品の盗みは「入墨敲《いれずみたたき》」の刑に処される（『徳川禁令考』別巻、八五番）。ただし、たけは「女之儀《おんなのぎ》ニ付《つき》、伺之通《うかがいのとおり》、敲を入墨之上、五十日過怠牢相当《かたいろうそうとう》」とされた。「女之儀」によって刑罰を一等減じたのではなく、敲を過怠牢に差し替えたのである。過怠牢とは本刑の敲に換えて入牢《じゅろう》させることである。

敲は庶民男性（牢人を含む）に対して科される刑罰で、割竹で作った箒尻《ほうきじり》という棒で、背骨を避けた背中・尻・太腿などを、気を失わない程度に通常五〇回、重罪は一〇〇回を殴打する。武士・僧侶・神官・女・子どもなどは除外され過怠牢とした。過怠牢はそれぞれ五〇日間、一〇〇日間の入牢となる。敲は小伝馬町《こでんまちょう》牢屋敷《ろうやしき》（現中央区日本橋小伝馬町）門前あるいは屋敷内において、下帯《したおび》のみの全裸で蓆《むしろ》の上にうつ伏せに横たえ、四肢《しし》を下男四人が押さえて執行される公開刑であった。

入墨は『公事方御定書』一〇三条「御仕置仕形之事《しかたのこと》」によれば、「於牢屋敷腕《ろうやしきにおいてうで》に廻《まわ》し、幅三分宛《はばさんぶずつ》二筋《ふたすじ》」（『徳川禁令考』別巻）とあり、牢屋敷内で腕回りに三分（約一センチメートル）の幅で二本の入墨を彫った。

次に【2密通】だが、『公事方御定書』四八条「密通御仕置之事」のうち、「一　夫無之女《おっとこれなきおんな》と密通いたし、誘引出候《さそいひきだしそうろう》もの」とあり、「女ハ為相帰《あいかえさせ》、男ハ手鎖《てじょう》」（『徳川禁令考　別巻』）とある。夫のいない独身女性を誘い出して性関係をもった場合の罰則である。この条項は男への「手鎖《てじょう》」（両手を前に回して瓢簞型《ひょうたんがた》の手錠をかけ、封印を付ける）が主になるが、相手の女の処分にも言及し、「女は相帰させる」とある。無宿者のたけは、帰る家も身元引受人もいなかった。

【3若衆・野郎に変身し、偽って月雇いしたこと】については重要な箇所なので、評定所の見解を示しておこう。

「男の所業を面白存《おもしろくぞんじ》、若衆ニ相成《あいなり》、主人より叱り受、欠落候処《かけおちそうろうところ》、被尋出間敷《たずねだされまじく》と、野郎ニ相成、姿《すがた》を替月雇等《かえつきやといとう》いたし立廻候《たちまわりそうろう》不埒《ふらち》も有之候《これありそうろう》ニ付《につき》、尚先例相糺候処《なおせんれいあいただしそうろうところ》、差当相当之例相《さしあたりそうとうのれいあい》見不申《みえもうさず》、右は悪事可致《あくじいたすべき》と姿《すがた》を替候儀《かえそうろうぎ》ニは無之《これなく》、素々心得違之趣意《もともとこころえちがいのしゅい》ニ付、」

〔男のすることが面白く思って若衆姿となり、主人から叱られて逃亡し、みつけだされぬように野郎に姿を替えて月雇いなどしていたのは道理に外れているため、先例を探したが該当するものが見あたらない。しかし、悪事を働こうとして男装したのではなく、元来、本人の考え違いから発したものであり、〕

この時点で評定所は、たけの男装について好意的に理解しようとした点に注意しなければならない。

【4奉公先からの逃亡】は、「奉公いたし候を難儀《なんぎ》ニ存《ぞんじ》、奉公先欠落いたし候もの」の条項に該当する。奉公先での暮らしが辛く、逃げ出した場合の罰則であるが、「三十日押込《おしこめ》又は三十日手鎖」となる。「押込」は自家や自室内に一定期間謹慎とする。しかし、柴田は諸事鑑みて「入墨之上、五十日過怠牢」が妥当とした。評定所は量刑については柴田の判断を支持したが、「以来《いらい》男《おとこ》之《の》姿《すがた》ニて徘徊《はいかい》」の禁止を申し渡したうえ、「追払《おっぱらい》」の刑に処した。

「追払」とは最も軽い追放刑で、無宿者などの犯罪者に対し町奉行所前の立ち入りを禁じたもので、当時は「門前払《もんぜんばら》い」ともいった。

こうしてたけは、小伝馬町牢屋敷内の「女牢《にょろう》」に五〇日間の牢舎となり、前科者を表す二筋の入墨を腕に彫られ、出牢後は男の身なりで暮らすことを禁じられたのである。たけ自身の申し分がわずかでも残っていれば興味深いのだが、残念ながら見あたらない。この裁許にあたり、男装して性別を偽るという「罪」の先例がなく処罰できないというくだりと、たけの男装の原因を「素々心得違之趣意」に帰したところに、評定所一座の評議の難航状況を看取できる。しかしながら、天保三年の時点では男の身なりになることを深く咎め立てせず、以後の男装を禁じることで、たけという人間を「矯正」できるとみているわけである。

蕎麦屋忠蔵と煮売り商とめの処罰

次に〈史料2〉に関連して、たけを雇ったために罰せられた二人の史料をみておこう。

一人は蕎麦屋の忠蔵であり、もう一人は煮売り商のとめである。

◇忠蔵の場合

忠蔵の一件は『御仕置例類集』「天保類集　等閑《とうかん》又《また》ハ《は》麁忽《そこつ》之《の》部《ぶ》　身元《みもと》不知《しらざる》ものを差置《さしおき》或《あるい》は為致止宿候類《ししゅくいたさせそうろうたぐい》」の「天保三辰年御渡」にある（『御仕置例類集』第一四冊、九九四番）。〈史料2〉と同じく火附盗賊改、柴田七左衛門から評定所への伺書である。

〈史料3〉

一　無宿竹次郎事たけ、盗いたし候一件

四ツ谷太宗寺門前

兵蔵店

蕎麦商ひいたし候

忠蔵

右之もの儀、月雇ニ差置候竹次郎ハ、奉公先欠落又は盗いたし、其上たけと申女子ニて、男之躰《てい》ニいたし居候無宿者ニ有之処、最初右躰之ものと不存候とも、同人仕申旨《もうすむねにまかせ》、得《とく》と身元も不相糺《あいただざず》、受合人《うけあいにん》も不取置《とりおかず》、数日月雇ニ差置候故、既《すでに》出産いたし、又は盗《ぬすみ》欠落いたし候始末ニ至、旁《かたがた》不埒《ふらち》ニ付、過料三貫文（下略）

＊「同人仕申旨」は原文通りだが、「任申旨」の誤記であろう。

〔右の者（忠蔵）、月雇いに置いた竹次郎は、奉公先を逃亡し、また盗みを働き、その上たけという女子で、男装をしている無宿者である。最初はそのような者だとは知らなかったとしても、同人の申す事にまかせ、念を入れて身元を調べず、請人も取り置かず、数日間月雇いとして差し置いた。すでに出産し、また盗みを働いて逃亡するという事態に至ったのは、いずれにしても法に背いており、過料三貫文に処す〕

以下、評定所の見解が述べられる。

まず、忠蔵に対し、「たけ義、合羽《かっぱ》盗取致欠落候節、不訴出不念も有之候得共《うったえでずふねんもこれありそうらえども》、同人を雇置候方、

「重《じゅう》之《の》不埒《ふらち》ニ候処」とし、たけが合羽を盗んで欠落した時に訴え出なかった思慮の無さと、身元も糺さずたけを雇い入れたことは重ね重ねの違法行為だとする。柴田にたけの月雇いの期間を問い合わせたところ、八月一〇日から九月一三日までの三〇日余りとのことであった。このため法に背いた罪として罰金「銭三貫文」を科したのである。

忠蔵は「受合人《うけあいにん》も不取置《とりおかず》」とされるが、前述の**〈史料1〉**『藤岡屋日記』の天保三年八月の項によれば、深川永代寺門前仲町の半七を請人としており、月雇いに際して身元保証人は立てている。しかし**〈史料3〉**においては、その措置がなされていなかったとされる。忠蔵の主たる罪は、本人の弁を鵜呑みにし、調べもせず奉公先から逃亡した窃盗者を雇ったこと、また、自宅の合羽が盗まれたのに届け出なかったことである。

ただし、男だと思って雇った者がたとえ女だったとしても、たけはよく働いたに違いない。そのうえ忠蔵は、たけを自宅の二階で家族とともに介抱しながら出産させ、産後二週間以上も面倒をみたのである。その間に生まれた子が死ぬなど、二〇歳のたけは心身ともに深い傷を負ったであろう。また、たけはこれまでの事情——男の身なりで奉公先を飛び出し、男からレイプまがいの仕打ちを受け妊娠したことなど——を忠蔵に打ち明け、「面目無《めんぼくな》し」と恥じ入っている。こうした経過から、たけが「又々《またまた》悪心《あくしん》出《いで》、手元《てもと》ニ有之《これある》合羽《かっぱ》盗取《ぬすみとり》、欠落《かけおち》いたし」たとは合点がいかない。

つまり、忠蔵が合羽の盗難を届け出なかったのは、彼が盗難と捉えていなかったからであり、たけに与えたものかもしれない。多大な迷惑をかけたうえに親切に遇してくれた忠蔵一家に対し、たけは感謝こそすれ、さらに盗みを働いて逃亡するなどとは考えにくい。忠蔵は江戸市中に心無い噂の広まったたけに同情し、所替えを勧め、請人の半七にも連絡済みであったかもしれない。たけの盗みによる逮捕後、火付盗賊改の取り調べを受けた忠蔵は、たけの罪科の連座を避けるため、合羽を盗んでの欠落と陳述せざるを得なかったのであろう。**〈史料2〉**は火付盗賊改の手になる書面で、捕縛者を犯罪者たらしめることに力点が置かれたとみることもできる。

「過料銭三貫文」は現在の価値に直すと、六万円ほど（銭一文を二〇円と換算）になる。罰金刑の中ではさほど高額ではない。おそらく、〝男が子どもを産んだ〟という市中の噂話が引き金となり、雇用主の忠蔵が責任を問われたとみてよいだろう。

◇とめの場合

もう一人の煮売り商のとめの一件も確認しておこう。忠蔵と同じく柴田七左衛門からの伺書である。とめの記事は、『御仕置例類集』「天保類集　女之部　身元不知《みもとしらざる》ものを差置又《さしおきまた》は世話《せわ》いたし或《あるい》は盗物《ぬすみもの》と不存衣類貰受候類《ぞんぜずいるいもらいうけそうろうたぐい》」（『御仕置例類集』第一六冊、一六七六番）にある。

〈史料4〉

一　無宿竹次郎事たけ、盗いたし候一件
　　　　千住宿弐丁目
　　　　彦兵衛店

煮売商《にうりあきな》ひいたし候
銀蔵後家《ぎんぞうごけ》　とめ

右之もの儀、月雇いニ差置候竹次郎ハ、奉公先欠落又は盗いたし、其上女子ニて、男之躰《てい》いたし居候無宿ものニ有之処、最初其儀ハ不存候《ぞんぜずそうろう》とも、同人任申旨《どうにんもうすむねにまかせ》、得《とく》と身元も不相糺《あいたださず》、知人ニ候迚《とて》、請合人も不取置《とりおかず》、月雇差置候内、女子之身分押隠し候もの之由、風聞承《ふうぶんうけたまわり》、暇差《ひまさし》遣候段《つかわしそうろうだん》、不埒ニ付、急度叱《きっとしか》り、（下略）

〔右の者（とめ）、月雇いに置いた竹次郎が奉公先を逃亡し、また盗みをし、そのうえ女であって男の姿をしている無宿者であることを、初めは知らなかったとしても、同人のいうことに任せ、念を入れて身元も調べず、知人だからと請人も取らずに月雇いに置いていたところ、女の身分を隠している者との噂を聞いて、解雇したことは違法であり、急度叱りに処す〕

以下、忠蔵と同様、評定所の見解が述べられる。

とめは、**〈史料2〉**でたけが忠蔵方から逃げ出した後、「又候右始末《またぞろみぎしまつ》ハ押隠《おしかく》し、煮売商《にうりあきな》ひいたし候《そうろう》もの方月雇《かたつきやと》いたし、暇出候《ひまだしそうろう》」と記された煮売り商である。夫の銀蔵亡き後、とめは一人で店を切り盛りしていたのであろう。柴田への問い合わせによると、とめ方には二五日間雇われていたという。たけが「奉公先欠落又は盗いたし」た者で、また、男装しているのを見抜けずに雇った落度はあるが、たけが女であるとの噂を聞いてすぐに解雇したため重科には問えず、三〇日以下の雇い日数により「急度叱り」、すなわち「厳重注意」に処すとしている。

この煮売り商のとめは、『藤岡屋日記』でたけが八王子から江戸へ逃げ出し、男の身なりで知人宅に立ち寄り、煮売り屋の担ぎで稼いでいたという店とは、勤めの時期は異なっている。しかし、とめが「知人ニ候迚、請合人も不取置」という箇所や、とめの店が千住宿《せんじゅじゅく》二丁目（現東京都足立区千住）にあり、新吉原に近いこともあって『藤岡屋日記』にある煮売り屋と同じ店の可能性が高いのではないだろうか。蕎麦屋忠蔵方から去った後、たけが以前からの知人の煮売り屋を頼って舞い戻ったとも考えられる。

しかし、いずれにせよ、そこも短期間で解雇となり、その後、古着商をしている者のところで衣類を盗み取り、これらの衣類を質入れして売り払った賃銭を残らず使い果たしたという咎《とが》により、火附盗賊改、柴田に逮捕されたのである。この古着商についての記事は、管見の限り〈**史料2**〉以外には見あたらず、真偽のほどをこれ以上は確認できない。

たけの主な罪科は【1盗み】、【2密通】、【3若衆・野郎に変身し、偽って月雇いしたこと】、【4奉公先からの逃亡】だったが、帯の盗みに関しては、留守の知人宅の竿に干してあったもので、帯の形状は分からないが、妊娠中のたけが腹帯として使ったのかもしれない。たけにとっては知人宅の帯の「拝借」であって、盗みと認識していなかったとも思われる。また、前述の通り、合羽については忠蔵は訴え出ておらず、盗難と認識していない様子が窺える。諸史料を読み合せれば、古着商から衣類を騙し取り、質入れして換金し、それを使い果たしたのが真実であれば、これが主たる罪科といえようか。

密通とその結果の望まぬ妊娠に関しては、たけは被害者であり、男の身なりを続けるのもみずからのジェンダーアイデンティティの欲するところと推測される。奉公先の飯売旅籠については年季期間を確認できないが、奉公中の逃亡であれば罪に問われる。ここでは**〈史料2〉**で述べられたたけの様々な罪状は、文脈通りにはとれない部分のあることを指摘しておきたい。

第二節　たけ、再登場

天保八年の事件のあらまし

次にたけが史料にあらわれるのは、最初の逮捕から五年ほど経った天保八年（一八三七）のことである。『御仕置例類集』のうち「天保類集　女之部　人倫《じんりん》を乱《みだ》し候《そうろう》もの」の「天保八酉年御渡《おわたし》」の箇所に記されている（『御仕置例類集』第一六冊、一七〇一番）。「女之部」には女性の各種の犯罪と処罰事例が並ぶが、「人倫を乱し候もの」という項目は男性を含めても他に存在しない。また、この項目にはたけに関する一例のみ掲載されるという、きわめて特異な事件として扱われている。

今回は町奉行大草能登守（大草能登守高好《おおくさのとのかみたかよし》、北町奉行、在職・天保七～一一年）から評定所への伺書である。町奉行は中追放以上の重刑については専決できなかった。このため当一件は評定所へ諮問されたのである。

〈史料5〉

一　無宿入墨竹儀、品々《しなじな》悪事いたし候一件

無宿
入墨

たけ

右之もの儀、男之所業面白存候迚、人倫を乱し、野郎ニ成、其上盗いたし候依科《とがにより》、先達て入墨之上、過怠牢申付、以来男之姿ニて徘徊いたす間敷旨申渡候処、不相用《あいもちいず》、猶又右及所業《なおまたみぎのしょぎょうにおよび》、両度被召捕《りょうどめしとらえられ》、外悪事無之《ほかにあくじこれなく》、以来右躰之姿ニ相成間敷旨申渡、或《あるい》は右依科押込《みぎとがによりおしこめ》ニ相成候節も、同様申渡有之処、相背《あいそむき》、又候《またぞろ》同様之姿ニて立廻罷在《たちまわりまかりあり》、（中略）

（右の者（たけ）は、男のすることが面白いということで、人として守るべき道を乱し、野郎になり、その上盗みを働いた咎により、先達て入墨の上、過怠牢を申し付け、以後は男の姿で立ち回ってはいけないと申し渡したところ、それを守らず、なおまた男の姿となり二回召し捕らえられた。その他の悪事はないが、以後右のような姿になってはいけないと申し渡し、また、男装の咎により押込になった折も、同様の申し渡しをしたところ、それにも背き、またしても男の姿で立ち回っている）

この後、今回の逮捕の理由が続く。**〈史料5〉**からは、前回の天保三年の逮捕・処罰以来、たけは禁じられた男装を続け、二度ほど逮捕され「押込《おしこめ》」に処されていることが分かる。

「押込」とは、家の戸を建て寄せておき、一定期間外出させない謹慎の刑である。しかし、「外悪事無之」とあるように男装以外の「罪」を犯してはいない。逮捕の都度、男装の禁止を命ぜられているが、やはりそれに従わずに男装で立ち回っているたけの姿が浮かぶ。**〈史料5〉**には「竹次郎」名の記載はなく、支配側は飽くまでもたけを女として扱っている。何度男装を禁じても従わぬ、手に負えない悪女としてたけが描かれる。

今回の逮捕の理由は、冒頭の『八丈島流人銘々傳』や「流人帳」にあった「ゆすり」、「押借」の罪にあたる部分である。事件は二件におよび少々複雑な内容だが、史料の続きを要約してみよう。

「百助方の奉公人が金銭か何かを持ち逃げし、新兵衛ほか一人が懸け合いをしているところを、たけが聞きつけて仲介に入り、当一件が捕方《とりかた》役人の知るところとなればこのままでは済まないと威《おど》し、口止め料として金一分を貰い受けた」というのが一件目の罪。

二件目の罪は、「安兵衛方で勘次郎の金を貸してほしいと申し懸け、断っても中々立ち去らないので、たけが何とかしようと仲に入った。勘次郎の持っている脇差《わきざし》を危ぶんで、たけが取り上げようと手を懸けたため、勘次郎が憤り、二人は脇差の引き合いになった。勘次郎は誤って自分の膝を傷つけ、たけもわずかながら足に傷を負ってしまった。たけは勘次郎を組み伏せたが、その後の取り計らいに支障をきたすと思い、自分は火附盗賊改配下の組の手先《てさき》（朽木弥五左衛門組吉沢小一兵衛《くちきやござえもんぐみよしざわこいちべえ》手先）であると偽り、勘次郎を縛り上げた。たけは勘次郎を所々の自身番屋《じしんばんや》（市中警戒のため置かれた番所）に連れ参り、事情を説明して預け置き、また、船を差し出させて連れ歩いた」ことである。

これに対し町奉行大草の判断は、右のような一連の所業は全くもって法に背くものであり、重追放の刑とし、以後は男の姿になってはならないというものであった。

しかし、評定所では一層厳しい処罰が決定された。いずれの二件とも、たけが火附盗賊改の手先の振りをし、ことに二件目では特定の組名を挙げて名乗り、勘次郎を縛り上げて自身番屋に預け置き、さらに船を出させて連れ回したことは重罪であるとし、以下のような裁許に変更したのである。

〈史料5の後半部分〉

前科《ぜんか》ニ入墨有之候《いれずみこれありそうろう》もの、ねたり事いたし、重敲之上、重追放《じゅうついほう》ニ《に》相成候《あいなりそうろう》先例《せんれい》をも見合《みあい》、女之儀ニ付、百日過怠牢之上、重追放にて相当可仕候処、元来此ものハ、人倫を乱し、度々之申渡を更ニ不相用、猶《なお》身分を紛《まぎらわ》し悪事いたし候段、一通《ひととおりの》り裁許《さいきょ》を破《やぶり》候《そうろう》類《たぐい》とは訳違《わけちが》ひ、御定書ニ裁許相済候儀を内証ニて不用、破候もの中追放と有之ニ見合、格別品不宜《しなよろしからず》、以来之風俗取締筋《ふうぞくとりしまりすじ》ニも拘《かかわ》り候儀ニ付、遠島、

（前科に入墨刑のある者がゆすりをして、重敲きの上、重追放となった先例と照合し、女であるため一〇〇日間の過怠牢の上、重追放に相当するのが妥当だが、元来この者は、人の道を乱し、度々の申し渡し（男装の禁止）にさらに従わず、なお身分を紛らわして悪事を働いたことは、尋常の裁許違反とは訳が違う。『公事方御定書』にある「裁許済みの事柄を内密に用いず、破った者は中追放」とあるのを照らし合わせても、とりわけ事情が宜しくなく、以後の風俗取り締まり方面に拘るものであり、遠島とする）

町奉行大草は先例と照合し、入墨の者がゆすりをした場合、重敲きのうえ重追放とするという事例を採用し、女であるため一〇〇日過怠牢の後、重追放とすべきであると伺いを立てた。しかし評定所は、たけは人倫（人の道の秩序）を乱し、支配からの再三の男装禁止の申し渡しを守らず、さらに女の身分を紛らわして「手先」と偽り、悪事を働いたことは、世間並みに裁許を破った類とは同一には扱えず、以後の風俗取り締まりのためにも重罪に処すべきと判断したのである。

『公事方御定書』の「刑典便覧」（フ　中追放）の項に、「一　裁許相済《さいきょあいすみ》候《そうろう》儀《ぎ》を内證《ないしょう》ニ《に》而《て》不用《もちいず》破《やぶ》り

図3　「遠島出船の図」(出典:『徳川幕府刑事図譜』国立国会図書館蔵)
流人は永代橋脇の御船手番所から、小舟で沖の流人船まで運ばれ、そこから伊豆七島に護送された。

候《そうろう》もの」(『徳川禁令考』別巻)があり、裁許後、申し渡しを破った者は中追放にするとある。しかし、たけの罪は格別に事情が宜しくなく、今後の風紀取り締まりにも拘わるとして、さらに重い遠島の刑に変更したのである(図3)。

遠島は死罪に次ぐ重刑で、江戸からは伊豆七島への流刑、および田畑・家屋敷・家財等が闕所《けっしょ》(没収)となる。重追放は遠島の下位の追放刑で、御《お》構《かまい》場所(立ち入り禁止区域)は、武蔵《むさし》・相模《さがみ》・上野《こうづけ》・下野《しもつけ》・安房《あわ》・上総《かずさ》・下《しも》総《ふさ》・常陸《ひたち》・山城《やましろ》・摂津《せっつ》・和泉《いずみ》・大和《やまと》・肥前《ひぜん》・東海道筋《とうかいどうすじ》・木曾路筋《きそじすじ》・甲斐《かい》・駿《する》河《が》の広範囲にわたり、遠島と同様、田畑・家屋敷・家財等が闕所となった(『徳川禁令考』別巻)。

たけの判決内容

たけの量刑が通常より重くされた理由は、「人倫《じんりん》を乱《みだ》し、度々《たびたび》之《の》申渡《もうしわたし》を更《さら》ニ不相用《あいもちいず》、猶《なお》身分《みぶん》を紛《まぎらわ》し悪事《あくじ》いたし」たことにある。封建秩序の破壊行為、ここでは女の身でありながら男の身なりをし続けること。さらに身分を紛らわして、火附盗賊改の手先と偽り巷間《こうかん》の紛争処理に関わり、謝礼金を強要したことである。この謝礼金の強要が「押借」ないしは「ゆすり」の罪に相当する。

「火附盗賊改の手先と偽った」とされる点だが、私はたけが「手先」であった可能性も捨てきれないと思う。

《手先》

手先は町奉行や火附盗賊改配下の警察機能を受けもった同心が、実働の供として雇った「目明《めあか》し」・「岡引《おかっぴき》」などと同類の者である。目明しが権威を笠に理不尽な行為を町方に及ぼすようになると、幕府は正徳二年（一七一二）から享保期（一八世紀前半）にかけて、評定所に対し目明しの使用禁止を命じた。

しかし、宝暦九年（一七五九）に同様の仕事を担う岡引が登場したため、寛政元年（一七八九）、老中松平定信《まつだいらさだのぶ》は町奉行・勘定奉行・火附盗賊改に対し、目明し・岡引両者の使用を禁じた。

…目明《めあか》シ、岡引《おかっぴき》等致《とういたし》シ候者《そうろうもの》ハ、元《もと》より良民《りょうみん》ニ無之候得《これなくそうらえ》ハ、御威光《ごいこう》を假《かり》、村方ニ而《むらかたにて》及不《ふほうに》

法、《および》ゆすりケ間敷《がましき》、其外濫行可致《そのほからんこういたすべき》ハ顕然《けんぜん》ニ而《にて》候《そうろう》（『徳川禁令考』前集第三、一七四四ほか）

〔目明しや岡っ引きをしている者は、元来良民ではないので、幕府の威光を借りて村方で違法におよび、ゆすりらしいことやその他にも不都合な行いをしているのは明白である〕

ここでは村方が対象だが、町方でも同然である。とはいえ、火附盗賊改にとって犯罪捜査や犯人捕縛に手足となって働く役回りの者たちは必要不可欠であった。

慶応三年（一八六七）の町奉行所改正掛《かいせいがかり》の探索によると、「手先又《てさきまた》ハ下タ引《したひき》と唱候《となえそうろう》もの共《ども》、市中《しちゅう》において品々悪業《しなじなあくぎょう》におよび、町人共種々相悩ませ《ちょうにんどもしゅじゅあいなやませ》」（『旧幕引継書《きゅうばくひきつぎしょ》』「雑件録《ざっけんろく》」）たとあるように、幕末に至っても目明し・岡引・手先らは、依然として江戸市中で様々な悪行におよび、町人たちを苦しませていた。手先の中には無宿者や追放場所から立ち戻った犯罪者なども多く含まれたという。もちろん公的には再三禁止されていたため、彼らは同心らの私費をもって秘密裏に雇われたのである。しかし、同心のポケットマネー程度では生活できず、大抵の者は某《なにがし》かの本業をもっており、手先は副業であった。手先はご威光を笠に着て、金を脅し取るような行為に及んだため、町方住民から恐れられ、また嫌悪されもした。

無宿・入墨のたけが、「朽木弥五左衛門組吉沢小一兵衛手先」と明確に名乗ったのは、彼女が事実吉沢の「手先」だったからではないか。そうでなければ、たけはとんでもない嘘つきか、妄想を抱いていたかである。

朽木弥五左衛門寿綱《としつな》は天保六年（一八三五）八月から同八年五月まで火附盗賊改を務めた人物で、たけが入牢した天保七年には在職中である。手先の雇用は公的には禁ぜられていたため、町奉行はたけを手先ではなかったものとして、「火附盗賊改の手先と偽った」とせざるを得なかったのではないだろうか。

たけが「手先」であったことを否定もできないが、強く肯定もできない。あくまでも可能性の範囲の話である。その上で「手先」としてのたけの姿を想像すると、当然異性装である。月代を剃った野郎髷で着物の裾を尻にからげ、股引に草履履《ぞうりば》きだろうか。そして、勘次郎と脇差を引き合って両人とも傷を負うほどの取っ組み合いの末、勘次郎を組み伏せて縛り上げたとなれば、かなり腕っぷしの強い「男」である。周囲から女とみられることはなかっただろう。つまり、この局面だけをとっても、たけは男の資質を備えた「女」であったといえる。

ここで、男女の衣服について少々確認しておこう。武田佐知子は、「異性装という非日常的な現象が歴史上の問題になるためには、その前提として、男女の衣服が形態的に相違していなければならない。衣服に性別分化があって初めて現れる事態」とし、日本文化の基層の衣服は、男女ともに『魏志倭人伝《ぎしわじんでん》』以来の貫頭衣《かんとうい》の系統を引くスカート型の衣服であり、江戸時代の庶民や武士の日常着は、袴《はかま》（ズボン型）をつけずに着流しの和服でありスカート型の流れを汲む時代と論じている（武田、一九九八年)。

確かに、江戸時代は男女ともに着流し文化の延長にあり、そこからみれば衣服の性別分化が希薄な社会といえるかもしれない。その中で異性装が問題になるとしたら、どのような特徴があるのだろうか。

武士や農町人の役人層は自宅など通常は着流しであるが、公的な場では裃《かみしも》、羽織《はおり》・袴などの衣服を纏った。職人層は半纏・腹掛け・股引の仕事着を着用した。女性は着物(長着)・帯のほか前垂《まえだ》れなどのヴァリエーションが加わり、その性差を強調する。

また、農民の日常着は、男性は褌《ふんどし》がみえるような短い野良着《のらぎ》を着用し、上半身裸であることもしばしばである。頭には手拭いの頬被《ほうかぶ》り、雨天や水仕事の際には蓑笠《みのかさ》・腰蓑《こしみの》を着用する。女性は着物の裾《すそ》をたくし上げた襷掛《たすきが》け、前垂れ、頭は姉《あね》さん被《かぶ》りとなる。女性も着物をゆるく纏い、授乳時を含め乳房が周囲にみえることなどはまったく気に留めなかった。雨天には蓑笠は着用するが、女は基本的に腰蓑は着用しないなど、これまた性差を特徴づけていた(長島、一九九三・二〇〇六年)。

すなわち、これらの別を越境すると異性装となろう。しかし、庶民の日常着(長着・素材・色柄)は男女差がそれほど明確ではない。男性性を象徴するのは髪形、股引・半纏、褌の着用などであり、女性性を強調するのは髪形、櫛笄《くしこうがい》の類、白粉《おしろい》や紅《べに》、鉄漿《かね》(お歯黒)などの化粧、腰巻の着用などで、その性差をさらに際立たせることになる。

「人倫を乱し候もの」からみえる女性の歴史的位置

まず、第一に「女が男の身なり」をすることが遠島ほどの重罪になるのか、という単純な疑問が湧く。細かくみれば、たけにはいくつかの盗みはあった（盗みとは判断できないものもある）。奉公先から欠落もした。手先と「偽って」金銭を強要もした。また、この間禁じられた男の身なりを通して、二度ほど押込に処されている。

注目すべきは、幕府が「人倫を乱し候もの」という前代未聞の項目を設け、たけを括った点である。たけが筋金入りの異性装者《クロスドレッサー》であったことが支配層にとってはひどく脅威に映ったのだろう。何度男装を咎めても従わない人間は、社会から抹殺するほかない。しかし、前例に照らし死罪にするには重すぎるため、遠島という選択としたのではなかったか。

ここで、「人倫を乱し候もの」（人として守るべき道を混乱させた者）という幕府評定所の判断について考えてみたい。

近世社会における「人倫の道」とは何だろう。

近世の前段階の中世社会は、主家《しゅか》夫婦を核に隷属的な農民男女（名子《なご》・被官《ひかん》・譜代《ふだい》・下人《げにん》など）を含む血縁・非血縁の人々で構成される複合的大家族が社会の基本単位であった。続く近世社会は中世的複合大家族の解体・分裂により、それまで全人格的に隷属状態に置かれた人々が「解放」され、結婚や自己の経営をもつことが可能となる。中世社会でも隷属民同士の性交による子どもの出産はあったが、その際生まれた子は基本的に主家の所有となり、成長後は主家の労働力として使役された。

このような状況を打破しようと隷属民たちは鋭意努力を重ね、脆弱《ぜいじゃく》ながらも一定程度の自立性をもった小家族（単婚小家族）が誕生してくる。一七世紀後半から一八世紀初めにかけて、広範な地域に小家族が成立したところに近世家族の特徴がある。この未だ脆弱な「家」は、様々な要因で常に崩壊の危険にさらされていた。このため「家」の維持・継承は家族員の究極の目標となり、国家はそれを推進させる諸政策を講じることとなった。

この小家族は一対の夫婦による小経営を基本に、家名・家業・家産を一体とする「家」を形成し、原則的に男系男子によって継承された。庶民層の家の墓が建てられ、祖先祭祀や家系図が重視されるようになるのもこの時期である。庶民の墓や家系図が、過去に遡《さかのぼ》ってもこの時期やそれ以降に始まるものが多いのはこうした事情による。

「家」の相続・継承には夫婦間の子ども（男系の嫡男《ちゃくなん》が最良）の出産がもっとも重要であった。そして「家」維持のための家族間の扶助・養育（通過儀礼）・教育・介護・看護・葬礼・四季折々の年中行事や仏事などが担われた。また、「家」は自立的な小家族という側面と同時に、本分家や同族団などの血縁集団に包摂されて維持できるという側面もあった。こうした「家」を取り巻く地縁・血縁関係による相互扶助・協力体制は強制力をもって機能しており、したがって社会の再生産や維持のために「家」や村落・町共同体は多くの寄与を求められることとなった（長島、二〇〇六・二〇一一年）。

「人倫の道」は、これらの原則の実践である。おおいに協力する者に対しては、幕府や諸藩では褒賞を与え、賛美し、庶民の手本とし、反対にこれらに抵触する者は当然のごとく忌避され、蔑視や抑圧を受け、処罰の対象とされたのである。

原則を壊すものは、まず、夫婦間の浮気や横恋慕《よこれんぼ》である。しかし、「家」維持を理由に夫が側室や妾《めかけ》を持つことや、家系の細分化を防ぐための遊女との性交渉は許容の範囲であった。さらに、夫婦間の出産が期待できない時には養子（夫婦養子を含む）を取ることも可能であったが、子のできない妻を離縁するケースも珍しくなかった。武州荏原郡太子堂村（現東京都世田谷区太子堂）を例にすると、もっとも多い離縁の要因は「不妊」である（森、一九九〇年）。男女を問わず、家族内で期待される役割が果たせない場合は、各社会集団の自立性に反する行為と認識された。

セクシュアルマイノリティの存在や行動は、そもそも男女による一対の夫婦が成り立たないばかりか、幕府支配の側からみれば反社会・反権力的行動として認識される。支配の仕組みからの逸脱は、現れ方によっては凄まじい抑圧の対象ともなる。幕府がたけを「人倫を乱し候もの」と断定し、遠島処分にしたのは、まさに体制維持の真髄を脅かす者への相応の措置であったといえる。

また、近世社会は身分制を基軸に職業・男女・夫婦・年齢・居住地などを峻別し、差別化することで支配論理や秩序維持を正当化していた。これこそが「人倫の道」である。この身分制の外的指標となる衣服（絹や木綿・麻などの素材・色柄など）・髪形・被《かぶ》り物《もの》・履物《はきもの》・帯刀の有無・所作（立ち居振る舞い、歩き方など）・携帯品・書きことば・話しことばなどに対し、多種多様の別を強いた。

繰り返しになるが、〈史料5〉の「…元来此《がんらいこの》ものハ、人倫《じんりん》を乱《みだ》し、度々之申渡《たびたびのもうしわたし》を更ニ《さらに》不相用《あいもちいず》、猶《なお》身分《みぶん》を紛《まぎらわ》し悪事《あくじ》いたし候段《そうろうだん》、一通《ひととお》り裁許《さいきょ》を破《やぶり》候《そうろう》類《たぐい》とは訳違《わけちが》ひ、…」という文言は、たけが男女の別をはなはだしく逸脱しており、秩序維持の面から看過しえないという権力側の強烈な意志が読みとれる。くわえて、支配イデオロギーを補強する男尊女卑思想の蔓延した時代である。上位者である男の身なりを下位者の女がすることを許さないという姿勢が鮮明となる。また、単なる異性装にとどまらず、異性として生きようとしたことは支配層の脅威の的であり、人倫の道を混乱させる危険人物としてのたけが浮上する。

天保三年の判決では男の身なりに対する実刑はなく、以後の男装を禁じるという「説諭」によってたけを「矯正」できるものと権力側は判断したが、その恩情に対して、たけは反抗し続ける結果となり、天保八年に至って極刑に次ぐ処罰が下されたものと考える。

一方、寺社の祭礼や年中行事において、また、幕府瓦解前夜の〝ええじゃないか〟のような熱狂的な世直し運動のさなかに男女の異性装がみられたことは、これまでの研究史で明らかにされてきたところである。西垣晴次は〝ええじゃないか〟を特徴づける要素として、（1）神符類の降下。（2）数日にわたる祝宴。（3）人々の男装・女装にみられる日常性の否定。（4）ええじゃないかの歌と踊り。（5）領主の命令・指導による平常化。（6）背後にあった扇動者の存在。（7）

男装・女装にかかわる〝ええじゃないか〟の歌の猥雑さなどをあげている（西垣、一九七三年）。
異性装に関しては（3）と（7）が問題となる（猥雑さについては、拙稿、二〇一七年を参照）。男女領域の越境による日常性（ケ）や秩序の打破や混乱が〝ええじゃないか〟の根底にはある。しかし、こうした非日常性（ハレ）や無秩序・無礼講《ぶれいこう》といった担保を付与されながら、女性や子どもに対しては特段の叱正が加えられることがあった。

女性の異性装について興味深い事例を紹介しよう。

慶応三年（一八六七）一一月二一日付、駿府町奉行《すんぷまちぶぎょう》から町年行事《まちねんぎょうじ》宛ての「口達《こうたつ》」がその好例である。『静岡市史予録』（柘植、一九三二年）によると、東海道・中山道沿いの宿場から各地に連鎖した世直しの波は、九月下旬に駿府城下（現静岡市）での熱狂的な〝ええじゃないか〟の騒動となった。奉行所は、しばらくはこれを黙認していたが、一一月になると方針を転換し強硬な姿勢に変わる。

「口達」によると、狂喜乱舞の鎮静後、駿府町奉行は〝ええじゃないか〟に加わった「市中女子《じょし》子供《こども》、男の姿をまね、或《あるい》は髪を切り、風俗を相乱し、如何《いかが》の事に候」と述べ、女や子どもの男装や髪切りは、風俗紊乱《びんらん》であると断じ、処罰の対象として二五二人の女性の名前を列挙したのである（二五二人の名前は、著者柘植の判断で削除されている）。

そのうえで、こうした「女子・子供」の許しがたい行為は、ひとえに「親、夫之躾方不行届《しつけかたふいきとどき》の儀」、すなわち、当主として家族員に対する管理責任を怠ったところにその原因があるとした。そして、今回に限っては「出格之御宥免《しゅっかくのごゆうめん》を以て、咎不及沙汰《とがさたにおよばず》」との措置を下した。つまり、破格のご慈悲をもってお許しくださるというのである。他方、この一件の男たちの女装に関しては、お構い無しであった（西垣、一九七三年。長島、二〇〇八年・二〇一七年）。ここに、同一の行為に対して男女によって異なる処分がなされることが明らかに示されている。

この裁定の背景にあるのは、支配層の「女子供《おんなこども》」に対する認識が、愚か者で常に教導の対象であり、一人前の人格として認めていなかった点であり、「女子供」は家長である夫や父の教導に従うという形で、社会秩序内に位置づけられるということである。女性の中には尊敬に値する母や祖母たち、働き者の妻や娘たちがいたはずであるが、みんなまとめて「女子供」である。為政者や知識人の多くが庶民に対して愚民観《ぐみんかん》をもっていたのは知られているが、その愚民の中でも男は女よりマシであった、あるいはマシであるべきという観念があった。〝ええじゃないか〟のような熱狂的な民衆運動の場であっても、女の男装は憚《はばか》られたのである。

ただし、前述したように、『藤岡屋日記』のたけに関する町名主から町奉行宛ての届けは、「男と思って蕎麦屋が雇った者が、子どもを産んだ」という事実の報告に過ぎず、たけの日常の男装についての非難がましい文言はなかった。ということは、女性の異性装に対し、町方住民代表（町名主）は支配層と比べて寛容であったとみてよいのだろうか。幕府（町奉行）の政策遂行を旨とする町役人であっても、武士身分の者たちとは異なる感覚が窺えよう。この一点だけでの断定は控えたいが、今後留意すべき点ではある。

これまでのたけの評価と私見

「はじめに」でも紹介したように、近世女性史の先駆者である関民子は、著書『江戸後期の女性たち』の中でたけを取り上げ、広く世に知らしめた。従来の近世女性像を一変させる「女」の登場であった。

関の著書に従って、たけについての評価を整理しておこう。

《たけの男装の理由》

1　「女子の所業」を嫌い、「男子の所業」を好ましく思ったのは、幕藩制社会が要求する女性像への激しい嫌悪があったためである。

2　自己の性が女というだけで、社会の要求する女の生き方を強制されることへの強い反発心があった。

3　女は元来劣等なものであるという社会通念の中で「女子の所業」は、蔑視された存在そのものと映ったこと。

4　女であることを自己否定し、男として生きることで、そうした存在であることを拒否できた。

その後、たけは脅迫による密会によって妊娠・出産を経験するが、彼女の盗みは妊娠中と出産後であり、彼女の衝撃の大きさと混乱が窺える。妊娠・出産は、第一に、彼女に否応なく自分が女であることを認識させ、第二に、男の脅迫に屈したことが精神的・肉体的に弱者とされる「女」としての自覚へと導いたと関は判断する。

その屈辱感から立ち直り自尊心を回復するには、いっそうの男への同化が必要であり、精神的・肉体的克服のために腕力や度胸を身につける努力を重ね、彼女は江戸町人の理想像である俠客《きょうかく》的男性として生きることを目指し、手先となり活躍したのである。

たけにとっての男装は決意の象徴であり、このため度々の叱責や捕縛にもめげずにし続けた。しかも内的確信を抱きつつ行った彼女の行為は、男女の別や身分差別を無視したもので、下層町人女性による女性支配政策への自覚的反抗の姿とみられた。ただし、彼女の戦いは一人孤独のうちであり、幕藩制社会の家父長制下の女性像からの無意識的な離脱は、それへの自覚的反抗から自己確立の道へと単純に連続しているわけではなかった、というのが関の評価の大筋である。

関の深い洞察力を感得できる。それを踏まえたうえで、私はたけがＦｔＭのトランスジェンダーであったと仮定することで、また別の評価ができるところを述べてみたい。

まず1は、幕藩社会の要求する女性像への激しい嫌悪というよりは、たけのジェンダーアイデンティティ（性自認）に沿った自然な行動であり、男子と一緒に男子のすることが心地よく、納得のいくものであったからと考える。

みずからもＦｔＭのトランスジェンダーで、特定非営利活動法人リビット（ReBit）の代表理事、薬師《やくし》実芳《みか》さんの講演をお聴きしたところ、トランスジェンダーの人が自分の性の違和感に気づくのは小学校入学以前の幼稚園児の頃がほとんどで、第二次性徴を迎える一〇代半ばで決定的になるとのことであった。また、同日講演された岡山大学のジェンダークリニックの中塚幹也さんの調査によれば、性別違和感を自覚し始めた時期は、小学校入学以前が五六・五パーセントで半数以上を占め、小学校低学年が一三・五パーセント、高学年が九・九パーセント、中学生が九・七パーセントと漸次減少していく（中塚、二〇一五年）。ごく幼少期に最初の傾向が発現する事実は注目される（日本学術会議法学委員会主催公開シンポジウム、二〇一六年五月二一日）。

2は、そもそも自己の性が男であると認識していたなら、強い反発心というよりは、自分の内なる率直な感情とは反対の要求に困惑し、違和感をさらに強めていたのではないか。

3は1と同様、たけのジェンダーアイデンティティにより「女子の所業」は自己の心情とは相容れないものとして拒否していた可能性がある。

4は、確かにたけは女であることを否定し、男として生きたのだが、社会に充満している女性蔑視に異議を唱えるというより、心情に素直な選択であったとはいえないか。

妊娠・出産にまつわる関の評価は頷ける。たけのジェンダーアイデンティティに関わらず、暴力的な性交による妊娠は「女」であることを否というほど思い知らされたであろう。ただ、それは次の段階での心身共の回復のためのさらなる男性への同化や、腕力や度胸を磨く努力とみるよりは、入墨や入牢など屈辱的な刑罰は甘んじて受けたものの、たけが男装の禁止だけはどうしても従えなかったからではないだろうか。男装でなければ自己が崩壊してしまうという、たけの悲痛な叫びが聞こえてくる。

目明しや岡っ引き・手先に関していえば前科者も多く、町方住民の脅威の的であり、嫌悪の対象であったことは前述の通りである。無宿渡世人の小遣い稼ぎや世渡りの種に、手先はお誂《あつら》え向きの仕事であった。たけが生きるために手先になったとしても無理もないところでる。あるいは、たけ自身が手先を幕府警察機構の末端と捉えていたなら、関が示唆するように「任侠《にんきょう》の徒《と》」という自己認識があったのかもしれない。

重要なのは、たけがＦｔＭであるにしろ、ないにしろ、たけにとって「男装は決意の象徴」であったことは疑いない。このため度々の叱責や捕縛にも負けずにし続けたのである。しかも、たけの行動は幕府の支配方針に反し、男女の別や身分の別を無視した行動となり、危険な反逆者として権力側に焼き付けられた。

具体的な罪科については先例に基づき重追放とし、「男之姿ニ相成《あいなる》間《ま》敷旨《じきむね》申渡」という町奉行大草の判断が妥当なのであろうが、それまでのたけの行動から考えて、こうした「申し渡し」が遵守されないのは確実であるとの判断が評定所にあったのだろう。となれば、裁決の威光を守り、異性装の女を人々の前から遮断するために遠島に処すことが最善の方法だったのである。

たけの行動が「男として生きること」そのものであり、これが身分・「家」・女性差別などの社会構造を基底的に支える男女の峻別を崩す行為であることを、幕府権力は十分認識していたに違いない。しかし、権力者はそれを異性装という外見上の行為に歪曲して処罰せざるを得なかった。なぜなら、自分の性と反対の性で生きる者の存在を認識していることを、公《おおやけ》にすることが恐ろしかったからである。

私としては、たけの行動が自覚的な体制への反抗か否かを問うよりも、FtMとして生きることそれ自体が、すでに国家や社会、ときには家族や周囲の者たちに対して断固として立ち向かわざるを得ない孤独な戦いであり、挑戦であったと考えている。そのおのずから湧き出る反対の性への同一化の為せるものが、幕藩制社会における家父長制下の女性像からの逸脱を促進したのであれば、たけは女が一人生きるに厳しい時代の孤高の闘士として賞賛に値するだろう。

FtMに関してさらに付言すれば、八丈島に護送されてから病死する一年余りの間、たけが就いたのは鍛冶職であった。鍛冶屋は金屋子神《かなやごかみ》の信奉者も多く、この信仰は不浄である女性を嫌悪・排除し、聖なる職域（踏鞴場《たたらば》）に入ることを許さない。この男性性の強い危険な力仕事に従事したという事実は、たけのジェンダーアイデンティティやその身体性までを彷彿とさせる。たけが八丈島においても男の身なりを続けたことは想像に難くない。

江戸時代には「怪我《けが》」であっても「病気」と書くことがある。彼女の「病死」は大怪我が原因かもしれない。その推測が正しければ、屈強なたけが二五歳という若さで亡くなったのは、鍛冶仕事中の大火傷など何らかの事故に遭遇した可能性も想定の範囲である。

第三節　近世ヨーロッパとの比較

マリア・ファン・アントウェルペンとの出会い

たけ（竹次郎）の史料を読み直してから、トランスジェンダーや異性装について考えることが多くなった。LGBT関連の本をめくっているとき、ルドルフ・M・デッカー（Rudolf M.Dekker）／ロッテ・C・ファン・ドゥ・ポル（Lotte C. van de Pol）の共著『兵士になった女性たち――近世ヨーロッパにおける異性装の伝統』（デッカー／ポル、二〇〇七年）をみつけ、男装の女性マリア・ファン・アントウェルペン（一七一九〜八一）の存在を知った。

本書は、デッカーとポルが一九八一年にオランダ語で出版した『むかし陽気な娘がいた――オランダ人女性の水夫と兵士』を全面改訂したものである。すでに赤阪俊一はマリアについて論じており、「異性装から見た男と女」と題する連続研究（赤阪、二〇〇二〜二〇〇六年）、「異性装のジェンダー構造」（赤阪、二〇一〇年）などの論考もあり、それらを参照しながらマリアについて考えてみたい。

前述のように、たけは文化一一年（一八一四）江戸山王町に生まれ、天保九年（一八三八）に八丈島で亡くなったが、マリアはその約一世紀前の一七一九年、オランダの要塞都市ブレダで生まれている。各地を転々とする暮らしぶりだったが、その間に二度の逮捕とその度ごとに追放刑を受け、一七八一年にブレダに立ち戻りその地で死亡している。たけは二五歳で、マリアは六二歳でその生を終え、二人の人生の長さには隔たりがある。

マリアの父は初めはブランデー製造業者であったが、大家族を養うため次第に困窮していき、最後には造船所の労働者となった。マリアは一一歳の時に母と、一二歳の時に父と死別している。それ以前から彼女は叔母に引き取られていたが、叔母から虐待を受け、四〇年を経た時点でも、「子どもとしての暮らしからは程遠く、まさに犬の生活であった」と苦々しく回顧している。このためマリアは叔母の元から逃げ出してメイドなどをして生活するが、結局、契約金の入る兵士（男装）となることを選択した。

デッカーとポルは、一六世紀末から一八世紀にかけてヨーロッパにおける異性装の女性を一一九例ほど発掘しているが、その多くが下層階級の出身者で、両親と死別した孤児か、あるいは片親であり、家族の問題を抱えていると指摘している。また、男性としての生活を送ろうと決意する前に、女性労働者としての職業経験をもっており、メイド・お針子・糸紡ぎ・毛糸や布地の節取り、毛糸編み・路上の売り子などに携わったという。

女性がジェンダーを変えようとする年齢は、一六歳から二五歳までの間がほとんどであり、正体が見破られないように生まれ故郷とは違う土地において行っているという。兵士や水夫として女性すなわち男はズボンを穿き、パイプ・タバコを吹かし、ボサボサの短髪をしていたため、これを模倣すれば外見上は少年と見られることはあっても、女と思われることはなかったからである。

一六四八年のウエストファリア条約締結をもって、スペインとの八〇年におよぶネーデルラント独立戦争が終結し、カルヴァン派プロテスタントが優勢の北部七州（ヘルデルラント・ホラント・ゼーラント・ユトレヒト・フリースラント・オーフェルアイセル・フローニンヘン）の独立を経てオランダ連邦共和国が樹立する。以後オランダは、毛織物工業と中継貿易による経済的発展により大海洋国家として台頭していく（長谷川ほか、一九九七年）。このため船員の需要が増大し、また、ヨーロッパ最大の常備軍整備が推進されたため、男は水夫か兵士になることで住む場所と食料は確保できた。一方、女は働く機会が少ないうえに低賃金を余儀なくされていた。究極には娼婦という世間の侮蔑の対象であり、身の危険を伴う選択肢もあったが、それを拒否する女は多かった。幸い、一七世紀以来、女が男装して兵士や水夫となって成功した例として、エリザベート・ソミュエル（オランダ人、兵士）やメアリ・リード（イギリス人、水夫・女海賊）などが知られており、女性たちをそうした職種へ誘引する一助となっていた。

マリアの前半生は、ブレダの裁判所で最初の判決が下される一七五一年に、フランシスカス・リーヴェンス・ケルステマンなる人物により執筆された『ブレダのヒロイン』と題するマリアの自叙伝に依っている。ケルステマンはマリアと同じ軍隊に属したことがあり、彼女の発言に基づいた信憑性の高い自叙伝として、デッカーとポルは位置づけている。

　そこには一七三二年から三九年まで（一三歳から二一歳まで）の記録がないのだが、四〇年になるとブレダでメイドとして働きながら暮らしていることが分かる。四六年には当時メイドとして働いていた主人家族とともにワーヘニンゲンに移り、そこで彼女の事情（クリスマス休暇を申し出以上に長く取ったため）で解雇された。彼女は二七歳であったが、男の身なりに変えて暮らしはじめたある夜、ワーヘニンゲンを離れ、その道すがら軍隊の募集係に誘われ、「ヤン・ファン・アント」という男性名を使い、年齢も一六歳と偽って入隊した。軍隊は野営をしながら、常に行軍中であった（図4）。

　月経や乳房があり、声も高い女性が、軍隊で性別を

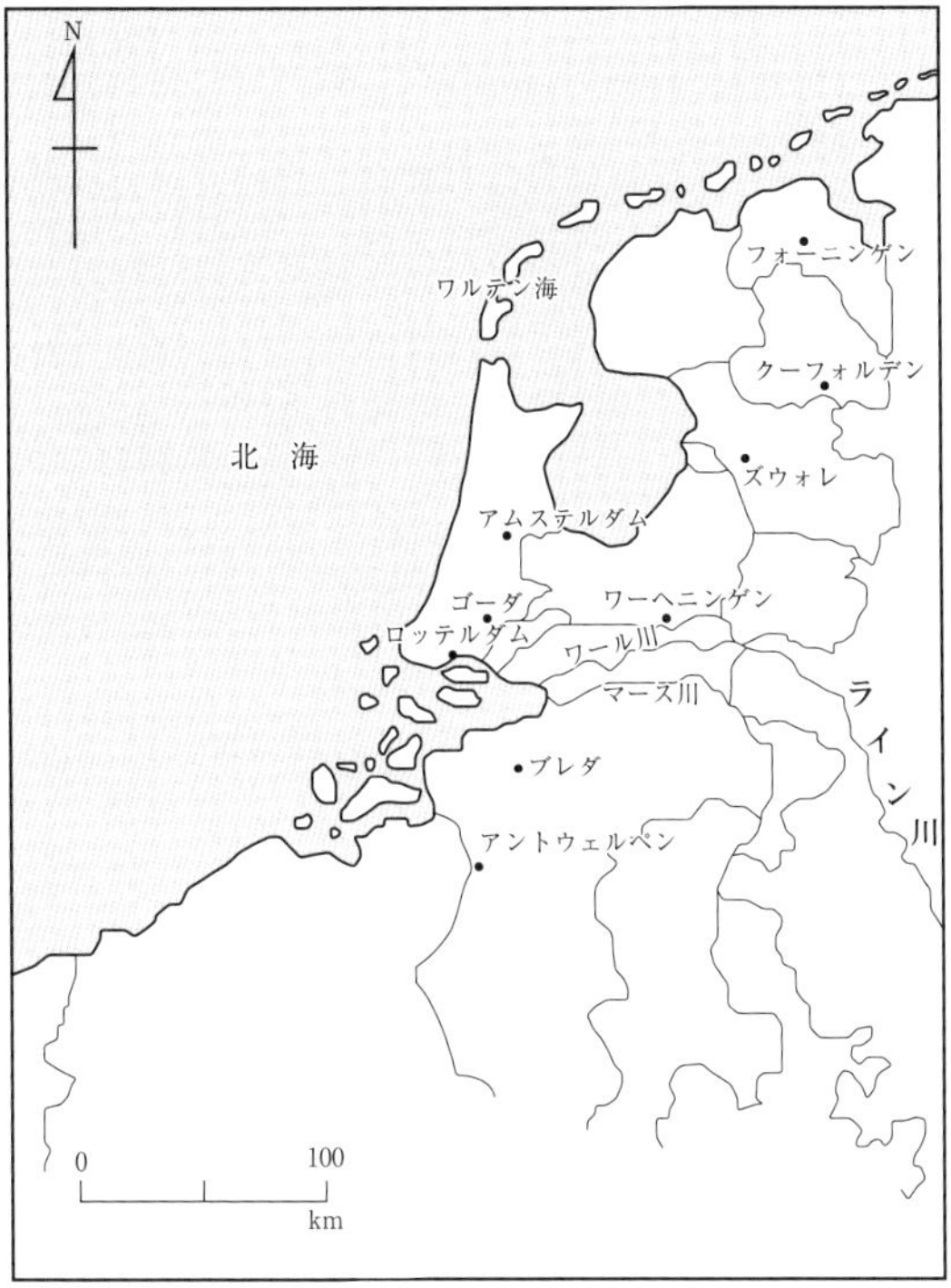

図4　マリア・ファン・アントウェルペン関係都市地図
（著者作成）

見破られないようにするのはさぞかし至難の業であったろうし、また、重装備の背嚢《はいのう》や銃器の取り扱いをどのようにこなしたかなど知りたいところだが、こうした点についての証言は残されていない。

四八年にヤンはクーフォルデンで野営中、軍曹の娘ヨハンナ・クラメルスと出会い、恋愛の末に結婚した。結婚すると兵士は独立した家庭をもつことができ、ヤンは軍隊の訓練の合間に仕立屋としても働いた。妻は夫の性別に疑問をもたず、性生活は夫の鬱症《うつしょう》や病気を理由に為されなかったという。結婚三年目にしてヤンの正体が暴かれ、五一年にブレダの裁判所においてブレダとその周辺からの追放刑が下された。最初の刑の執行である。ここまでがケルステマンによる自叙伝から判明する。

五一年以降のマリアの足跡は、六九年の再逮捕後の裁判調書から明らかになる。

ブレダから追放され、ゴーダ、ロッテルダムと移り住んだマリアは、女の身なりでお針子をしながら若い女性と一緒に暮らした。その後彼女と別れ、六一年に女の身なりでゴーダへ戻り、コルネリア・スワルツェンベルフという女性と出会い、恋に落ちた。マリアの方から誘いをかけ、コルネリアもこれに応じた。コルネリアはマリアの過去の罪状について知っていた。一方、コルネリアは妊娠しており、夫となる男が必要だった。このため彼女はマリアに男性として結婚するよう要求し、六二年に二人はズウォレで正式に結婚した。この時マリアは「マヒール・ファン・ハントウェルペン」（ハントウェルペンは原文通り）と名乗った。コルネリアは娼婦であり、それ以後二度ほど妊娠したが、マヒールは子どもの父親は自分であると主張した。

その後マヒールはコルネリアの勧めでズウォレの軍隊に入り、除隊後は二人でアムステルダムに移り、六四年にマヒールはアムステルダム市の兵士として三度目の入隊を果たした。六八年末、マヒールの「喧嘩好きの性格」により軍隊を解雇され、二人はゴーダに移ったが、マリアはまた正体を見破られて二度目の逮捕となった。コルネリアはマリアを、世間的にも経済的にも利用したようにみえるが、もちろん愛情もあったのだろう。マリアはコルネリアを愛し、およそ七年の間、「夫として、父として」家族を守ろうと奮闘努力した姿が窺える。

六九年二月二三日、ゴーダ市裁判所はマリアを「名前と性質（男女の性別）を変えてしまうという下品で度を越えた詐欺行為、および結婚にかんする神聖で人間的な約束事を愚弄したこと」という罪名で、二度目の追放刑に処した。マリアはゴーダを離れたが、その後の足跡は分からず、コルネリアとの関係も判明しない。ただ一七八一年にマリアが生まれ故郷のブレダで死亡し、貧困者用の墓地に埋葬されたことは確認されているとのことである。

マリアの証言から

マリアの異性装は、貧困から抜け出すために兵士になるということが契機であった。生きていくための選択であり、そこには娼婦になることへの忌避もあったであろう。ゴーダの裁判所での尋問に対しマリアは、一七歳の頃、「射精しようとするとき、いつも体から筒のようなものが飛び出してきた」と証言している。このためマリアは一七五一年にブレダの、六九年にゴーダの裁判所で二度にわたる医学的検査を受けているが、いずれも解剖学的には女性であった。

「射精時に身体から筒状のものが飛び出す」という証言は、マリアがインターセックスであったことを想像させる。しかし、裁判所の医学的診断の結果は女性とみなされている。江戸時代においても「ふたなり」(二形・二成)というインターセックスの人々の史料に遭遇するが、「はじめに」でも触れたように、この問題はセクシュアルマイノリティとは別個に考えるべきであり、ここでは指摘に留めておきたい。

マリアは女性を愛し結婚もしたが、ゴーダの裁判所で治安判事の尋問に対し、いずれも性的関係はなく、「姉妹のように暮らしていた」と述べている。また、「あなたは男なのか、女なのか」との問いに対し、マリアは「身体と性格は男性ですが、外観は女性です」と答え、女性の服を着ているときでさえ、「いつも男性の下着を穿いていた」と証言している。

この証言からマリアがFtMのトランスジェンダーであったと仮定すると、性自認が男性なので、女性を愛するときはヘテロセクシュアル(異性愛)である。しかし、ロッテルダムでの女性との同棲は女の身なりで生活しており、また性的関係もないとすると、共同生活者同士とも受けとれる。

また、コルネリアとはマリアが女装をしているときに知り合い、恋に落ちているので、これは当初はレズビアンの関係である。彼女との結婚生活ではマリアはマヒールと名乗り、男装し夫を担っているので外見上は夫婦になるが、性的関係はなく、「姉妹のように暮らしていた」と調書にあることから、レズビアン的要素は否定できないが、単に女性同士で暮らしていたともいえる。コルネリアは娼婦として客の男たちとも交わり、子どもも産んでいるためヘテロセクシュアルであるが、レズビアンの傾向もある。娼婦という立場上、身の安全をはかるためのパートナーが必要であり、自分を愛している男装のマリアを欲した側面もあろう。ここでは、性自認や性的指向は非常に繊細で、複雑に絡み合って存在していることを理解しておきたい。

一方、たけは意に沿わぬ性交によって妊娠・出産を経験しており、身体的には女性の機能をもっていたと分かるが、そのこととトランスジェンダーであることとは何ら矛盾するものではない。

マリアや他の異性装者たちの詳細については、デッカーとポルの著書に譲りたいが、たけの生き方を考えるうえで、多くの情報をマリアは語ってくれる。

まず、多くの異性装者の例が示すように、その多くが下層階級の出身者で、両親と死別した孤児、あるいは片親であり、家族の問題を抱えているという点である。たけも山王町鳶人足の娘で、幼少期に両親と死別している。鳶人足は矜持《きょうじ》の強い職ではあるが、決して暮らしぶりが良いわけではなかった。孤児になった後は親類に預けられ、一二、三歳の頃、八王子の飯売旅籠屋に年季奉公に出されている。マリアのように「子どもとしての暮らしからは程遠く、まさに犬の生活であった」とまでいえるものかは分からないが、おそらく厄介者の口減らしとして奉公に出されたのは想像に難くない。預かった親戚も苦しい家計の中でたけを養育したのであろう。下層民が子どもを下男・下女奉公に出すことは、当時としてはごく一般的な選択であり、たけやマリアの親類だけが責められる行為ではない。

また、男性としての生活をする前に女性労働者としての職業経験をもち、ジェンダーを変えた年齢は一六歳から二五歳までの間が多く（マリアは二七歳）、生まれ故郷と違う土地においてという指摘である。たけが飯売旅籠屋に奉公をし、客を取らされる一五、六歳であろうか。太宗寺門前の蕎麦屋で出産したときの年齢は判明しないが、そこでの生活に我慢ができず若衆の身なりで出奔したとのが二〇歳のときなので、指摘の年齢内にあてはまるであろう。そして月代を剃り野郎に姿を変え、「竹次郎」と名乗るのは江戸においてであり、八王子から欠落したとすれば他所でということになる。

貧困生活からの活路をみつけるため兵士や水夫になるという選択肢が、担ぎや火付盗賊改配下の手先、鍛治屋になることよりも困難であったと断言はできないが、男との集団生活を余儀なくされるという環境のため、女と見破られる確率が高い職種とはいえよう。

たけは短い生涯で、マリアのように結婚することはなかった。しかし、男の身なりをやめなかったため、二度の逮捕と処罰を受けており最終的には遠島になっている。マリアも性別を偽り、神聖な結婚を愚弄したとして二度の追放刑に処されている。たけの証言が残っていないのは残念だが、マリアが「身体と性格は男性ですが、外観は女性です」と述べた心情に近いものがあったと推測でき、たけにも同様な状況を言及できるのではないか。

ここでたけとマリアの共通点を取り立てて並べる意図はないが、奇しくもデッカーとポルが明らかにした人物と私が関心をもった人物とが、国と多少の時間を越えて似かよった生涯を送った事実に興味が湧くのである。

たけとマリアの罪状の相違と共通性

たけは「人倫を乱し候もの」という罪を受けた。幕藩制維持や再生産を脅かし、度々のお上《かみ》の男装をやめよとの命令を守らず、なおまた身分を偽って悪事を犯したことである。マリアは「名前と性質〔男女の性別〕を変えてしまうという下品で度を越えた詐欺行為、および結婚にかんする神聖で人間的な約束事を愚弄した」という罪である。

マリアは敬虔なプロテスタント（マリアの生まれたブレダは、一六四八年までにオランダがスペインから独立し、カルヴァン派プロテスタントの勢力地域にあった）であったというが、キリスト教はその教義によって異性装を禁じてきた。『旧約聖書』の「申命記《しんめいき》」第二二章第五節、「女は男の衣装を身に着けてはならない。また男は女の着物を着てはならない。すべてこのようなことをする者を、あなたの神、主は忌みきらわれる」（聖書　新改訳、一九七〇年）という箇所が該当する。しかし、この禁忌の根拠について聖書は語っていない。異性装の禁止がキリスト教徒の信仰の根底にあったことは否めないが、それを破ってでもマリアや多くの女性たちは、生きる糧を稼ぐために男装して兵士や水夫になったのである。

赤阪は、中世の教会人に異性装排除の明確な理由があったと思われず、異性装に対する一般人のもつ偏見を、聖書の規定を楯に強化したという興味深い見解を示している。また、中世の教会は男の女装に対しては徹底して禁じたが、女の男装については概して寛容であったとし、教会にとって異性装自体が問題であったのではなく、異性装による男女差の溶融が問題とされたのでは、とも論じている。

また、異性装における男女差は、女がキリスト教信徒としてのより高い境地と地位を目指して男装するという、女性の努力を評価するという側面があるのに対し、男の女装は宗教的な堕落か精神病理とされると述べている（赤阪、二〇〇二年）。

これを私なりに理解すれば、男の女装はそれによって性的興奮や快感を得るための行為（精神病理）とみなされ、場合によってはソドミーに通じる嫌悪・忌避すべきものと捉えられるのに対し、女の男装は聖職者などのより高い地位を得ようと挑戦したり、男性と伍して学校に入り学問・教養を磨くための方策としてなのである。性的興奮や快感を得んがために女性が男装するとは考えられていない。言い換えれば、女性の性的指向などは論外か、存在しないという認識であろう。

ヨーロッパ中世の例ではあるが、こうした論点はいずれの国家も男性に比した女性の社会的地位の低さを示唆している。しかし、注意深くみれば、マリアの罪状には男装に関する記載はなく、姓名と性別の詐称・結婚への冒瀆が中心である。オランダではたけのように「男装」のみでは罰せられなかったのか、疑問が残る。この点、デッカーとポルの著書によると、他の事例では男装による刑罰を何例か確認できる。

例えば、一六三二年、バーバラ・アドリアーンスは男装が発覚して捕まり、アムステルダムの裁判所において裁かれている。このとき死刑判決は免れたが、その数年後フローニンゲンでふたたび男として生活したという記事があることから、バーバラは追放刑になったと推測される。他にも、一七六五年にはアムステルダム在住の女性の変装が発覚して拘留されたが、釈放後に彼女は自死を選択している。

しかし、多くの異性装の女性は兵士や水夫という職業柄、逮捕・裁判以前に発覚し処理される場合も多かったという。兵士となった女性は戦死したり、負傷して戦場に放置される中、ハゲタカのような連中に金銭目的で衣服を剝ぎ取られ、性別が判明してしまう。あるいは水夫として航海中に病気になり、長期の闘病中、仲間が汚れたシャツを取り替えようとしたときに発覚するなど。この他、一七四三年、アムステルダムで一五年間馬丁《ばてい》として働いた人物は、死後それが女性であったと分かり、センセーションが巻き起こった事例などが収載されている（デッカー／ポル、二〇〇七年）。先に示したエリザベート・ソミュエルやメアリ・リードなどは数少ない成功例だったといえるが、こうした相違が何によって発現するかは難しい問題である。

しかしわずかな事例ではあるが、洋の東西を問わず、女性の日常的な男装が処罰の対象となった事実を確認できる。異性装をめぐる男女の相違は、日本とオランダの男女の社会的地位の根源にあるものと関連してくる。近世日本における日常的な異性装は、男尊女卑観念に基づく男女の別の強調により、男の異性装よりも女のそれは厳しく咎められる傾向にあった。

また、管見の限りでは、キリスト教のような宗教教義に基づく異性装の禁止は、日本には馴染まなかった。なぜなら、非日常のハレの時空で繰り広げられる宗教儀礼や寺社の祭礼、年中行事の中には異性装が多く存在するからである。伊勢信仰を基層とする幕末の世直し状況下の〝ええじゃないか〟にみられる男女の「振《ふ》り替《か》わり」（女装・男装）も、秩序を崩壊させ、民衆運動を熱狂させるための重要なファクターとなった。

男装に関しては、女性の一人旅や女性同士で旅に出る場合、男からの誘惑や追剝《おいはぎ》、性暴力などの危険を回避する手段として用いられることもあった。また、髪形を隠すための被り物《かぶりもの》などはよく知られている。これらも女性の社会的位置を如実に示しているが、日常を離れた旅という特別な期間に限定されたものである。

第二章

男性の異性装と男色の歴史的位相

第一節　青山千駄ヶ谷、お琴の一件

高利貸のお琴

ここでは江戸時代の男性の異性装について考えてみたい。『藤岡屋日記』収載の女装の男が娘に求婚する話である。文政三年（一八二〇）七月の項にある。

〈史料6〉

七月中旬の事とかや、青山千駄ヶ谷辺ニ男女《おとこおんな》と申すお琴《こと》と云う金主《きんしゅ》あり。平生《へいせい》ハ女形《おんながた》ニ而往来致し、専ら金の口入《くちいれ》を致し、右ニて勝手よく、住居も殊之外《ことのほか》立派ニ而、世間の人目を驚かせしが、大御番《おおごばん》佐藤源左衛門の娘となれ染、貰《もら》ひ請《うけ》んと申込しニ、佐藤も甚《はなはだ》当惑《とうわく》致《いた》して、叔父の方江右娘を預しニ、又候《またぞろ》右之方へ男女参り、是非ニ貰請んと強而《しいて》申《もうす》故《ゆえ》、叔父いかなる故にや、左様ニ貰度《もらいたく》バ今男の形《かたち》ニ成り参り候ハヾ遣し可申段申し候処、直《ただち》ニ宿へ帰り、長髪をすり、やろふとなり参《まいり》　候《そうろう》間《かん》、無余義《よぎなく》遣すとかや、然《しか》るニ此男女、只今迄女となり、大名の大奥江立入寐泊《ねとま》り迄も致せし事、右之騒ぎにて露顕致し、此頃召捕《めしと》られ牢舎致せしとの沙汰なり。

（『藤岡屋』一巻・二五七〜八頁）

〈七月中旬の事であるとか。青山・千駄ヶ谷付近に男女のお琴という金貸しがいた。日常は女装で行き来をし、金銭の貸借を専業にしたので暮らし向きが良く、住居も殊の外立派であり世間の人の目を驚かせていたが、大御番役の佐藤源左衛門の娘と馴染みになり、嫁に貰いたいと申し込んできた。佐藤は非常に当惑して叔父方に娘を預けたが、またもや叔父方に男女が来て、是非とも嫁に貰いたいと強く申すので、伯父はどうしたことか、そんなに貰いたければ、今すぐ男の姿かたちになって来れば遣わしてもよいと申したので、お琴はすぐさま宿に戻り、長髪を剃り、野郎（成人男性）の姿となって来たので、仕方なく遣わしたとのことである。ところでこの男女は、現在まで女（女装）となり、大名家の奥方へ立ち入って寝泊まりまでしていたとのことである。今回の騒ぎでそれが露顕し、近頃召し捕えられ入牢しているとの噂である」

青山・千駄ヶ谷（現東京都港区・渋谷区辺り）近辺で金貸し（「金主」）をする「男女」のお琴は、いつも女装で羽振りも良く立派な家に住み、周囲からも一目置かれていた。この付近は江戸時代には武家地であり、大名の江戸藩邸や武家屋敷が立ち並んでいた地域である。

この金貸しのお琴が大御番役《おおごばんやく》の佐藤源左衛門の娘と馴染み、結婚を申し入れてきたのである。大御番とは旗本からなる常備兵力のことである。番頭《ばんがしら》を筆頭に一二の組を編成し、平時は江戸城を、また一年交代で二組ずつが京都の二条城と大坂城とを警護した。

〈史料6〉で注目したいのは、お琴は女装姿で貸金業を営んでおり、その羽振りの良さに周囲も一目置いていた点である。お琴の牢舎は、佐藤の娘との一件で騒ぎになり、以前に大名屋敷の奥方へ性別を偽って入り込んだことが発覚したためであり、彼の日常的な女装が問題視されていたわけではない。釈放後にお琴が女装を禁じられたかどうかは判明しないが、刑期が終わり元の生活に戻れば、女装自体は咎め立てされなかったのではないか。

また、お琴は女装をしながらも娘に恋心を抱き、結婚を願ったことから、性的指向は異性愛にあった――バイセクシュアルの可能性もある――と推測される。したがって、自分の願望の実現のためであれば、本来の男の姿に戻せという指示にも躊躇せずに長髪を剃り、衣装を変えることができる。つまりお琴は異性装愛好者であるか、女装の方が武家の奥向きに入り込みやすく、また、商売に利点があると踏んで女装をしているのであって、たけやマリアのようなトランスジェンダーによる異性装とは性格を異にするといえよう。

さらに史料にある「男女」あるいは「女男」という表現は、当時の社会で認知されたことばであり、そこからイメージされる通常からの違和感や侮蔑性が内包されていた。

お琴の事例から察すると、たけも奉公先からの出奔や盗みをせず、また出産など大事《おおごと》を起こさなければ、生涯をひっそりと男装で過ごせたかもしれない。しかし、最初の捕縛の際に男装の禁止を命ぜられ、男装を続けているという理由で二度捕まり、さらに「人倫を乱し候もの」とレッテルを貼られたことを勘案すると、幕府の犯罪がらみの異性装への処罰は男女によって異なったといわざるを得ないだろう。

もう一つの情報

右の『藤岡屋日記』の同年月に、お琴の一件に関する「真説《しんせつ》」という別史料があり、さらに詳細な状況が分かる。概略を示してみよう。

佐藤（史料では矢藤とある―著者）源左衛門は三年前に大坂大御番を命ぜられたが、家計逼迫のため長旅の支度ができず、娘を新宿の茶屋（出合茶屋への遊女奉公か）へ奉公に出し、大坂に着いたら即刻返済するといってその茶屋から金二五両を借り受けた。返済できなければ娘を如何様《いかよう》に扱ってもよいとの条件であった。しかし、結局金の工面がつかず、去年秋に番役を終えた時点でも返済できなかった。このため、以前から佐藤家に出入りがあり、娘に好意を寄せていたお琴に事情を話したところ、借金の肩代わりをしてくれることになった。

借用証文を佐藤から取ったお琴は、娘を自分の家に連れ込み、邪婬をほしいままにした。一方、佐藤の妻は浪費家で、娘がお琴の所にいるのを良いことに娘をけしかけ、櫛《くし》・簪《こうがい》などを買わせ、借金は金七〇両にも上った。さらに返済も儘ならないでいたところ、お琴は借金分に金三〇両を付け足してでも娘を貰いたいと佐藤に迫った。これを受けて母と娘が相談し、お琴と娘が駆け落ちという体裁で逃亡させ、後から親類の者を遣わして娘を連れ戻すという策にでようと考えた。結局、お琴はこの話を真《ま》に受け、娘を連れて八王子へ逃げたが、計画通り親類が二人を捕まえ、娘を親類（叔父）宅に連れ戻した。おおいに怒ったお琴は佐藤家の借金未払いの件を叔父に訴え、事情を知った叔父は困惑した。（『藤岡屋』一巻・二五八～九頁）

後は前述した通り、お琴が男の身なりに戻れば、娘（姪）を遣わすという話の流れである。ただし、娘を渡さずに佐藤家が訴訟に持ち込むなら、借金の件でこちらも訴え出る心積もりであるとのいる。

詳細にみれば、お琴と佐藤家との間には多額の借金問題があったこと。佐藤家は大御番役の旅費が出せないほど経済的に困窮しており、そのため娘を茶屋に遊女奉公に出すような状態にあったこと。お琴と娘とは以前から性的な関係を結んでいたことなどが加えられる。

ここでは「男女のお琴」が女装姿で貸金業を営んでいること自体は、特に嫌悪されていなかった点を指摘しておきたい。その理由として、まず、大名家奥方に入り込めるほど、お琴が周囲から真正の女性だと思われていたことを前提に、あるいは女装者だと見抜かれたとしても、商売に信用が置け、立派な住まいを建てるほど繁盛していたこと。つまり、客にとっては愛想のよい「女性」がにこやかに応対することで店を利用しやすかったこと。また、お琴にしても、女装であれば商売が上手くいくとの打算があったのではないかなどが考えられる。

史料にあらわれる「男女」や「女男」ということばには異端視や蔑視感が含まれていても、それが事業成功者の女装であった場合、世間の評価は違ってくるのだろう。

第二節　歌舞伎と男色

出雲のお国の歌舞伎踊り

男の異性装が女のそれにひきかえ異端視されていなかったという想定を受け、江戸時代の男性の女装について考えてみたい。はじめに女装といってまず思い浮かぶ歌舞伎の女形《おんながた》について概観しておこう。

歌舞伎は「傾《かぶ》く」という動詞が名詞化したもので、異様な身なりや、道理からはずれた振る舞いをすることを指す。戦国時代の侍や若者が異形《いぎょう》の風体《ふうてい》や秩序に反した行動を誇示したことから、彼らは「かぶき者」と呼ばれた。江戸幕府はかぶき者を権力への抵抗や乱暴と認識し、徹底した禁制の方向で対処した。しかし支配の思惑に反し、かぶき者は庶民には魅力的な存在に映っていた。

歌舞伎（江戸時代は歌舞妓と記す）は安土桃山時代から江戸初期にかけて、出雲《いずも》のお国《くに》（生没年未詳）によって創始されたややこ踊《おど》り（幼女や少女による小歌踊り）、歌舞伎踊りがそのルーツといわれている。お国の出自は出雲大社の巫女《みこ》ないしは歩き巫女との説もあるが、確証はない。

当初、お国は京の四条《しじょう》河原《がわら》で念仏踊《ねんぶつおど》りを興行し、京の町衆から絶大な人気を博した。慶長八年（一六〇三）のことである。念仏踊りとは、念仏や和讃《わさん》の唱文《しょうもん》を称え、鉦《かね》や太鼓《たいこ》で囃《はや》しながら踊る軽快な舞踊で、のちに小唄を伴い、風流《ふりゅう》化して多様な様式（大念仏《だい》・正念仏《しょう》・じゃんがら念仏・六斎念仏《ろくさい》・願人坊《がんにんぼう》踊りなど）に展開した。お国歌舞伎はこの念仏踊りをもとに創始されたのである。

お国歌舞伎一座の座員は男女一〇人程度の規模で、男は狂言師（かつて能の舞台を務めていたが、能を捨てて芸団に身を投じた役者）であり、またお国の「夫」とされた三十郎《さんじゅうろう》、「糸より」（少年が女装して糸を縒《よ》りつつ男を待つ女心を歌い舞う。延年《えんねん》の舞）などの若衆芸《わかしゅげい》を得意とする伝介《でんすけ》などがいた。囃子方《はやしかた》は男が務め、それ以外は女で構成された。お国歌舞伎の踊り手はそれぞれ異性の役を演じたのである（浅野（美）、一九八七年）。

この異性役の演技が歌舞伎踊りの醍醐味であり、かぶき者を真似《まね》た男装のお国が、首からキリシタンの証しである十字架《クルス》を下げ、長刀を差して、女装の三十郎の演じる「茶屋の女」と濃密に戯れる舞台が、観客の老若男女の性の倒錯感やエロティシズムを否応なく高揚させたのである（図5）。

この異性装の面白さを前面に出したのが「名古屋山三《なごやさんざ》」で、山三を演じたお国は観客を魅了し喝采を浴びた。名古屋山三とは美作国《みまさかのくに》津山藩《つやまはん》（現岡山県北部）の藩主森忠政《もりただまさ》の家臣で、美形のかぶき者として一世を風靡《ふうび》した名古屋山三郎《さんざぶろう》のことである。慶長八年四月、山三郎は以前から不仲であった同家の家臣井戸宇右衛門《いどうえもん》と口論の末に斬合いとなり、殺害されてしまう。彼の突然の死は人々からおおいに惜しまれたという。この山三郎が以前にお国の夫・三十郎であったとの話もあるが、山三の影響力をもとにお国歌舞伎の贔屓筋《ひいきすじ》が作り出した伝説であろう（浅野（美）、一九八七年）。

観客はお国に憑依《ひょうい》した山三の霊を舞台上に見出して陶酔し、また鴨川《かもがわ》の河原に響き渡る囃子の小

図5　かぶき者の装束で踊るお国「阿国歌舞伎図屏風」(部分、京都国立博物館蔵　出典：ColBase)

気味よいリズムは、その場にいるすべての者を巻き込んだ熱狂の踊りの渦となって、大団円《カタストロフィ》を迎えるのである。当時の歌舞伎は観るよりも、観客を巻き込んだ踊り自体に重きがあった。こうした踊りの伝統は、室町時代の京の町衆による悪霊退散の念仏踊りや風流踊りが下地にある。この大当たりによって、お国は四条河原の仮設舞台から北野社《きたのしゃ》(北野天満宮。現京都市上京区馬喰町)に定舞台を張ることとなり、いよいよその名声は高まっていった。

お国の歌舞伎踊りは、慶長八年五月六日、「於女院《にょいんにおいて》かぶきをとり有之《これあり》、…出雲国人云々《うんぬん》」という記事が、後陽成《ごようぜい》天皇の侍読《じどく》（天皇に学問を教授する学者）を務めた明経《みょうぎょう》博士、船橋秀賢《ふなばしひでかた》の『慶長日件録《にっけんろく》』にあるのが初見とされる。これは後陽成天皇の女御前子《にょうごさきこ》が、天皇の生母新上東門院《しんじょうとうもんいん》への振舞いとして朝廷内で催した余興である。お国は朝廷であれ武家屋敷であれ、招きがあればそれに応じて歌舞伎踊りを披露したというから、この段階では上・下層を問わず、歓迎されこそすれ排斥された形跡はない。慶長八年といえば徳川家康が江戸に幕府を開いた年でもある。新たな時代の幕開けとともに登場したお国歌舞伎は、その後の庶民芸能を形作る礎《いしずえ》を築いたといえよう。

しかしながら、京でのお国歌舞伎の人気も永劫とはいえず、次第に観客が減少するにつれ、お国たちも地方へ下って巡業するようになる。慶長一二年一二月には家康の城下町造りで賑わう江戸に赴いて勧進興行をし、市のごとく人々が集まったという（浅野（美）、一九八七年）。このためお国の舞台を模倣して、各地の城下町などの遊里を中心に遊女（傾城《けいせい》）や女芸人を演者とする女歌舞伎の座が次々に出現していった。

女歌舞伎は男装した遊女（男役）と、遊女との掛け合いによる性の倒錯と舞踊、そしてお国歌舞伎一座にはなかった三味線という新たな音色が囃子方に加わることで、舞台は一段と華やぎを増していった。華麗な舞台で演じられる女歌舞伎は遊女らの猥雑な芝居芸や好色な舞踊が見どころであったため、男性客は舞台で踊る遊女らをゆっくりと品定めし、舞台後に気に入った遊女を買うという流れが出来上がった。この女歌舞伎が幕府の風紀取り締まりの対象となるのに、そう長くはかからなかった。

女歌舞伎から若衆歌舞伎、そして野郎歌舞伎へ

寛永六年（一六二九）一〇月、幕府は風俗紊乱《びんらん》を理由に歌舞伎を含む一切の女性芸能を禁止した。このため各地の女歌舞伎は芝居を張ることができなくなり、代わって若衆歌舞伎が全盛となっていく。

この女歌舞伎の禁令は、ほぼ定説化している寛永六年説の他、元和二年、寛永一三・一七年令などの諸説があり、年代に多少のずれが生じているが、ほぼ寛永末年（一六四〇年代初め）までには女歌舞伎の終焉を迎えたとされる。しかし、これは江戸・京・大坂の三都を念頭においた理解で、西国を中心とした地方の遊里、下関・室《むろ》（現兵庫県たつの市御津町《みつちょう》）・博多・長崎などでは依然として女歌舞伎は残存し続け、老若男女を観客として一八世紀半ばまで人気を博していたという（渡辺（憲）、一九八三年）。一七世紀前半の女歌舞伎の禁令は、三都を主軸とした政策と捉えてよいだろう。

さて、若衆歌舞伎は中世以来、寺院や武家屋敷で愛玩されていた稚児《ちご》（美少年）による能や曲舞《くせまい》の座の伝統を引く芝居芸を中核に据える。前述の伝介の得意芸「糸より」も若衆芸の一つであったように、この若衆からなる歌舞伎は一三～四から一七～八歳の前髪を備えた美少年たちによって演じられた。しかし、今度も男色《なんしょく》（売買春）と分かちがたかった。

三田村鳶魚《みたむらえんぎょ》（一八七〇～一九五二）が、「男色は何も慶安期や承応期が初物《はつもの》ではないが、若衆歌舞伎

以前には、売り物の男色はなかった。売り物の男色が珍しい、それが大いに景気を煽《あお》ったのである」（稲垣、一九五四年）と述べているように、男色の商業化を助長する事態となり、そして、二〇年余を経た慶安五年（一六五二）六月に、幕府はやはり風俗紊乱を理由に禁止とした。

禁令関係の史料を示しておこう。

〈史料7〉

一　此度《このたび》若衆歌舞妓《わかしゅかぶき》御法度《ごはっと》ニ《に》被《おおせ》　仰付《つけられ》　候《そうろう》　ニ付《につき》、町中ニてかふき子之《こ》様成《ようなる》せかれ抱置《かかえおき》、金銀を取、公界《くがい》為致《いたさせ》申間敷事《もうすまじきこと》

（『御触書寛保集成』二六八五番）

〔この度、若衆歌舞伎を禁じたので、町中で「かふき子」（歌舞伎子）のような少年を雇い、金銭を取って男色させてはならないこととする〕

「かふき子」とは若衆歌舞伎の役者で、芝居をやりつつ男色に応じた美少年である。ちなみに、芝居の役の付かない少年で男色を強要された者たちを「陰子《かげこ》」と呼んだ。

江戸では若衆歌舞伎の禁止により生業《なりわい》を失った者たちが幕府に嘆願し、翌承応二年（一六五三）には歌舞伎踊りよりも芝居劇的な演目を主体とする「物真似狂言《ものまねきょうげん》」に徹することを確約し、興行許可をとりつけた。その際、若衆美《わかしゅび》の象徴である艶やかな前髪を剃って月代頭《さかやきあたま》の野郎姿に変え、立《たち》役《やく》・敵役《かたきやく》のいずれも茶筅髪《ちゃせんがみ》に結んだうえ、女形は月代の上に手拭いを置いて隠し、女の身振りを演じるという条件が定められた。すなわち現在まで継承する野郎歌舞伎の誕生である（図6）。

こうした状況の変化について、三田村鳶魚は、「若衆歌舞伎は女歌舞伎の風俗壊乱に代わって

興ったものなのに、またもや風俗壊乱者となった。そこで少年俳優の前髪を剃除する条件として辛くも興行を許されたから、彼らの風采《ふうさい》は著しく変化した。前髪を剃除した額口は真青な月代を残し、野郎額《やろうびたい》という体裁《ていさい》にならなければならなかった。少年俳優は若衆といわれず、野郎と呼ばれる」と述べている（稲垣、一九五四年）。

つまり、若衆歌舞伎の「かふき子」が前髪を落として月代を剃り、少年役者として引き続き野郎歌舞伎の女形を演じたが、もはや彼らを「若衆」とはいわず、「野郎」と呼ぶようになったという。当然ながら、風俗紊乱の基になる男色を断つために取り潰された若衆歌舞伎であったため、野郎歌舞伎への移行後は「物真似狂言」を中心に演じられ、男色は鳴りをひそめる時期が続いた。

図6　初代中村七三郎（1662～1708・右側）と若女形玉川藤之助（生没年未詳）鳥居清信筆（出典：金沢康隆『江戸髪結史』）

しかし、それも三〇年を経るうちに取り締まりが次第に弛緩してくる。野郎歌舞伎の定着とともに、美少年「野郎」たちによる接客（男色）がまたもや復活してきたのである。

元禄期（一六八八～一七〇三）になると少年たちは舞台で演じるのみならず、客の要望に応え

図7　三味線に合わせて踊る野郎　菱川師宣筆「岩木絵づくし」（出典：金沢康隆『江戸髪結史』）

て料理茶屋に出向き、宴席で芸を披露し、そして一夜を共にするのが習いとなった（『徳川制度』（中））という。野郎歌舞伎の役者（太夫）は、役者の他に若衆を抱え置き、成人男性には舞台を務めさせる一方、少年たちには男性客を取らせるという仕組みを形成していくのである。

　時代は下るが、享保年中（一八世紀前期）の美少年「野郎」の説明として、『守貞謾稿』にも次のように記されている。

　今の男色なり。京坂に若衆と云ひ、江戸にてかげまと云ふ者なり。当時、針打《はりうち》の男曲《おとこまげ》に額帽子《ひたいぼうし》を当てたるは月代あるか。今も女形俳優は狭くも月代する故に必ず額帽子を用ふ。色紫なり。号して野郎帽子と云ふ

（『守貞』三巻・二一八〜九頁）

〔「野郎」とは現在の男色である。京・大坂では「若衆」といい、江戸では「陰間《かげま》」という者である。現在は針打ち（歌舞伎の鬘《かずら》の一種。時代物の二枚目に用いる髷が針刺しの形に似ているために呼ぶ）の男髷に、額帽子をかぶったのは月代があるためか。今も女形は細身だが月代をするため、必ず額帽子を使う。色は紫。野郎帽

子と称する〕

以後、紫の額帽子は陰間や女形の象徴となった（図7）。また、陰間の髪形・衣装については、次のように説明されている。

また三都ともに扮《よそおい》は処女のごとく大振袖《おおふりそで》または中《ちゅう》振袖を着し、髪も島田その他ともに処女と同じく時々の流布《るふ》に順《したが》ふなり。また僧侶に携へられて芝居見物、遊参等に出るには、黒紋付《くろもんつき》ふり袖あるひは詰袖《つめそで》に袴《はかま》を着け、大小《だいしょう》を佩《お》びて小姓《こしょう》に扮《ふん》する時もあり　（『守貞』三巻・四〇八頁）

三都ともに陰間は生娘《きむすめ》のように大振袖や中振袖を着し、髪形も島田髷やその時々に流行する娘好みを取り入れた。また、僧侶に連れられて芝居見物等に出かける際は、黒紋付きの振袖や詰袖（脇の腋下《えきか》を縫縮めた袖。男は一三、四歳の半元服《はんげんぷく》以降に着た）に袴を着し、打刀《うちがたな》と脇差《わきざし》を帯用して小姓に扮する時もあった。このように陰間は通常は女性の身なりで暮らし、僧侶との外出時などは少年の姿になる場合もあったようだ。

中世寺院の僧侶と稚児の関係や貴族・武家社会で広く行われた男性同士の性愛は、近世に入ると遊女と同様に、少年を男娼として売春させるという性の商品化の方向にとって代わっていく。これらの少年たちは「陰間」や「子供《こども》」、「野郎」などと呼ばれ、こうした少年を抱え置く「陰間茶《かげまぢゃ》屋《や》」・「子供屋《こどもや》」なる店が出現する。もちろん、人々の中には性売買とは無縁の、純然たる性的指向による同性愛も存在していたであろう。

陰間茶屋の様相

平賀源内《ひらがげんない》（一七二八〜七九）の著した男色指南書である『男色細見《なんしょくさいけん》　三の朝《さんのあさ》』（明和五年・一七六八）（以下、『三の朝』と記す）によると、江戸では「堺町葺屋町木挽町の子供ハ、ミな太夫元《たゆうもと》の抱《かかえ》の分《ぶん》なれハ、芝居へ出ず共舞台子並《なみ》なり。葭町以下宮地なとハ、芝居へ出ても本舞台にあらさるゆへ皆々陰子なり」（平賀源内、一九七四年）とある。

堺町《さかいちょう》・葺屋町《ふきやちょう》・木挽町《こびきちょう》の「子供」は、みな太夫（歌舞伎役者）元の「抱」（年季奉公人として雇用）なので「舞台子」と呼び、舞台に立たない子供も舞台子並みとした。葭町《よしちょう》以下宮地《みやち》芝居に出演の子供は、芝居へ出ても本舞台（三芝居《さんしばい》）ではないためすべて「陰子」であるという。

堺町・葺屋町・木挽町にある芝居小屋を三芝居といい、本櫓《ほんやぐら》を上げる幕府官許の大芝居を指す。堺町にあった中村座《なかむらざ》、葺屋町にあった市村座《いちむらざ》（中村座・市村座ともに現東京都中央区日本橋人形町三丁目）、および木挽町にあった森田《もりた》（守田）座《ざ》（現中央区銀座六丁目）の三座である。座元は世襲制で、それぞれ中村勘三郎《かんざぶろう》、市村羽《う》（宇）左衛門《ざえもん》、森田（守田）勘弥《かんや》を代々名乗った（**図8**）。

実は江戸初期には多数の芝居小屋があったが、明暦《めいれき》の大火（一六五七）後、山村・中村・市村・森田の四座に整理された。ところが山村座《やまむらざ》は正徳四年（一七一四）の絵島《えじま》（江島）事件（大奥御年寄《おとしより》絵島と山村座人気役者生島新五郎《いくしましんごろう》との密会が発覚。絵島は信濃国高遠藩《しなののくにたかとうはん》に、生島は三宅島に流刑となり、多くの連座者を出した）を機に取り潰され、以後は幕末まで三座制が敷かれた。

葭町（＝芳町）は正式名称を堀江六軒町《ほりえろっけんちょう》（現中央区日本橋人形町三丁目）といい、堺町・葺屋町の南に

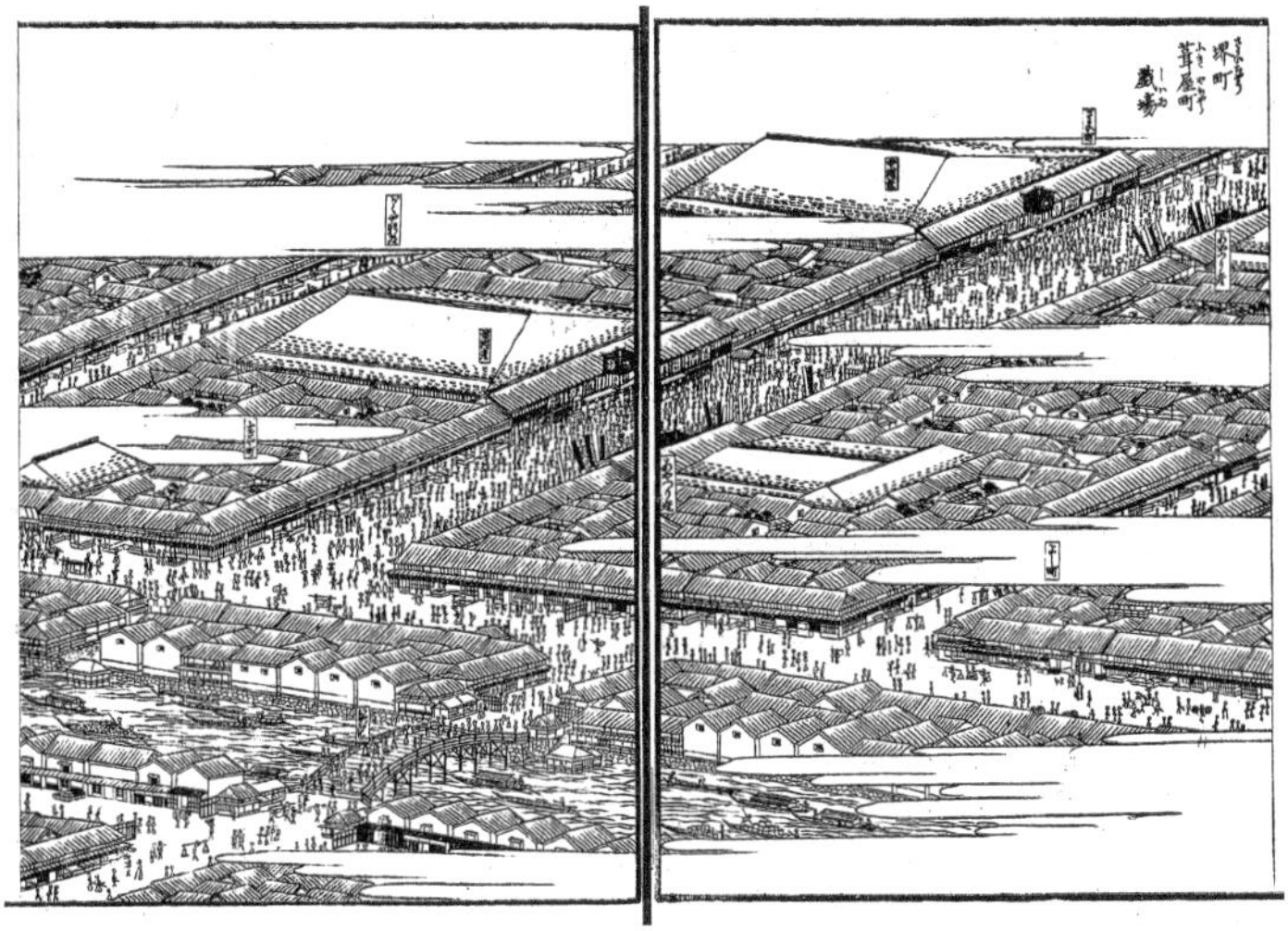

図８　堺町・葺屋町・葭町の遠景（出典：『江戸名所図会』国立国会図書館蔵）

隣接する通りである。陰間茶屋が多く店を構えており、芝居町そばの場所柄もあり主な客層は芝居客であった。また、宮地芝居とは湯《ゆ》島天神社《しまてんじんしゃ》などの寺社境内に小屋掛けするもので、そのため格が下がり子供は「陰子」とされた。湯島天神門前町（現文京区湯島）も陰間茶屋が集まる場所であったが、湯島の「子供」はたとえ舞台に出ていても余所の舞台には立たず、また売色専門の「子供」もいた（神田、二〇一三年）。

陰間茶屋の最盛期は一八世紀半ば（宝暦～明和期）であった。およそ一〇〇年後の天保改革直前の三廻《さんまわ》り（町奉行直属の隠密廻《おんみつまわ》り・定廻《じょうまわ》り・臨時廻《りんじまわ》りを担当した同心。犯人検挙よりも治安維持・風俗取締りに重点が置かれた）の調査によれば、当時、江戸市中には堀江六軒町（以下、葭町と記す）・湯島天神門前町・芝七軒町《しばしちけんちょう》（現港区芝大門）・芝浜松町《しばはままつちょう》一町目（現港区浜松町）の四箇所に陰間茶屋が存在したという。

陰間の適齢期は一六歳から一八歳とするが、中には九〜一〇歳、一三歳の年少の者もおり（湯島天神門前町・芝七軒町・芝浜松町一町目）、また、芝七軒町には二六歳の者がいたとされるが、これはかなり高齢であり例外的である（加藤（征）、二〇〇三年）。

宝暦六年（一七五六）刊の『風俗七遊談《ふうぞくしちゆうだん》』下巻、「陰間の譚《わけ》」によれば、陰間や場所のランクとして次のようにある。

> 先《まず》舞台子を上品《じょうぼん》とす。葭町是に次ぐ。芝の神明、糀町の天神、湯島は其次なり。赤城、市谷ハ是が下たり。浅草馬道《あさくさうまみち》、本所回向院《ほんじょえこういん》を下品《げぼん》とす。（花咲、一九九二年）

まず舞台子が最上で、葭町がその次。順に、芝神明《しばしんめい》は芝七軒町の芝大神宮門前。糀町《こうじまち》の天神とは、もと平河御門《ひらかわごもん》内にあった神社を麴町に移転した平河天満宮（現千代田区平河町）門前にあたる。赤城は赤城明神社《あかぎみょうじんしゃ》（現新宿区赤城元町）門前。市谷とは市谷亀岡八幡宮《いちがやかめがおかはちまんぐう》門前（現新宿区市谷八幡町）と続き、最下位が浅草馬道（現台東区馬道）と本所の回向院（現墨田区両国）となる。

『三の朝』に描かれた陰間茶屋・茶屋・歌舞伎役者宅・商家等の附図（以下、「三の朝附図」と記す）とそれぞれの町の「子供名寄《こどもなよせ》」によれば、陰間茶屋の軒数は堺町・葺屋町（堺町と葺屋町を合わせて「二丁町《にちょうちょう》」と呼ぶ）が一五軒。「子供名寄」には一四軒とあるが、「三の朝附図」に従えば「堺町の薩《さつ》摩屋小平太名代《まやこへいたみょうだい》、座本豊竹新太夫《ざもととよたけしんだゆう》」が子供屋として記載されているので一五軒になる。子供数は四三人。その内の一三人が新参の下《くだ》り者《もの》である。次に葭町が一三軒で、子供数六七人である。

以下、「三の朝附図」には記載がなく「子供名寄」のみであるが、それによれば木挽町が三軒、子供数七人。湯島天神前が一〇軒、子供数四二人。芝神明前が七軒、子供数二六人。麴町天神前が三軒、子供数一九人。一ヶ谷《(ママ)》八幡前が二軒、子供数七人。英町《はなぶさちょう》（現千代田区神田花房町）が三軒、子供数一〇人。八丁堀代地（現中央区八丁堀二丁目）が二軒、子供数一一人となり、総計で陰間茶屋五八軒、子供数二三二人におよぶ（平賀、一九七四年）。

陰間の多い順に葭町、次いで堺町・葺屋町。以下、湯島天神前、芝神明前、麴町天神前、八丁堀代地、英町、木挽町と一ヶ谷八幡前となる。二丁町（堺町・葺屋町）の子供は、そのほとんどが市村座・中村座に出演している舞台子（名前の上に〈市・〈中と付される）であり、子供の格付けとしてはもっとも上位である。葭町や他町の子供は三芝居には出ていない。湯島天神前では二人の子供が宮地芝居に出演し、一ヶ谷八幡前の子供七人すべてが宮地芝居で演じている。前述のように、宮地芝居に出ていても格が低いため「陰子」とされる。明和期にはそろそろ男色に衰退の兆しがみえはじめるが、それでも天保改革時の三廻りの調査より営業箇所や人数も多く、最後の繁盛ぶりを呈している。

陰間の揚代金《あげだいきん》は、遊女の揚代よりもかなり割高であった。「男色細見」の値段表によれば、「昼四切《よつきり》・夜四切」とあり、一切《ひときり》（一時半《いっときはん》、現在の三時間）につき金一分が標準的相場であった。「昼夜仕《ちゅうやし》舞《まい》」（昼夜とも）の場合は金二両、「片仕舞《かたしまい》」（昼のみ、または夜のみ）の場合は金一両とある（『江戸学事典』、一九九四年）。

金一両は時期にも、基準とする事物にもよるが、江戸初期で現在の二〜三〇万円にはなろうか。幕府瓦解に近い頃には政治経済の混乱期のため五万円程度に下落したともいわれるが、社会構造の相違により現在の貨幣価値と直結はできない。それにしても陰間買いは遊女を買うのとは訳が違い、気まぐれな好奇心だけでは歯が立つようなものではなく、また、裕福な寺院の僧侶でないと「葭町通い」など到底叶わなかったという。

ついでながら、比較のために遊女の揚代金をあげておく。

『守貞謾稿』にある弘化四年（一八四七）の新吉原町細見のうち、「細見《さいけん》五葉《ごよう》の松《まつ》」の例である。

「細見五葉の松」によれば、張見世《はりみせ》（遊廓の往来に面した店先の格子の内に、遊女が居並んで客を待つ場所）に出ずに仲之町《なかのちょう》（吉原遊廓の中央通り）の茶屋で遊客を迎えるもっとも高級な遊女の「よびだし、新《しん》造附《ぞうつき》」の場合、昼夜ともの揚代は金一両一分程度である。張見世に出て客に選ばれる見世出居《みせでい》・座《ざ》敷持《しきもち》・部屋持《へやもち》などの格下の遊女は、昼夜ともで金二分から一分、夜のみは金一分から二朱程度である。前述のように、陰間との遊興は遊女よりかなり高額であり、「よびだし、新造附」のような高級遊女の二倍以上の揚代金を必要とした。

当時、大見世《おおみせ》は江戸町《えどちょう》一丁目の玉屋山三郎《たまやさんさぶろう》と扇屋宇右衛門《おおぎやうえもん》の二店であったが、扇屋が潰れ、代って万字屋《まんじや》（久喜《ひさき》万字）が大見世となった。新吉原だけで太夫《たゆう》・格子《こうし》・散茶《さんちゃ》などの遊女から、新造・小格子《こごうし》・局《つぼね》などの下位の遊女までを含めて五一一一人を数え、昔は「遊女三千」といわれたが、今日の増加状況をもって、幕府が岡場所といわれた私娼街を禁ずるのはもっともである(『守貞』三巻・三四四~六頁)と守貞は記している。

さて、江戸の陰間茶屋は「出合《であい》」とも呼び、男女の密会の場所でもあった。そうした利用の場合、いくらかの酒肴を出して席料は金一分であった。この席料は、金一両を一〇万円と換算して二万五〇〇〇円程度である。

「男色の客は士民もあれども、僧侶を専《もっぱ》らとするなり。また稀には好色の後家《ごけ》・孀女《そうじょ》、または武家の媵婢《ようひ》も客にある由なり」(『守貞』三巻・四〇六頁)とあり、武士も客として訪れたが、その多くは僧侶であった。また、たまさか好色な「後家」や「孀女」、または武家の「媵婢」もいるそうである。「後家」と「孀女」はともに夫と死別した妻の意であるが、ここでは分けて書いているので「後家」はその後も家を守っている妻、「孀女」は結婚の有無にかかわらず独身の女と理解しておく。「媵婢」とは武家方の奥女中で、姫の婚姻時に婚家に付き添っていく者もある。奥女中は幕府大奥・諸藩の奥方を含めて、将軍や藩主との性関係を除いて男性との情交は御法度であった。奥奉公中は寺社の代参などの公用を除き、私用の外出などは原則としてできない。だから「媵婢」が客として陰間茶屋を訪れていたとすれば、かなり危ない橋を渡ったはずである。陰間は男性との性交渉に儘ならない女性のためには、少年(女装)として相手を務めていた。あるいは、絵島や生島ではないが、奥女中が馴染みの男との「出合」の場所として利用したのかもしれない。

京・大坂の若衆屋

それでは京・大坂の男色の状況はどのようであったろうか。

『守貞謾稿』によれば、京・大坂では陰間茶屋とはいわず若衆屋・若衆店などと呼ばれた。京は鴨川東の宮川町《みやかわまち》（現京都市東山区宮川筋）の遊女町の中にあり、大坂は坂町《さかまち》（現大阪市中央区坂町）という同じく遊女町の中にあった。江戸のように一定の場所に陰間茶屋街を形成するのではなく、遊女町の中に点在しているのが特徴である（図9）。

また、京・大坂の男色従事の男子は皆必ず俳優の弟子となり、その師の家号をもって中村某《なにがし》、嵐《あらし》某と名付け、その師は太夫《たゆう》といった。狂言役者は男子を遊女屋のように抱え置き、芸を仕込み、一四～五歳になるとそれぞれ色造《いろづく》り、すなわち男性の気を引くような化粧をさせ美しく装わせた。芝居に出し、芸が上手く名が取れれば、店の門口に「誰それが宿《やど》」と大筆で名を記し、夜には戸口に名前を記した掛《か》け行燈《あんどん》を出した（江戸では掛け行燈の慣習はない）（図10）。舞台に立たない少年は「陰子」といい、地方巡業に出す少年を「飛子《とびこ》」といった。

『守貞謾稿』によれば、京・大坂ともに遊女屋と同じ場所に若衆屋が二、三軒あり、特に「若衆茶屋」とは呼ばない。遊女のいる茶屋で客を迎える。江戸のように陰間茶屋で客を迎えることはなかった。関東は人心が荒いため男色に成り難く、天保の頃までは江戸の陰間は京・大坂より幼年の男子を売り下していた（『守貞』三巻・四〇四～八頁）とある。

京・大坂の若衆は必ず歌舞伎役者の弟子として始まる。江戸と京・大坂では、陰間の育成法および環境、また店の営業形態が異なっていたといえる。しかし、守貞のいうように、江戸の人心が荒いため、天保期頃までは陰間は柔らかな心持ちの京・大坂からの下り者ばかりであったとは、いささか考えにくい。

例えば、『三の朝』では、次のように記している。

若衆多くハは京大坂より下る故、近年地《じ》の仕立子《したてこ》、又ハ外より抱たるも、初て出す時ハ、下《くだ》りと披露す。地黄煎《じおうせん》の下りく／＼と同意也、仍《より》て肩書ハ皆下りと記す　（平賀、一九七四年）

図9　京の茶屋で陰間と遊ぶ僧侶『都風俗鑑』（出典：『日本庶民文化史料集成　第9巻　遊び』）

図10　大坂坂町の若衆屋、関東屋の陰間名を記した掛け行燈（出典：『守貞謾稿』第3巻、国立国会図書館蔵）

> （若衆の多くは京・大坂からの下り者なので、近頃、地（江戸）で仕上げた少年も、また他から抱えた少年も、初めて客を取るときは下り者として披露する。「地黄煎」を「下り」というのと同様である。このため若衆の肩書にみな「下り」と記す）

「地黄煎」とは、ゴマノハグサ科ジオウ属植物（地黄）の根茎を煎じた生薬を添加した飴のことで、江戸では「下《くだ》り飴《あめ》」と呼ばれた。地黄は八世紀前半に中国から渡来し、大和国《やまとのくに》（現奈良県）で栽培が始まった。このため江戸からみれば西国の産になり、地黄煎は「下りもの」になる。要は、京坂地域から下ってくるものは貴重品である（反対に、とるに足らぬつまらないものは下ってこないので、下らないもの）という意味合いである。このためどこの地方出身の若衆であろうとも、肩書に「下り」と書いたのである。

また、江戸出身者は気が荒いので、陰間としての養成中は身のこなしはもちろん、使うことばも上方の柔らかい趣《おもむき》で話させた（花咲、一九九二年）というから、江戸や近辺の出身者がいないという訳ではなく、上品ではんなりとした京言葉を教え、下り者かのように装わせたのである。守貞はこうして仕込まれた陰間を下り者と捉えたのであろう。

本節「天保改革と陰間茶屋の衰退」で後述するように、陰間たちは渡世替《とせいが》えの際、浅草猿若町《さるわかちょう》の歌舞伎役者の弟子となる者、親元に引き渡される者、職人見習いになる者、寺院の下働きや武家奉公に出る者など多種多様であり、江戸やその周辺の出身者も十分に想定できる。

次に『三の朝』末尾の「附録」には京・大坂および諸国の「子供名寄」が掲載されているので、

参考にあげておこう。

まず、「京宮川町子供名寄」には、春木徳松《はるきとくまつ》・中村菊江《なかむらきくえ》ほか都合八五人の名前を記載する。通常は宮川町で客を取るが、他所《よそ》の茶屋へ呼ばれることもある。次に「大坂道頓堀《どうとんぼり》子供名寄」があり、姉川菊八《あねがわきくはち》・山下八百蔵《やましたやおぞう》ほか都合四九人の名前を記載する。子供の中には坂町の若衆屋の関東屋（図10参照）・中村屋に出る者もいる。その他に難波《なんば》・新地《しんち》・堀江《ほりえ》・北《きた》の新地《しんち》・天満《てんま》の子供もいるが、名前が未詳のため記さないとある。

『守貞謾稿』では若衆屋は大坂坂町の遊女町にあったとするが、坂町は道頓堀（現大阪市道頓堀）の南東に位置し、芝居茶屋や見世物小屋が多く集まった場所である。『三の朝』では道頓堀の「子供名寄」を載せており、そこから坂町の若衆屋に呼ばれる子供もいたのであろう。この集計では江戸に比べて京・大坂の子供の数は少なく思われるが、前述のように、「若衆多くハは京大坂より下る」とあるように、江戸に下って商売をしている子供も多数にのぼるため、この数値を十分上回るはずである。

諸国に関しては、尾張《おわり》名古屋・駿河府中《するがふちゅう》（現静岡市）・伊勢古市《いせふるいち》（現三重県伊勢市）・相州伊勢原《そうしゅういせはら》・下総銚子《しもふさちょうし》・奥州《おうしゅう》仙台・紀州三日市《きしゅうみっかいち》（現大阪府河内長野市）など一五箇所の陰間屋があげられている。これらの町には旅芝居の「子供」がいるが、その多くは大坂から来た者であるとしている。いわゆる「飛子」といわれる子供たちである。三都をはじめ規模の大小はあれ、諸国においても陰間の存在が確認できる。

では、具体的に子供の暮らしぶりをみておこう。歌舞伎役者の三代目中村仲蔵《なかぞう》（一八〇九～一八八六）の著作集『手前味噌《てまえみそ》』のうち、『松本幸四郎伝』にある四代目松本幸四郎（一七三七～一八〇二）の少年時代の逸話である。

四代目幸四郎は京都に生まれたが、幼い時に父母に別れ伯父のもとで養育される。八、九歳頃、わずかの身代金で宮川町の金子某（太夫）という家へ色子《いろこ》（男色を売る歌舞伎若衆）として売られ、名を錦弥《きんや》とされた。一二、三歳頃から客を取ったが、生来容貌《せいらいようぼう》も衆人に優れ、女にも珍しきほどの美貌のため、昼夜を問わず客の絶え間がなかった。

しかし、一八、九歳になると昔の全盛にひきかえて、お茶挽女郎《ちゃひきじょろう》（遊女や芸妓の客が付かなくて暇な遊女）のようにいつも売れ残るようになった。すると「かゝる卑《いや》しき業《わざ》を営む主人《あるじ》の性質《さが》として」、とかく錦弥の扱いがきつくなった。

主人は、「そなたの歳《とし》、いまだ二十《はたち》にもならぬに、かくまで客の落ちしは、ひっきょう閨房待遇《けいぼうたいぐう》鈍《にぶ》きゆゑならん、かくしてみせよ、かうせよ」と、牛馬など追い使うように、「人に語るも恥しき淫褻《いんせつ》のことを教ゆるのみか、果ては呵責《かしゃく》の杖《しもと》をうけ、身内《みうち》に生疵《なまきず》の絶ゆることなきほど」になり、錦弥はあまりの辛さに涙の乾く暇もなかった。

「たまく男子と生まれきながら、世に浅ましき男色《なんしょく》をひさぎ、多くの人に枕を重ぬるは、女子《をなご》の身にても恥《は》づべきを、ましてや男の身一ツに、女の真似《まね》をすることかは」と。錦弥は、女でも恥ずかしいことを、ましてや男が女の真似をして売色するなどはと嘆き、男色の恥を知ったうえは、客に世辞《せじ》の一つもいえず、いよいよふさぎ込むようになってしまった。そこで、なまじ前髪があるから客を取らなければならないと、ある夜、みずから剃刀《かみそり》で前髪を剃り落とし、月代のある成人男性の頭髪に変えてしまった。

これをみた主人はことのほか立腹し、売られてきた身で勝手な真似をしたと女の着物を無理やり脱がせ、木綿の繿褸布子《つゞれぬのこ》（ぼろの木綿の袷《あわせ》）一枚にして、その場にあった煙管《きせる》で打擲《ちょうちゃく》し、見せしめに厠《かわや》に押し込めた。翌日から下男として炊事・洗濯・風呂焚きなどをさせ、三度の食事も二度より与えず、山椒大夫《さんしょうだゆう》もそこまでは及ぶまいというほどの仕打ちを加えたので、朋輩《ほうばい》の色子たちは益々身の毛のよだつ思いであった。

半月は堪《こら》えたものの耐えられなくなった錦弥は、ある諸侯の某《ぼう》家臣の外妾《そとめかけ》（本宅以外に囲った妾）として江戸高輪《たかなわ》（現港区高輪）に住む伯母を頼って欠落してしまう。その後江戸の芝居町の雑踏を歩いているうち、ふとした縁によって二代目瀬川菊之丞《せがわきくのじょう》（一七四一～七三。本章第四節「美しい男たち」参照）と知り合い、弟子入りすることができた。菊之丞は錦弥のこれまでの身の上を気の毒がり、親身になって世話をした。その後は錦弥の器量の良さと精進もあって歌舞伎役者としての道が開けていくのである（三代目中村仲蔵、一九六九年・今西、二〇〇一年）。

このように金銭によって役者のもとに身売りされた少年は、色子として強制的に男性客をとらされ、また、師弟・主従関係を楯に日常的な暴力（打擲や閉じ込め、食事を与えないなどの折檻《せっかん》）を受けていた。幸四郎については仲蔵による伝承ではあるが、同じ歌舞伎役者として修業し、芝居の世界で成長した仲蔵にとって、自身の置かれた環境からいっても得心のいく話であったのだろう。

ところで、錦弥がみずから前髪を剃り落したことに激怒した主人が、売られてきた身で勝手な真似をしたと女の着物を脱がせたとあるように、陰間は日常的にも女の身なりをしていたことがこの史料から知られる。また、錦弥が京都時代に若衆美の象徴である前髪を備えていたのなら、歌舞伎の舞台には上がらない地位の陰間であったということになろう。『松本幸四郎伝』から陰間の暮らしぶりが窺える。

男色と女色の対決

次に男色を江戸時代の人々がどのように捉えていたかを示す面白い事例を示そう。

第一章第二節「「人倫を乱し候もの」からみえる女性の歴史的位置」でも述べたが、地域差を認めつつも、一七世紀後半から一八世紀初頭にかけて相続・継承すべき「家」（単婚小家族）が広く成立してくる。この実現には男女の婚姻による子ども（嫡男）の出生が期待されたが、実際は子どもの望めない夫婦、あるいは男子が出生しない家などはしばしばであった。武家の側室や、上層商家・農家など経済的に余裕があれば妻以外に妾を持ち、その出産に期待することもできたが、一般には養子縁組、時には子連れの夫婦養子を迎えるなどで「家」を維持するケースも少なくなかった。その場合、血縁優先意識はあるものの非血縁者であってもまったく問題はない。ともかくも「家」を相続・継承させることが最優先であった。

ちょうどこうした「家」成立期（一六五〇年頃に推定）に著された『田夫物語《でんぷ》』は、当時の人々にごく自然に受容されていた男色《なんしょく》と女色《にょしょく》について、「家」の相続・継承の面からその賛否を繰り広げる仮名草子《かなぞうし》である。

男色愛好者と女色支持者が登場し、それぞれの立場から論戦を張るのだが、それを判じる者がおり、結局判者は「子孫相継ぎてこそ、家をも保ちたまひしなり」、「われ神国にまかせて、神のはじめたまひし道を守りたまはば、いかでか恵みも深からん。その方の非道を、はやはや止めたまへ」と判定した（作者未詳、一九七一年、一四〇〜一頁）。

つまり、子孫が相続してこそ家が保てるのであり、伊邪那岐《イザナギ》・伊邪那美《イザナミ》の夫婦神《めおとがみ》による国生み神話を援用しつつ、「家」の相続・継承に繋がらない男色愛好家は「非道」として排し、女色支持者に軍配を上げたのである。

作者は未詳だが、おそらく京都に居住する人物とされる。京は古来天皇の住まう政治・文化の中心地であり、また、京・大坂を含む畿内地方は農業生産力が高く、商品経済・流通機能も他地域に比して進展していたため、中世的複合大家族の解体に伴う小家族経営がいち早く展開していたのである。執筆された一七世紀半ばには脆弱《ぜいじゃく》とはいえ、すでに庶民層に至るまで「家」が成立していたといえる（長島、二〇〇六年）。

こうした背景を念頭に『田夫物語』を読むと、自分の「家」をもつこと、そしてその継承が江戸時代の人々にとってどれほど重要であり、また憧憬をもって捉えられていたのかが理解できる。しかしその反面、この草子は人間の性的指向を忌避し非難する立場をとり、性交渉は「家」相続・継承のための夫婦の営みであるべき、という一種の政治的イデオロギーを表出しているとも読める（百川、二〇〇〇年）。このような見解を考慮しつつも、男色と女色が大いなる論戦の対象となったのは、当時の人々にとってその両者が性愛のあり方として広く認識されていたからであろう。

男色は男性同士の性愛や陰間との性売買の関係であるのに対し、女色は男性と遊女との性売買の関係（女遊び）を意味する。したがって女色は厳密には夫婦間の性行為を含まない。しかし、『田夫物語』に関していえば、女色が夫婦の性行為を念頭に叙述されているのは明白であり、婚姻による「家」形成と夫婦から生まれる子によって「家」が相続・継承されるのを理想とする価値観が展開されている。男色はあくまでも社会的にみて非生産的な「非道」であり、避けるべき性行為として描かれる。

一方、風間孝は江戸時代の男色について論じる中で、男色は古代から確認できるが、男性間の単なる性的関係ではなく、成人前の年下の男性と成人男性との間の性行為を含む親密な関係を指すとする。未成年男性は受動的な役割（弟分・若衆）、成人男性は能動的なそれ（兄分・念者《ねんじゃ》）であり、対等ではないという点において現代の同性愛とは異なる。江戸時代の男色は「衆道《しゅどう》」と呼ばれるように、追求し完成させるべき一つの「道」として位置づけられ、倫理的な色彩を帯びていた。また、当時の男色・女色の捉え方の中に女同士の関係は含まれていなかった（風間・河口、二〇一〇年）と指摘する。

男性同性愛について古代にまで遡ると、『日本書紀』の神功《じんぐう》皇后記にみえる小竹祝《しぬのはふり》と天野祝《あまのはふり》という男同士の親密な関係（「善友」）が、「阿豆那比之罪《あずなひのつみ》」をもたらしたとする物語がある。これは小竹祝の死に接した天野祝が、悲しみのあまり後追《あとお》い自殺をはかり、同墓に葬られることをもって起こった暗黒の天変を、男性同性愛の「悪行」に起因させるという話である。その後改めて別々に葬ったため世界に光明が戻ったという。この二人の関係は「善友」ということばからも分かるように、対等性のない男色とは違い、まさにベストフレンドとしての同性愛である。

しかし、これには異論もある。当時横行した殉死や自死の禁止を促したものと理解できるからである。また、小竹祝と天野祝を女性とする説もあり、これに従えば女性同性愛とすることもできる。この物語をどのように解釈するか、私見のおよぶ範囲ではないが、いずれにせよ、古代における多様な性的指向や同性愛の存在は否定できないであろう。

実際、古代・中世社会では公家・武家社会の性的な慣習の中に主従・上下関係に基づくものや、受け手の方も政治勢力伸長に利用した男色も確認できるという（服藤、一九九五年）。

寺院などの愛玩対象である稚児の系譜を引くものは、当然近世になっても継承されたはずであり、近世ではそうした男色に加えて、一六世紀末以降盛行した歌舞伎や宮地芝居などの芸能と切り離すことのできない男娼（陰間・子供・舞台子・陰子・色子・飛子など）が登場してくる。近世に至り商品経済の発展・浸透が進み、性も商品として売買する環境（遊廓・岡場所・陰間茶屋・飯盛旅籠《めしもりはたご》など）が整ったのである。近世の男色は、陰間茶屋や子供屋などの売春業者の参入により、独自の営業形態を遂げたところにその特徴をみいだすことができる。

男色が対等でないという指摘は、例えば僧侶と稚児、主人たる武士と小姓や近侍《きんじ》などの少年との間に役職上の主従・上下関係や年齢差を伴うことからも明らかである。江戸時代は男色も女色（女遊び）も広くは「色道《しきどう》」として捉えられた。「色道」や「衆道」などは「道」と称することで、色欲をあたかも精神性を伴う高尚ぶったものに思わせる、あるいは思いたいまでの話であろう。追求し完成させるべき一つの「道」、しかも倫理的色彩を帯びるとの見方には、色欲を「道」と説く者の虚偽性が見え隠れしているのではないか。

他方、女は色欲に乏しいものとみなされ、ましてや女同士の同性愛など想定外であったのは確かであろう。男性の著述家や読者層の興味を喚起させないのか、女が女の身なりのまま（男を装わずに）遊所に出向き、遊女を買う類の艶笑本などは管見の限りみいだせない。

江戸時代の女は、四徳《しとく》（婦徳《ふとく》・婦言《ふげん》・婦功《ふこう》・婦容《ふよう》）の実践が重視された。舅姑《しゅうとしゅうとめ》に孝養を尽くし、夫を敬い、身持ちを清浄に、たとえ夫が側室や妾に子を産まそうとも、決して嫉妬心を起さず、余所《よそ》の男に心を動かされず、貞操を守り、邪心を抱かぬようにと幼少期から躾けられた。一方、男は女を知って一人前との価値観によって、女に比べ格段に奔放な性愛環境に置かれていた。それは、良家の子女は性愛や世事に疎くあれという江戸時代的女性の理想像に合致するものであり、嫁入りを目前にして初めて親から渡される枕絵や春画をみて、夫婦の性愛の実《じつ》を諭《さと》されるのが良家の子女の性教育であった。

第三節　江戸の男色をめぐる諸規制

天保改革と陰間茶屋の衰退

天保一二年（一八四一）閏一月に大御所《おおごしょ》徳川家斉《とくがわいえなり》が亡くなると、極端な財政危機に陥っていた幕府は、老中《ろうじゅう》水野忠邦《みずのただくに》を中心に天保改革（一八四一～三）に着手した。財政難に加えて一揆・打ちこわしなども相次ぎ、支配体制維持のための政治改革は急務であった。諸政策が打ち出されるなか、都市に対しては歌舞伎の弾圧、寄席・浄瑠璃・人形芝居の制限、出版物の検閲など奢侈の禁止、風俗の粛清、思想統制など厳しい取り締まりが断行された。一八世紀半ば（宝暦・明和期）に最盛期を迎えた陰間茶屋も、「深川七場所《ふかがわななばしょ》」（第二章第四節「異性装の禁止と「羽織芸者」」で後述）をはじめとする岡場所《おかばしょ》（私娼街）とともに、風俗統制の一環として取り潰しの方針が下された。

加藤征治の研究に従うと、天保一四年に陰間茶屋に対する三廻りの調査が行われている。陰間茶屋の経営者は、陰間を直接抱えている置屋《おきや》で役者振付師、あるいは舞踊指南と称する者と、陰間の派遣先の揚屋《あげや》で料理茶屋を営んでいる者との二種類があった。経営者と陰間を合わせるとその数は六六人に上るが、この中に歌舞伎役者は含まれていないため、さらに人数は増加する。歌舞伎役者自身も芝居町での売買春に応じていたからである（加藤（征）、二〇〇三年）。

そうした中、天保一二年一〇月七日早朝、堺町の中村座から出火し、堺町・葺屋町一帯は猛火に包まれた。この火災で中村座は全焼し、葺屋町の市村座も焼失した。このほか浄瑠璃の薩摩座《さつまざ》、人形芝居の結城座《ゆうきざ》も類焼被害におよんだ。この火災を機に幕府が介入し、風俗取り締まりの強化策として悪所を一掃すべく、芝居小屋の取り払いとその場所での再建禁止を命じたのである。

同年一二月一八日、町奉行宛てに「堺町葺屋町芝居取拂之儀《とりはらいのぎ》ニ付御書付《おかきつけ》」と題する書面が送られた（『徳川禁令考』前集第五、三四〇四番）。差出人は書かれていないが、老中と推測される。

〈史料8〉

（前略）近来役者共《やくしゃども》芝居《しばい》近辺《きんぺん》致住居《じゅうきょいたし》、町屋《まちや》之者同様立交《たちまじり》、殊ニ三芝居共狂言《きょうげん》仕組《しくみ》、甚《はなはだ》猥《みだり》ニ相《あい》成《なり》…（中略）一体《いったい》役者共之儀ハ、身分之差別も有之候処《これありそうろうところ》、いつとなく其隔《そのへだて》も無之様《これなきよう》ニ《に》相成候《あいなりそうろう》而ハ《ては》、不取締《ふとりしまり》之事ニ付、此節堺町葺屋町両座狂言并《ならびに》繰芝居《あやつりしばい》、其外右ニ携候《たずさわりそうろう》町屋之分《まちやのぶん》引拂被仰付候《ひきはらいおおせつけられそうろう》。乍併《しかしながら》二百年来土着之地相離候《あいはなれそうろう》ニ付而ハ、品々難儀之筋も可有之哉ニ付《これあるべきやにつき》、相応之御手当可被下候《そうおうのおてあてくださるべくそうろう》。替地之儀ハ今戸聖天町馬道之辺ニ而《かえちのぎはいまどしょうでんちょううまみちのへんにて》、可成丈一纏ニ可相成場所《なるべきたけひとまとまりにあいなるべきばしょ》取調《とりしらべ》…（下略）

〔近頃、三芝居の役者たちは芝居小屋の周辺に居住し、町屋の者と同様に交じり合い、ことに三芝居とも芝居の筋運びが非常に猥らになっている。そもそも役者は町人とは身分の差があるのに、いつとはなくその隔てがなくなったのでは不取り締りである。今度、堺町・葺屋町の中村座・市村座、人形浄瑠璃の薩摩座とその関連の町屋の引き払いを命ぜられた。しかしながら二〇〇年来、住み着いた場所を離れるのは色々大変なこともあろうから、それに相応《ふさわ》しい手当の金を下す。替え地は今戸聖天町馬道（現東京都台東区浅草）近辺の、なるべく一箇所に纏められる場所を調査せよ」

さらに、同内容の堺町・葺屋町の狂言座などの立ち退き命令ほかを、町奉行から「堺町専助店狂言座　勘三郎、同人抱役者《かかえやくしゃ》　座頭《ざがしら》　彦三郎」ほかに宛てて申し渡している。天保一二年時の勘三郎とは中村座座元、一二代目中村勘三郎（一八〇〇〜五一）であり、彦三郎は勘三郎抱えの座頭、四代目坂東彦三郎（一八〇〇〜七三）にあたる。

この申し渡しに応じ、翌天保一三年二月三日、浅草山之宿町《やまのしゅくまち》（現台東区花川戸・浅草）の小出伊勢《こいでいせの》守《かみ》下屋敷跡（約一万八〇〇〇坪）が選定され、焼失した芝居小屋、そのほか芝居関係の町屋を移転する運びとなった。移転先は江戸歌舞伎の創始者、中村座座元・猿若《さるわか》（中村）勘三郎に因《ちな》んで猿若町と命名された。芝居町の移転により、歌舞伎の芝居客を主とする葭町の陰間茶屋は衰退の一途を辿ることになった。

同年三月には、天保改革の一環として八月までに陰間茶屋の取り払い、および陰間茶屋経営者ならびに陰子たちの渡世替えが命ぜられた。陰子の渡世替え先は、次の五系統に分けられる。

1　浅草猿若町の歌舞伎役者の弟子になる。
2　親元に引き渡される。
3　職人の見習いになる。
4　寺院の住み込みになる。

5　武家方に奉公する、または養子になる。

抱え主および茶屋経営者は、小間物渡世《こまものとせい》・手拭《てぬぐい》渡世・煙草《たばこ》渡世・古着《ふるぎ》渡世・古道具《ふるどうぐ》渡世・仕立《したて》物《もの》渡世・貸本《かしほん》渡世・下駄足袋類《げたたびるい》渡世・茶漬茶屋《ちゃづけじゃや》などに転職した。

このうち、小間物渡世に関して述べれば、見世商いのほか上物《じょうもの》の小間物を得意先に行商する者たちもおり、櫛《くし》・簪《こうがい》・髢差《たぼさ》し・鬢張《びんはり》などの頭髪小間物をはじめ、紅《べに》・白粉《おしろい》・梳《す》き油《あぶら》・五倍子粉《ふしのこ》（鉄漿《かね》付《つ》け用）・歯磨き・匂い袋などの化粧品類、紙入れ・煙草入れ・袱紗《ふくさ》、果ては張形《はりがた》・長命丸《ちょうめいがん》・女悦丸《にょえつがん》などの性具や淫薬、また艶本《えんぽん》の類までも販売した。行商人には色子や陰子上がりも多く、時には男色にも応じていたという（『守貞』一巻・二六六頁。西山他編、一九九四年・三九五頁）。小間物渡世は男色を鬻《ひさ》ぐ密かな抜け道でもあったのである。

しかし、大きな流れとしては、天保改革により衰退の一途であった陰間茶屋は、さらに消滅への方向を余儀なくされた。ただし、改革が短期間に破綻し、老中水野忠邦が失脚すると、規模は縮小するものの湯島天神門前町は徐々に陰間茶屋が復活し、明治初年まで営業を続けたという。この背後には、湯島天神門前の陰間茶屋経営者たちが精進料理屋などに渡世替えをしつつ、再興をめざす目論見《もくろみ》があったと推測される（加藤（征）、二〇〇三年）。

湯島天神門前が再興した理由として、将軍家菩提寺である上野の東叡山寛永寺（天台宗）の近隣という場所柄、裕福な僧侶たちが固定客層を成していた事情がある（**図11**）。ちなみに、再興はしなかったが芝七軒町・芝浜松町の近隣には、同じく将軍家菩提寺である芝の三縁山増上寺《さんえんさんぞうじょうじ》（浄土宗）

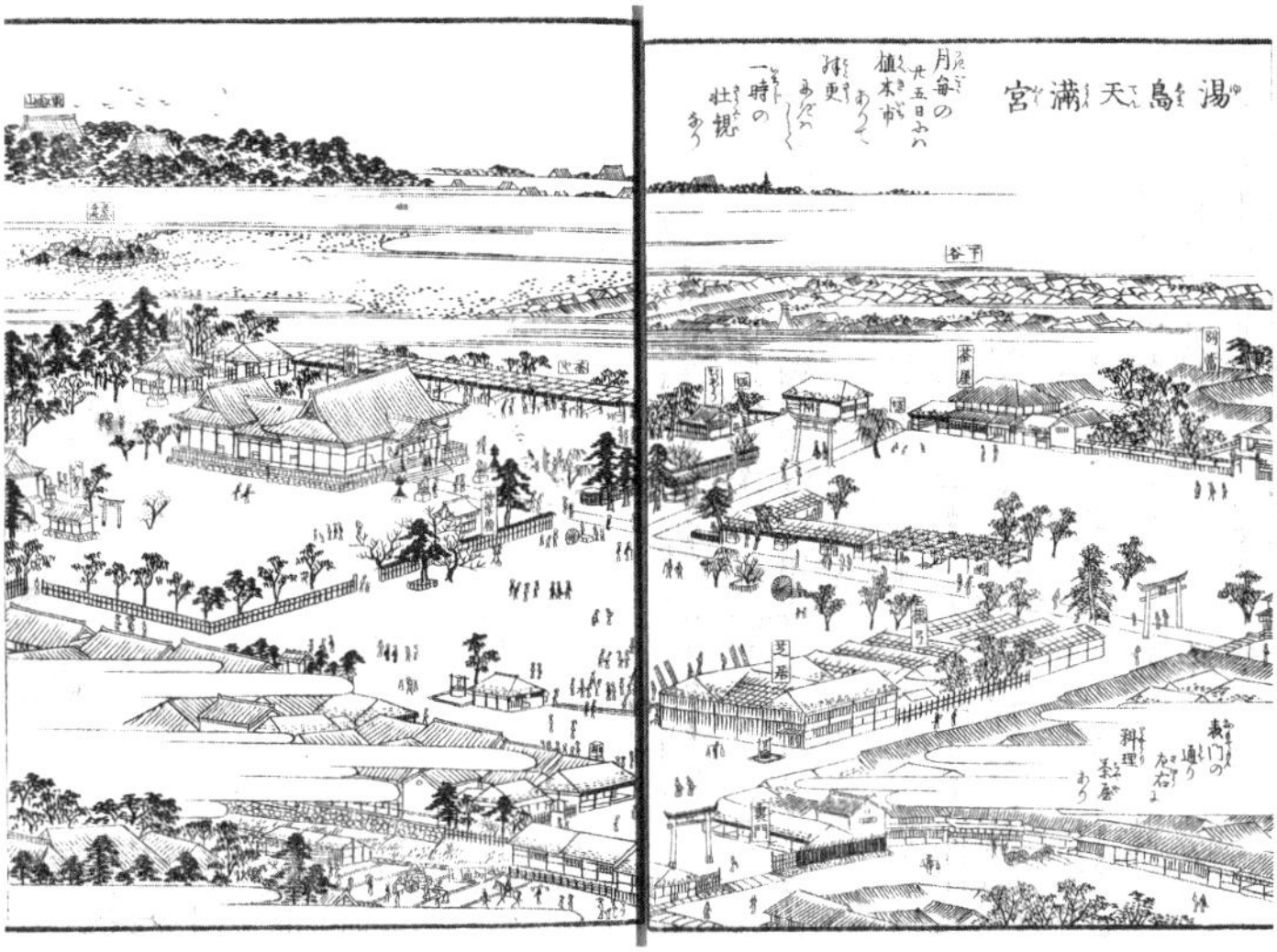

図11　宮地芝居のかかった湯島天満宮（出典：『江戸名所図会』 国立国会図書館蔵）

があった。両寺院はともに徳川家廟所《びょうしょ》としての権勢を競っていたという経緯がある。芝七軒町・芝浜松町に関しては、芝新馬場《しばしんばば》（現港区芝三丁目）にあった薩摩藩上屋敷の武士たちも顧客として訪れていたという。

また、湯島天神門前再興に関して重要な情報として、次のようにある。

男色、三都とも天保官命後廃絶せしが、近比《ちかごろ》聞くに、江戸湯島天神社地のみ密《ひそか》に再行《さいこう》する由。天保前、三都とも女《にょ》粧《しょう》なりしが、湯島再行の者は女粧をなさず、美少年の男粧《なんしょう》なりと云ふ

（『守貞』三巻・四〇六頁）

（男色は三都ともに天保改革期の幕命で廃業したが、近頃聞くところによると、江戸の湯島天神社地のみは秘密裏に再興したそうである。天保以前は三都とも陰間は女粧

〔女装〕であったが、再興後の湯島の者は女装をせずに美少年の男粧〔男装〕であるという〕

天保改革が短期間のうちに失敗に終わり、改革時の禁令の効力が薄れるなか、満を持していた元陰間茶屋の一部が密かに営業を再開したのである。おそらく、従来のような美少年の女装姿ではあまりにも目に付きやすく、そのカモフラージュのために外見上は男子という手段をとらざるを得なかったと思われる。

再興の背景には、陰間〔男色〕の需要が依然として存在したことが大きい。陰間茶屋の主人が内々に営業再開を寛永寺などの得意先の寺院に知らせ、それに応じて僧侶が陰間茶屋を再び訪れるようになる。さらにそこから口コミで営業が広まっていったと推測される。再興したのであれば、女装をしない美少年による男色である。つまり外見上の「女」が相手でなくても構わない。若衆歌舞伎以来の陰間の大きな特徴であった女装の伝統は、ここで覆されたことになる。それに加えて、陰間たちは茶屋の主人との間にまたぞろ金銭がらみの主従関係を抱え込むことになった。そして、それは幕府瓦解後の明治初年まで続いたのである。

僧侶をめぐる諸規制

陰間茶屋の客に僧侶が多いと述べたが、その点についていくらか述べてみたい。

仏教についてはまったくの門外漢だが、近世史料を眺めていると、僧侶に対する「女犯《にょぼん》」禁止令や、「女犯」により島流しなどの重刑を受けた僧侶の記事にしばしば遭遇する。

僧侶への禁止事項は、古くは奈良時代に編纂された「養老令《ようろうりょう》」第七編に「僧尼令《そうにりょう》」があり、僧尼の犯罪・破戒行為への措置が定められている。比丘《びく》（僧侶）・比丘尼《びくに》（尼僧）は仏の定めた戒律の遵守が鉄則であった。出家した比丘・比丘尼は二〇歳までは十戒を、その後は比丘が二五〇戒、比丘尼には三四八戒が定められ、これらを遵守すれば無量の戒徳を具足するということから具足戒《ぐそくかい》という。一般に大乗戒《だいじょうかい》とされるものの中に十重戒《じゅうじゅうかい》と四八軽戒《しじゅうはちきょうかい》があり、十重戒には不殺戒《ふさつかい》（殺人の禁）・不盗戒《ふとうかい》（窃盗の禁）・不淫戒《ふいんかい》（性交の禁）・不妄語戒《ふもうごかい》（虚言の禁）・不酤酒戒《ふこしゅかい》（酒売買の禁）などの一〇項目がある。「女犯」は「不淫戒」（女性との性交渉。尼僧は男性との性交渉）の破戒にあたる。戒律を破った者、犯罪者には強制還俗《げんぞく》や刑罰が科せられた。

渡辺照宏の著書によって、仏教受容の歴史的経緯とその特徴をみておこう。まず、あらゆる仏教体系は戒律が基本となる。理想を実現しようとする人間として、どのような生活態度や生活基準を守らなければならないか、それを教えるのが戒律である。いやしくも仏教に帰依する以上は、戒律を守らなければならない。教団に入るには一定の指導者と立会人の前で式を行い、個条書きで示された戒律を守る誓いを立てる。

受戒《じゅかい》の制度は天平勝宝六年（七五四）二月、鑑真《がんじん》による律宗《りっしゅう》の本格的伝来に始まる。同年四月、東大寺に戒壇《かいだん》を設け聖武《しょうむ》天皇、光明《こうみょう》皇后、孝謙《こうけん》天皇をはじめ四〇〇人もの信者が受戒した。この受戒は俗人受戒であり僧侶となるためのものではないが、以後変遷を遂げながら、江戸時代に至るまで受戒の伝統は重んじられてきた。

平安時代初頭から鎌倉時代にかけては、実は妻帯した僧侶が数多く存在したことが知られている。浄土真宗《じょうどしんしゅう》の開祖、親鸞《しんらん》（一一七三～一二六二）の頃は特に珍しいことではなかった。親鸞が公然と妻帯したのは、呪術と絶縁したことに関連しており、呪術的霊力の保持を立て前とする宗旨において表立っての妻帯は困難であった。僧侶としての尊敬と特権を保つためには独身と身体の清浄を保つことが呪術の効果に不可欠と考えられたからだ。

江戸時代の天台宗《てんだいしゅう》では、基本的な態度さえ確立していれば細かい戒律の箇条にとらわれる必要はないという主張が出されたが、日本仏教の主流はだいたいにおいてこうした状況であった。一般僧侶の戒律は江戸時代には甚《はなは》だしく緩んでおり、幕府の定めた罰則において辛うじて表面の体裁を保っていたのである。

明治政府が、肉食妻帯《にくじきさいたい》の許可を布告したとき、僧侶はもはや戒律を守る必要がなくなった。戒律を遵守する者は例外的であり、「律僧《りっそう》」と呼ばれた。もし、僧侶が公然と妻帯することを避けたのであれば、それは信者の前に呪術的能力を見せかけるためであり、多くの僧侶が独身を装ったことにより生まれた私生児の数は少なくなかった（渡辺（照）、一九五八年）。

仏教の基本が戒律の遵守にあったとすれば、「女犯」は出家としてあるまじき行為である。幕府は寺院統制を強化するなか、寛文五年（一六六五）七月、寺院法度「下知状《げちじょう》　條々」を規定した。その中から妻帯・女犯に関する条項をあげてみよう。

一　他人者勿論《たにんはもちろん》、親類之好雖有之《しんるいのよしみこれあるといえども》、寺院坊舎《ぼうしゃ》女人不可抱置之《これをかかえおくべからず》、但《ただし》、有来妻帯者可為格別事《ありきたるさいたいしゃかくべつたるべきこと》

〔『徳川禁令考』前集第五、二五七五番〕

〔他人はもちろん、親類のよしみであれ、寺院・坊舎（僧侶の住まい）内に女性を抱え置いてはならない。但し、既に妻帯している者は例外とする〕

つまり、寺院・坊舎内には他人・親類によらず、女性を住まわせてはならない。この「女人」は、但し書きにある妻帯者の妻に対応する女性であり、「妻」同様の性役割を担う。このようにこの一つ書きは僧侶の性行為の相手を念頭に置いて出されている。したがって尼僧についてはこの条項では対象外である。

浄土真宗では親鸞が越後配流時代に、越後介《えちごのすけ》三《み》善《よし》為《ため》則《のり》の娘（恵《え》信《しん》尼《に》・一一八二〜一二六八？）と結ばれ、三男三女をもうけている。宗派によって妻帯は特に忌避されなかった。戒律を重んじる宗派でも、寺院内に女性を抱え置かなければ良しという不遜な僧侶もあらわれ、町中に女性を住まわせる者も珍しくなかった。そのため幕府は寺院統制の徹底を図り、女犯の罪を設け、違反した僧侶を厳重に処分したのである。

たとえば、『公事方御定書』下巻、第五一条に「女犯之僧御仕置之事」として、以下のように定めている。

元文四年（一七三九）極《きめ》

一　寺持《てらもち》之僧　遠嶋

享保六年（一七二一）極
一　所化僧《しょけそう》之類　　晒《さらし》之上、本寺触頭《ほんじふれがしら》江相渡、寺法之通可為致《いたさすべし》、寺
　　　　　　　　　　　持所化僧之無差別《さべつなし》
享保二年極
一　蜜夫《みっぷ》之僧　　獄門《ごくもん》
（『徳川禁令考』別巻）

「女犯」の罪を犯した寺持ちの僧は遠島。所化の僧（修行僧）は晒のうえ、本寺触頭寺院（一宗一派の末寺を統括し、寺社奉行からの命令・交渉事を司る本山寺院）に引き渡し、寺法の通りに処罰する。他人の妻と通じた僧侶は、寺持ち、所化を問わず獄門（牢内で斬首後、小塚原《こづかっぱら》（千住）か鈴ケ森《すずがもり》（品川）の獄門台で首を三日二夜さらし、取り捨てる）とする。

このため妻帯できない僧侶が性欲からどうしても逃れられないとき、「女のような少年」（陰間）で欲望を満たしたのである。人々を教導し戒律を守り、自己を律すべき僧侶とは異質な姿がそこにはある。

ただし、「不淫戒」は尼僧にもあてはまるはずだが、『公事方御定書』においても尼僧の性交渉に関する処罰規定は設けられていない。女性にも当然ながら性欲があり、それは男性と変わるものではないが、この僧侶と尼僧の性欲における社会的認識の差もジェンダーの絡んだ問題である。

つまり、尼僧も性愛の対象として陰間茶屋を利用したかという疑問だが、前述の「陰間茶屋の様

相」の項で引いた『守貞謾稿』の「男色の客は士民もあれども、僧侶を専らとするなり。また稀《まれ》には好色の後家・孀女、または武家の媵婢も客にある由なり」に倣《なら》えば、稀に来る好色の後家などを除き、そもそも女性客自体が希少であり、尼僧は客として該当していない。尼僧はこうした類の場所に足を踏み入れることはなかったとみてよいだろう。他の史料の検討も必要だが、女性は宗教者としての自覚を胸に性を超越する覚悟で出家したか（天皇家や公家の娘の一部には尼僧になることが定められている場合もある）、社会通念上の規制から禁欲せざるを得なかったと思われる。また、尼僧（縁切《えんきり》寺《でら》への入寺を含む）になることは、夫の不承知の離縁を妻側から成立させる方途になった面も付け加えておきたい。

なお、『御触書集成』に収載された幕府法令では、「歌舞妓・芝居・遊女・野郎・比丘尼之部」を一つの項目にまとめている。ここでいう「比丘尼」とは熊野《くまの》比丘尼・勧進《かんじん》比丘尼・歌《うた》比丘尼などと呼ばれた、物乞《ものご》い・売女《ばいた》化した勧進大道芸人を指し、通常の寺院に属する尼僧とは別である。

一八七二年（明治五）四月二五日、明治政府は太政官布告《だじょうかんふこく》第一三三号を発令した。いわゆる僧侶の「肉食妻帯解禁令」である。

自今、僧侶肉食妻帯、蓄髪等可為勝手事《ちくはつとうかってたるべきこと》。但、法用《ほうよう》ノ外《ほか》ハ人民一般ノ服ヲ着用、不苦候事《くるしからずそうろうこと》

（『法令全書』、国立国会図書館蔵）

今後、僧侶は肉食――僧侶は葱《ねぎ》・韮《にら》などの臭いの強い野菜を避ける禁葷食《きんくんしょく》や精進料理を主体に、

動物性の肉は食べないのが基本である――、妻帯、蓄髪（頭髪を剃らずに伸ばすこと）などは自由にしてよい、つまりは処罰しないという法令である。また、法要時以外は一般市民と同様の服装でよいとの但し書きが付いている。これ以後、僧侶の妻帯増加とともに、一方で、表面上は独身を保ちながら「梵妻《ぼんさい》」・「大黒《だいこく》」（僧侶の妻）を抱える僧侶も数多く存在した。

前述したように、江戸時代には一般僧侶の戒律は甚だしく緩んでおり、幕府の定めた罰則においてて辛うじて表面の体裁を保っていたのであるなら、逆に江戸時代は「不淫戒」はまさに効力を発揮していたのであって、その狭隘な抜け道として僧侶の男色が盛んになったと理解できる。

ただし、明治政府による「肉食妻帯解禁令」が、明治維新期の廃仏毀釈《はいぶつきしゃく》運動や神仏分離・神道国教化政策という一連の寺院弾圧の政治状況下で出された法令である以上、各宗派がそうした類の法令（たとえば、明治五年三月二七日発令の太政官布告第九八号による神社仏閣の女人結界《にょにんけっかい》場所の廃止、および登山・参詣の自由など）の公布に対決姿勢を強め、安直にそれに従う寺院や僧侶ばかりではなかったという事実は銘記する必要がある。

江戸時代は男色に寛容だったのか

自身がMtFのトランスジェンダーであるとカミングアウトしている三橋順子の『女装と日本人』は、セクシュアルマイノリティをどのように理解し社会化するかについて、みずからの体験を踏まえた切り口で多岐にわたって論じ、示唆に富んだ著作である（三橋、二〇〇八年）。

その「終章　3なにがトランスジェンダー文化を抑圧したか」において、ヨーロッパと日本のトランスジェンダーへの対応の差異を述べた箇所がある。

ヨーロッパはキリスト教世界の成立により、トランスジェンダー文化に対する抑圧が苛烈であった。このため現代の欧米社会で性的マイノリティの人権擁護運動や社会的権利保護の法制化が進んでいるのは、法的保護無くしては性的マイノリティの生存権が守れない危機感が存在しているのであり、「その点で、芸能や接客業など限定的な形であっても、江戸時代の陰間や、現代のニューハーフ世界のような、トランスジェンダーという存在を受け止めるシステム（受け皿）があった日本とは、社会構造が根本的に異なり」、このため日本では逆に人権運動や法的整備が進まないという事情を指摘している。

確かに、ヨーロッパにおける死刑を含むソドミー法の存在を考慮すれば、この指摘は首肯できる。しかし、江戸時代の陰間について述べれば、陰間自身はトランスジェンダーであったとは限らない。まったく陰間の中にその存在を否定するつもりもないが、むしろその多くが、歌舞伎役者に入門した年若い弟子や、陰間茶屋との奉公契約をした少年が男娼を強要させられるという営業形態をとったことは、これまで述べてきた通りである。

その際、師弟・主従関係から生じる従属的地位により、彼らは日常的な折檻を伴う暴力的抑圧にさらされていた。陰間としての活動は一〇代半ばから二〇歳前という短期間でもあり、その後の長い人生において彼らが役者を保障されたとはいえず、異業種に就く者も少なくなかった。また、陰間がトランスジェンダーを受け止めるシステム（受け皿）とするとしよう。すると、天保改革期に顕著な陰間の強制的な転職、陰間茶屋の徹底的な弾圧や悪所として抹消しようとする幕府の政策は、彼らに対する強圧的な否定であり、受け皿の破壊行為となる。

また、江戸時代の男色に本格的に切り込んだゲイリー・リュープの『男色の日本史』（リュープ、二〇一四年）においても、「ほぼすべての男性が、同性愛の快楽に陶酔していた江戸社会」（九～一〇頁）、「同性愛嫌悪は、（中略）いっさい存在していなかったように思われる」（一〇一頁）、「徳川時代の都会の住民は、武士の男色を正当であり、賞賛に値する慣行だとさえ考える傾向にあった」（一〇二頁）、「徳川時代のほとんどの男性の性意識は両性愛であった」（二八一頁）などの評価がなされている。夥しい数の男色・女色を描いた春画・挿絵、江戸文学等を駆使した研究成果からは納得のいく箇所も多いのだが、それでも、江戸時代は果たして陰間に象徴される男色に寛容な社会であったのだろうかという疑問が湧いてくる。

女色・男色を含めた春画・挿絵が、諸外国に比して大量に板行された事実をもって、それが人々に受容・愛好され、自由に流通したと即断することはできないだろう。諸局面において支配の縛りの強い近世社会では、おそらくそれらは依頼者から裏のルートで秘密裏に刷られたのであり、一般向けに白昼堂々と店頭販売できる類のものではなかったはずである。だからこそ、高名な浮世絵師は大名や武士、上層町人クラスの春画需要に応えて豪華な作品を描き、高額の報酬を得ていたのであろう。幕府の制限下での可能な範囲の創作活動とみるべきで、必ずしもその量の多さが自由さや受容の尺度に比例するものではないと考える。

近代に入り、既述の一八七二年（明治五）四月の「肉食妻帯解禁令」と同年一一月一三日には「鶏姦《けいかん》条例」が制定された。鶏姦とは男色を意味する。「鶏姦条例」は七二年九月に白川県（現熊本県）からの伺いとして、官立学校、私塾生徒内に古来よりの悪習である男色がはびこり、幼年生徒の勉学の妨げになっているとの意見が寄せられた件に関し、司法省で審議・法案作成後、太政官で承認されたという経緯がある（霞、一九九〇年・沼、一九八〇年）。

さらに翌七三年七月施行の「改定律例《かいていりつれい》」第二六六条により鶏姦処罰として、次のように規定し直された。

凡《およそ》 鶏姦スル者ハ各《おのおの》 懲役《ちょうえき》九十日、華士族ハ破廉恥《はれんち》 甚《はなはだし》 ヲ以テ論ス。其姦《そのかん》セラルル幼童《ようどう》十五才以下ノ者ハ座セス。若《も》シ強姦スル者ハ懲役十年、未《いま》タ成《な》ラサル者ハ一等ヲ減ス。（国立国会図書館蔵）

この改定後、鶏姦する者は両者ともに懲役九〇日が科されることになった。受け手が一五歳以下の場合は罪を問われないが、それ以上の者は同罪となる。華士族に対しては「破廉恥甚だしい」と申し諭すのみで、特に罰則規定は設けていない。鶏姦した者が未遂の場合は刑罰を一等級減じる。

「鶏姦条例」や「改定律例」の制定は、江戸時代の武士や庶民間での男色の慣習が、近代の学校・私塾生徒間で続いていたことを示唆している。また、一八七二年一一月一四日発令、翌年一月一日施行の「陸軍省懲罰令」「第三十修」において軍隊内での鶏姦行為が処罰の対象となっている(『法令全書』五—二、九九四頁)(沼、一九八〇年)ことから、軍隊内部での男色も問題視されていたことが明らかである。

しかし、この鶏姦処罰は一八八二年(明治一五)施行の旧刑法には踏襲されなかったのである。旧刑法における廃止は、御雇《おやとい》外国人のフランス人法学者ボアソナードによって、ナポレオン刑法典においてソドミー法が廃止されたとの進言による(石井編、一九五四年、大島、二〇〇五年)。また他方で、旧刑法編纂過程における司法省側とボアソナードとの激論の末、鶏姦規定を設定しない方針が採用されたという経緯が知られる。

ボアソナードの主張は、まず、「丁年者」(二〇歳以上)の「和鶏姦」(両者合意の上での鶏姦行為)などは処罰の対象としない。なぜなら行為者は社会的制裁を受けるからである。さらに、幼者に対する鶏姦行為は猥罪において処罰すればよいという趣旨である。この決定に対し、司法省は多少の危惧を抱いていたが最終的に容認されたという(霞、一九九〇年)。

したがって、鶏姦処罰規定は一八七二年から八一年までおよそ一〇年間の施行となるが、「鶏姦条例」・「改定律例」第二六六条が、性的指向や男性間の慣習的性行為にまで踏み込んで処罰の対象としたところに江戸時代との相違をみいだすことができる。

さて、近代初頭の男色の処罰規定を理解した上で、江戸時代の同様の禁令を確認しておきたい。江戸幕府による「衆道」（男色）を取り締まる触書は、早いものでは慶安元年（一六四八）五月の町触に衆道の禁止条項がみえる。

〈史料9〉

一　衆道之儀ニ付、むたい成事《なること》ヲ申かけ、若衆くるひ間敷事《まじきこと》、

（『御触書寛保集成』二八八五番）

これは若衆歌舞伎が禁止される四年ほど前に出された町触である。衆道について、むたいなこと（無理強《むりじ》いの男同士の性交）をしないこと、若衆に没頭しないことがあげられている。次いで、若衆歌舞伎の禁止と同じ承応元年（一六五二）四月にも「衆道之儀町触」と題して「覚」が出されている。

〈史料10〉

一　此《これ》以前も如申付候《もうしつけそうろうごとく》衆道之儀ニ付、町人子供幷小姓なとに文《ふみ》を付《つけ》、無躰成儀申懸候事《むたいなるぎもうしかけそうろうこと》、
堅《かたく》御法度《ごはっと》ニ《に》候間《そうろうかん》、向後弥違背仕候者有之《こうごいよいよいはいつかまつりそうろうものこれあら》は《ば》、急度《きっと》曲事《くせごと》たるへき事、

（『徳川禁令考』前集第五、三〇三七番）

〔これ以前にも申し付けたように衆道について、町人子供ならびに小姓などに手紙を渡し、むたいなこと（男色）を申し掛けることは堅く禁止しているので、今後益々背く者があれば、厳重に違法処分する〕

ここにある「町人子供」とは陰間であり、「小姓」は武士の側近くで仕え愛玩された少年である。いずれも衆道（男色）の対象である。また、翌年の承応二年五月の町触でも、次のように記されている。

〈史料11〉

一　頃日《けいじつ》町中にて衆道之出入有之候《でいりこれありそうろう》。跡々《あとあと》より堅御法度《かたくごはっと》ニ候間、衆道之儀申かけ候もの於有之《これあるにおいて》ハ、申懸候者《もうしかけそうろうもの》迄急度曲事《まできっとくせごと》ニ可申付候《もうしつくべくそうろう》。若左様之《もしさようの》不作法者候は《ぶさほうものそうらはば》、町中之者随分異見申《ずいぶんいけんもうし》、承引《しょういん》不申候は《もうさずそうらはば》早々御番所え可申上事《もうしあぐべきこと》。

（『御触書寛保集成』二六八七番）

〔この頃、町中で衆道のもめ事があるとのこと。前々より厳しく禁止しているので、衆道を要求する者があれば、申しかけた者には厳しく処罰を申し付ける。もし、そうした不作法者がいれば町中の者たちが極力注意をし、その者が聞き入れないようならば、すぐさま番所へ通報すること〕

こうした禁令が頻回に及んでも、元禄八年（一六九五）には、次のような触書が出されている。

〈史料12〉

一　前々相触候《あいふれそうろう》狂言芝居野郎《きょうげんしばいやろう》、浪人野郎《ろうにんやろう》又は役者《やくしゃ》不出《にいでず》前髪有之者《まえがみこれあるもの》并女之おとり子かけま女、方々《かたがた》え《へ》遣候儀《つかわしそうろうぎ》、堅御法度ニ候間、…（下略）

（『御触書寛保集成』二七〇八番）

この条項は、以前から狂言芝居の野郎（舞台子）、浪人野郎（役者や芝居小屋に属さない陰間と解釈する）、舞台に立たない前髪のある者（陰子）ならびに女の踊り子（芸者など）や陰間女（隠売女《かくしばいた》など）を、あちらこちらに売春に遣《や》るのは厳しく禁じている（下略）。以下は、それなのに他の場所や船遊びの席にこれらの者たちを遣わしているのは許しがたい、と続いていく。〈史料12〉は陰間や売女らの出張売春の禁止であり、男色の禁止ではないが社会状況を窺える内容である。

このように幕府は一貫して衆道を「むたい成事」、つまり、〝道理に合わない非道なこと〟として禁じている。さらに、これが歌舞伎芝居と結びついた男娼による売春行為となることも厳禁であった。幕府支配層にとって無理強いな衆道や商売の陰間が世にはびこっている状況は、好ましいものではなく、むしろ、処罰すべき非道な行為とみなしていた点に留意しておこう。

そもそも男色は、戦国時代の遺風として江戸初期には武士の間で流行していた。元禄三～四年（一六九〇～一）頃成立の『土芥寇讎記《どかいこうしゅうき》』（作者未詳）によれば、「元禄期の大名二四三家のうち、計三二名、一割強が男色を好んだとされている」（今西、二〇〇一年）。三代将軍徳川家光の男色好きは知られているが、九州、特に薩摩藩士の間では男色が盛んであった。武士や僧侶は若衆を寵愛したが、若衆歌舞伎の流行に伴い、庶民層にまで男色の風が広まっていった（今西、二〇〇一年）。

どのように男色愛好者を調べ上げたのか定かではないが、それでも一割強という程度である。薩摩藩などの盛んな地域があったとはいえ、「ほぼすべての男性が、同性愛の快楽に陶酔していた」世の中だったとはいえないであろう。しかし限定的ではあれ、それは社会問題化する要素をもっていたのである。

つまり、この「非道」な行為は、子どもの出産を妨げ、足腰が強くあるべき「家」経営の維持・継承を危うくし、幕藩制の根幹を揺るがしかねない状況を生み出すからである。また、風紀の乱れは支配秩序の混乱の基ともなる。そうした意味合いから武士の同性愛も、主君・家臣の確固たる主従関係を弛緩させる危険な性関係と幕府は認識した。ただし、その男性がミソジニスト（女嫌い）でなかったならば、表向きは妻帯して武士の面子《めんつ》を保ち、夫としての務めを果たしながら、法の間隙をかいくぐって密かに男色を行うことは可能であったといえよう。しかし、そうであっても「徳川時代のほとんどの男性の性意識は両性愛であった」と結論付けるのは早計である。

整理すると、幕府法令では「むたい成事」(男色)を申しかけた者を処罰の対象としたが、男色という行為自体の処罰はなされなかった。また、営業としての陰間は隠売女などと同様に禁止の対象とした。一方、近代における「改定律例」では「和鶏姦」(合意の男色行為)を含む、同性間性交を結んだ両者が罰せられた。旧刑法制定までは男色そのものが法的に禁止されたのである。

女歌舞伎が禁ぜられて以降、若衆から野郎へと歌舞伎の担い手は代ったが、女形や舞台子・陰間たち男娼のまとう衣装を含め、幕府の禁止令に上ることはなかった。つまり、女装に関しては、ある種「公認」された風俗であったといえる。

ただし、これまで述べてきたように、日常の異性装が男に対して寛容であったのに対し、女には比較的厳しかった点は押さえておきたい。竹次郎(たけ)が「女」であることを隠し通し、犯罪に手を染めなければ、その生涯をひっそりと男装で通せたであろうことは想定できる。しかし、たけは「罪」を犯して捕まり、刑に服し、日常の男装を禁ぜられた。一方、歌舞伎の女形でもないお琴の日常の女装については、何ら咎めはなかった。彼は以前に、女装して武家の奥方に入り込んだ件が発覚したために罰せられたのである。この対応の違いは、当時の男女の社会的地位の差異、また、野郎歌舞伎の女形や陰間の日常の女装の慣習を反映したものではないだろうか。

男色をめぐる事件

男色にまつわる事件記録は少ないが、『藤岡屋日記』全一五巻中に三例が確認できる。全巻にはこの数十倍を超える女性や少女に対するレイプ事件が収載されている点を、まず記しておきたい。そもそも男性へのレイプ事件は、女性へのそれとは比較にならないほど希少である。しかし、女性・男性いずれの場合も、記録として残るものはまた氷山の一角に過ぎない。

さて、一例目は、天保一五年（一八四四）正月五日の事件で、その時点の記録はないが、翌年の弘化二年（一八四五）一二月八日の項に記載されている（『藤岡屋』二巻・六〇一～二頁）。

事件の概要を述べてみよう。

小伝馬町《こでんまちょう》一丁目（現中央区日本橋小伝馬町）にある島屋吉兵衛《しまやきちべえ》という呉服屋の番頭《ばんとう》が、小僧《こぞう》に男色を仕かけ、金子《きんす》（金銭のこと）にて内済《ないさい》後、番頭は解雇されたという一件である。

島屋の召仕《めしつかい》（ここでは番頭を指す）は徳兵衛《とくべえ》といい三二歳。被害者の小僧は一四歳の竹次郎である。噂話では徳兵衛が強引に男色を仕掛けたため、竹次郎の肛門が四方に破れ、大疵《おおきず》を負った。竹次郎の実父は徳兵衛に難儀を申し掛け、金二〇両を貰い受けたが、その大疵がもとで竹次郎は亡くなったという。

しかし、次に真相話が続く。徳兵衛は京の出身で、「かげま好《ずき》之《の》趣《おもむき》」があり、「竹次郎之肛門犯し候処、少々疵付ケ、聊《いささか》之儀と存じ、内分ニ而《ないぶんにて》相済候処《あいすましそうろうところ》」、つまり少々の肛門の疵であったため表沙汰にせずに決着したところ、近所の職人たちが大仰《おおぎょう》に話しを触れ廻ったため、徳兵衛は外聞が悪く店にいられなくなり、九月中に暇を取って国元に帰った。一方の竹次郎は健在で、今も吉兵衛方で奉公しているという。そして「島屋の番頭、けつ堀番頭、小蔵ハ《(ママ)》なんぎ早桶《はやおけ》だんのう、丸焼だんヨウ」という唄が市中で流行し、「大人小児ニ限らず」歌ったとある。

「早桶」とは急いで作った粗末な棺桶のことで、小僧は男色の辛苦がもとで亡くなったという意味。「丸焼《まるやけ》」とは徳兵衛が事件後暇を取って、一時期吉原の川津屋に住み込んでいたが、吉原で火災が起きて焼け出されたことを指す。大人から子どもまでが、こうした類の唄を歌うのは、男色愛好者が一般庶民にとって揶揄と嘲笑の対象であったと理解できる。

陰間好きの昂じた番頭が、身近にいた小僧に手を出したのだが、小僧がその恐怖と苦痛を包み隠さず訴えたため、事が露顕したのである。番頭と小僧の年齢差は一七歳、そして役職上の上下関係が存在する。小僧が、親子ほど違う番頭の要求を拒みきれなかったのは明白である。

二例目は、嘉永三年（一八五〇）三月二五日の記事である。「四ツ谷新宿村ニて肛門剛陰《ごういん》（強姪）一件之事」と題し、四ツ谷伝馬町《よつやてんまちょう》三丁目（現新宿区四谷三丁目）の松嶋屋喜右衛門《まつしまやきえもん》方に年季奉公をしていた徳次（一六歳）が、使いの途中で男色被害に遭ったという事件である（『藤岡屋日記』四巻・一〇二〜三頁）。

千駄ヶ谷辺に使いに出された徳次は、世田ケ谷から中野に抜ける道で、昼過ぎ頃、四谷新町の「博奕《ばくえき》」（博徒）で「悪者」の磯吉《いそきち》と出会う。磯吉は徳次を無体《むたい》に蹴り倒し、「男色を仕懸《しかけ》、肛門を堀て幸ひをとげ、姦通《かんつう》致せし上ニて、有合《ありあわせ》のぜに四百六十四文を奪ひ取、逃去」ってしまう。

徳次はいかんとも為《な》し方なく、「河童《かっぱ》に尻小玉《しりこだま》を抜かれた」（尻小玉は肛門内にあるとされた玉。河童にそれを抜かれると腑抜《ふぬ》けになるという）と諦め、すごすごと店に帰る途次に考えたのは、男色だけなら外聞も悪いので親方（喜右衛門）には話さなくともよいが、銭を奪われたのは親方に申し訳なく、さりとて立て替える程の甲斐性《かいしょう》もない。そこで是非なく、徳次は磯吉に襲われた一部始終を親方に話したのである。喜右衛門は殊の外立腹し、翌日徳次を連れて事件現場に出向いたところ、又々磯吉に遭遇したので二人で捕まえ、そこに駆けつけた手先により磯吉は取り押さえられ、火付盗賊改の組同心《くみどうしん》に引き渡された。但し、磯吉の罪状は強盗と博奕場の贋役《にせやく》の廉《かど》であり、徳次への男色の件は一切抜きにされた。

これも、風体の悪い大の男が、通りすがりの小僧を標的にして自分の性的欲求を暴力的に遂げた事件である。徳次が銭四六四文（現在の一万円弱）を所持していたのは、事後に気づいたのだろう。小僧がまとまった金を持っているとは考えにくく、磯吉の目的は物取りではなく、まずは男色が目当てであろう。

徳次が男色被害だけなら親方に黙っていようと考えたのは、女性がレイプを公《おおやけ》にせず泣き寝入りしてしまうのと同様に、少年もレイプを外聞の悪さから口外しようとはしないのであり、両者の心理状態は酷似している。

三例目は、慶応二年（一八六六）正月二九日、「町内明地《あきち》ニて男色ニ遭《あいそうろう》一件」という記事である（『藤岡屋』一三巻・三七八～九頁）。

被害者は、本石町《ほんごくちょう》二丁目（現中央区日本橋本石町）の家持、呉服渡世槌屋藤左衛門《つちやとうざえもん》（京都住宅につき店支配人徳兵衛）の召仕、政吉《まさきち》一五歳である。政吉が二九日の夜五時（午後八時）頃、無提灯《むちょうちん》で本石町一丁目まで用事で出かけた折、往還でこれもまた無提灯の侍風の男が後ろから近づき、政吉の肩を押さえ、用事があるという。政吉は恐ろしかったが帯刀した男に従う他なく、空き地まで連れて行かれ、そこで「土間《どま》へ押伏《おしふ》せ衆道ニ及び候《そうら》へ共《ども》、声立《こえたて》候得《そうらえ》ば被切殺《きりころされ》候哉《そうろうや》も難計《はかりがたく》、任其意申候《そのいにまかせもうしそうろう》」という状況に陥った。

その現場にちょうど木戸番《きどばん》の三人が提灯を灯して見回りにやって来たので、侍風の男は驚いてそのまま逃げ去った。政吉は恐怖から男の顔など認めることができなかったが、盗られた品もなく、「全《まった》く男色ニ《なんしょくに》逢候迄之《あいそうろうまでの》趣ニ《おもむきに》御座候《ござそうろう》」という結末であった。刀を帯びた侍に抵抗すれば生命の危険を招き、丸腰《まるごし》の少年は男に為されるがままを余儀なくされたといえよう。

江戸という都市空間で、商家の小僧・召仕（使用人）など一五、六歳の少年が、成人男性の性暴力の標的にされていた様子が分かる。そこには身分差や年齢差、上下・主従関係が大きく影響した。男色も対等性のある場合や、陰間茶屋や子供屋での男娼相手でなければ性犯罪であり、それは女性へのレイプと同質であった。

一例目の京出身の島屋の番頭徳兵衛は、少年の頃江戸へ出て島屋に奉公し、懸命に働き通して今の地位を築いたのであろう。仕事一筋で三〇歳を越え、おそらく独り身だったと思われる。多忙で無駄遣いをしない彼は、陰間茶屋などへ通うこともせず、手近の小僧に思わず性の相手を求めてしまった。想像を逞しくすれば、この番頭も小僧時代に男色の相手にされたかもしれない。

商家の奉公人は番頭を筆頭に手代《てだい》、丁稚《でっち》・小僧などの階梯制があり、掃除・洗濯・炊事などの雑用を担当するのは丁稚・小僧ら少年たちの仕事である。いく人かの下女奉公人を除き、商家の働き手は男性を中心に構成されていた。彼らは暖簾《のれんわ》分けや婿養子等で他出して、自身の店を持てるなどは滅多になかった。そのため多くは高齢になるまで店で働き詰めを通し、結婚できる者はごく僅かであった（桜井、二〇〇三年）。

こうした独身男性は、夫婦で「家」を形成して家長となる機会に恵まれず、「家」の相続・継承から除外された存在である。このような事情を鑑みると、この番頭のように同性愛の性的指向があれば、小僧相手の男色に陥りやすい環境に置かれていたといえる。この一件は表沙汰にせず番頭と小僧の親とで内々に済ませたが、すぐに近所の職人たちによって噂が広まり、番頭は店に居られなくなり退職を余儀なくされた。挙げ句、この事件は江戸中の流行り唄にまでなってしまった。

小僧への男色の強要は当然許されるものではないが、番頭も長きにわたって務めた職を失うなど、十分に制裁を受けたように思う。商家の男ばかりの特殊な事情と、番頭の性的指向がこの事件の背景にある。

二例目と三例目は、いずれも商家に奉公していた小僧・召仕が店の使いに出た途次、男色被害にあった事件で、見も知らぬ赤の他人のターゲットにされるものである。この加害者は博徒と侍風の男であった。彼らは一〇代半ばの大人しそうな少年、しかも親元を離れ、商家に奉公稼ぎに出るような下層の小僧や召仕を狙い、目をぎらつかせながら町を徘徊している。二例目の博徒磯吉は、小僧の手持ちの店の金まで強奪している。小僧の一人歩きは、女性と同様にレイプの対象になりやすかった。

前述のように、陰間の揚代金は安価な遊女と比べてかなり高額であった。無頼《ぶらい》の男たちがそうした金銭を払えるとは思えない。彼らは自己の性的欲求を抑制しえないまま、無防備な弱者を暴力や刀の威力で思うがままにした。そこには双方の対等な性愛などは有りようもなく、まさに性犯罪以外の何ものでもない。江戸時代の男色を考える上で、単に春画や挿絵・艶本の多さによる楽観的な評価だけではなく、こうした事件の存在も考慮する必要がある。

男色を描いた春画は、陰間茶屋のような限られた空間で男色が行われており、かつ衆道の「道」を極めるというねじ曲げられた美意識が存在していたことの表れであり、これは女色の春画が男女の性愛描写とともに遊廓・遊所があり、色道の「道」を極めるという美意識が存在したことの表れであるのとまったく同質である。

第四節　服装規制にみる近代・近世

違式詿違条例

維新変革の時期、国際化・欧米化・近代化の流れの中で、江戸時代以来の慣習などを再検討することが必要となった。様々な法令が新たに整備されるなか、違式詿違《いしきかいい》条例《じょうれい》が制定された。現在の軽犯罪法にあたる。

明治政府は一八七二年（明治五）一〇月の司法省の伺いに対し、一一月八日、東京府達「東京違式詿違条例全五三条」を施行した。翌七三年七月一九日に発布された太政官布告第二五六号によって「各地方違式詿違条例全九〇条」が制定され、国民に対する禁止事項が明確になった。また、違式詿違に違反した者の処断・裁判権は、薩摩・長州藩出身者で占められた警察官に与えられた。同条例は一八八〇年七月公布の旧刑法の違警罪《いけいざい》（本節「風俗・男女の性に関する条目」で後述）にほぼ踏襲された（石井編、一九五四年）。

違式詿違条例は体系的軽犯罪法と評されるが、文明開化の名の下に、欧米先進諸国に対して恥ずかしくない国民の育成を目的とし、それと並行して警察権力が威圧的に人々を監視・処断するという仕組み（警察機構）が整備されたといってよい。

次に、「各地方違式詿違条例」の構成について簡単に述べておこう。

まず、第一条から第五条までは法令違反者の罰則規定などの総則部分、次に「違式罪目《ざいもく》」が第六条から第四二条まで続き、さらに「詿違罪目」が第四三条から最終の第九〇条まで記載される（『法令全書』明治六年七月、太政官）。「違式」は故意に法令に違反すること、「詿違」は誤って、あるいは不注意で違反する意である。いずれも軽微な犯罪に対応する罰則規定である。

第一条によれば、違式違反者は七五銭以上、一円五〇銭以下の罰金とし、第二条には、詿違違反者は五銭以上、七〇銭以下の罰金を科すとある。明治期の一銭を現在の二〇〇円程度に換算すると、違式違反者は一万五〇〇〇円以上、三万円以下。詿違違反者は一〇〇〇円以上、一万四〇〇〇円以下の罰金刑となる。罰金を払えない者には拘留措置がとられた。罰金の額から判断して、「違式罪目」の方が重く、「詿違罪目」はそれより軽罪として扱われた。

違式詿違条例は全国各地方に布達され、漸次削除・追加の箇条を設けながら、国民の遵守義務としての定着が試みられた。たとえば、一八七八年（明治一一）一一月、洋々堂蔵版《ようようどうぞうはん》刊行の『挿画違式詿違条例　全』（国立国会図書館蔵）は、東京神田五軒町《ごけんちょう》（現東京都千代田区外神田）の矢野新造を発兌人《はつだにん》、東京浅草南元町二八番地（現台東区蔵前付近）在住の細木藤七を編輯《へんしゅう》兼出版人として、絵入り・ルビ（内容説明）付きで、庶民向けに簡便に条例を理解させようとした著作である。

この著書を素材に、明治政府が何を良しとしなかったかについて、面白い条目をいくつか紹介しよう。

〈違式罪目〉

病死牛馬の販売の禁止　（第一〇条）

乗馬で駆けまわり、また馬車を疾駆《しっく》させ、通行人を倒す者　（第一三条）

旅行免状を持たない外国人を密かに止宿させる者　（第一四条）

町火消・鳶人足ども町々普請の時、地所組合違いの者を雇うことを妨害する者　（第一六条）

戯《たわむ》れに往来の常燈籠《じょうとうろう》を壊す者　（第二一条）

川端・下水などへ土芥《つちあくた》・瓦《かわら》・礫《こいし》などを放棄して流れを妨げる者　（第二七条）

〈註違罪目〉

夜中無提灯で諸車を引き、および乗馬する者　（第三〇条）

他人の畑の生《な》り物《もの》を取って食らう者　（第三四条）

死んだ禽獣《きんじゅう》や汚れ物を往来へ投棄する者　（第三六条）

居宅前の掃除を怠り、下水を浚わない者　（第三八条）

下掃除《しもそうじ》の者、蓋《ふた》無《な》き糞桶《くそおけ》を運搬する者　（第四一条）

往来の常燈籠を戯れに消す者　（第四五条）

荷車や人力車を並走《へいそう》させて通行を妨害する者　（第五一条）

酔いに乗じ戯れに車馬往来を妨害する者　（第五五条）

〈違式罪目追加〉

制禁の場所で竹木を伐り、魚鳥を捕る者（第五九条）

神仏祭礼の節、世話人ら強いて出費を促す者（第六一条）

豚肉営業規則に違背する者（第六八条）

〈註違罪目追加〉

神社仏閣または他人の家屋の檣（塀）壁等へ落書きや貼り紙をなす者（第七三条）

街上において声高に唱歌する者、但し、歌舞営業の者はこの限りではない（第七四条）

夜間一二時過ぎに歌舞音曲、または喧呶《けんどう》して、他人の安眠を妨げる者（第七五条）

いずれも現代の迷惑防止条例に該当するような条目もあれば、なるほどと思わせるもの、時代性を物語るものなどさまざまである。たとえば、病死した牛馬肉を販売する者、他人の畑作物を盗んで食らう者の罰則は、今も当然のことであろう。乗馬、または馬車で往来を疾走することや、夜間に燈火の無い状態での走行などの罰則は、スピード違反や無灯火運転などにあたろうか。土塊や瓦・塵類、死んだ動物などを河川や往来に投棄するのも、現在も不法投棄の類である。下肥取りが、蓋を付けずに糞桶を運ぶことも違反行為になるが、悪臭を周囲にまき散らす罪であろう。時代を感じさせる条目である。

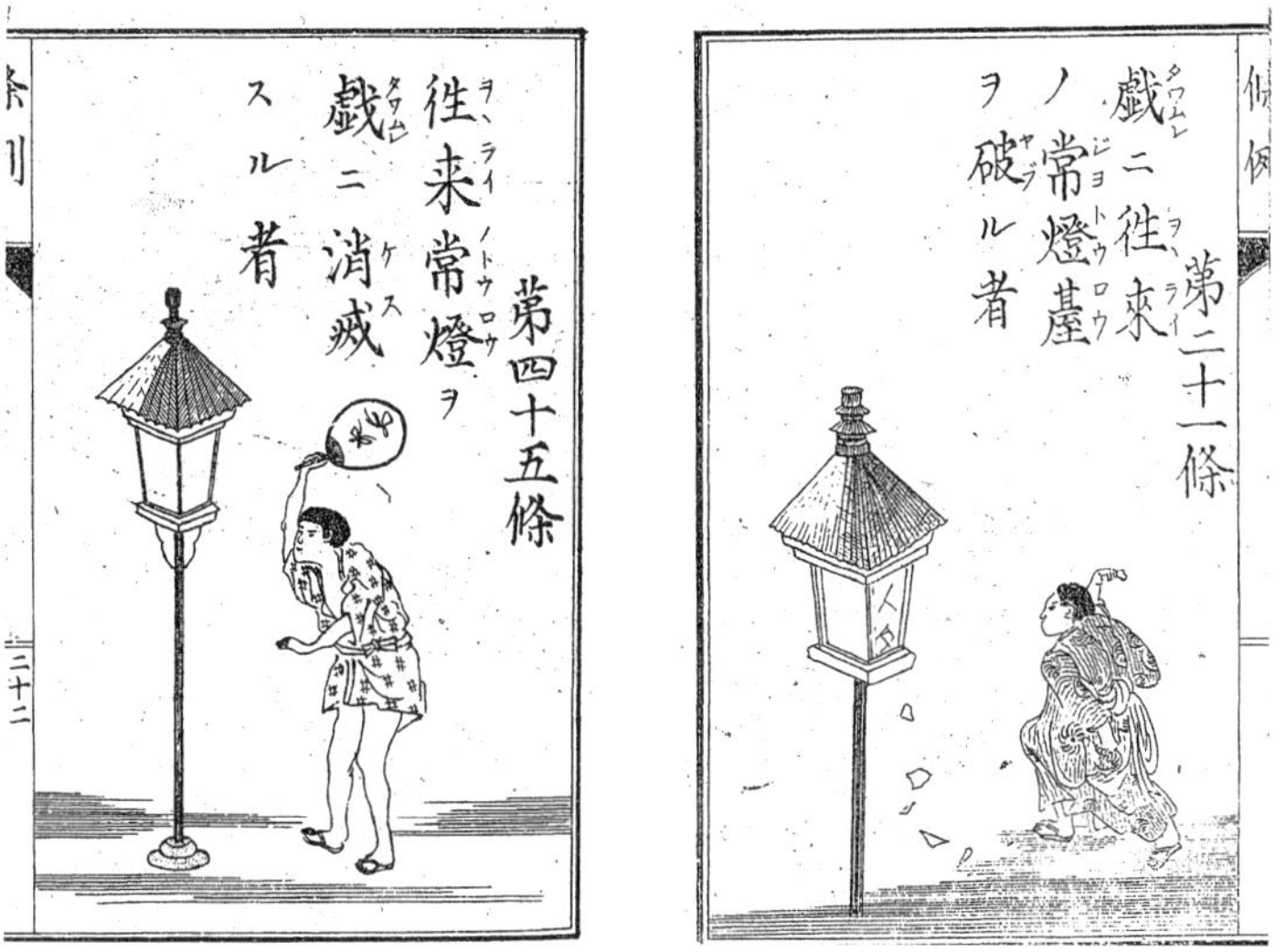

図12　〈違式罪目〉第21条と〈詿違罪目〉第45条（出典：『挿画　違式詿違条例　全』国立国会図書館蔵）

常燈籠の条目にはガス灯の絵が描かれているが、それを壊す者は違式違反（第二一条）となり、故意に消す者は詿違違反（第四五条）となるのも面白い（**図12**）。

西洋式ガス灯は、一八七一年（明治四）に大阪府大阪市造幣局内とその周辺に点灯されたのが最初といわれている。翌七二年には高島嘉右衛門《たかしまかえもん》（一八三二〜一九一四）がフランス人技師アンリ・プレグラン（一八四一〜八二）の設計監督の下で事業化し、横浜の外国人居留地において点灯された。その二年後の七四年には東京銀座の煉瓦街《れんががい》の建設に伴い、京橋（現中央区）と金杉橋（現港区）間に八五基が設置されたというから、ガス灯は文明開化の象徴的装置であった。いずれも違式詿違条例が制定された頃の出来事である。

また、火消や鳶人足の地所・組違いの者に普請を頼むことを妨害してはならないことや、寺社の祭礼時に世話人が寄付金を強制することの禁止などは、思わず得心してしまう内容であるが、条例通りにはいかないことも多く、現在においても無下《むげ》には断れないところである。

このほか居宅前の掃除をしない者や溝浚《どぶさら》いをしない者などへの処罰は、現在では罰金刑にはならないが、寺社や他人の家の塀壁への落書きや貼り紙などは、器物損壊罪、あるいは文化財保護法やマナー違反になろう。道路上で大声で歌う者、深夜に歌舞音曲を奏したり、喧呶《けんどう》（がやがや騒ぐこと）して安眠を妨害したりする者などは、これまたおおいにマナー違反である。

このように事細かな条目が掲げられたため、警察官は常に目を光らせながら町々を巡回し、違反者を見つければ即刻捕えて警察署に連行し、処断・裁判権を行使したのである。私の世代や一世代前には、子どもが悪戯をしたり、いうことを聞かないときに、「お巡《まわ》りさんに来てもらうよ」とか、「お巡りさんに連れて行ってもらいます」などの脅し文句を大人たちが使ったものだが、庶民の警察官への畏怖や脅威の感覚は根拠のないことではなかったのである。

風俗・男女の性に関する条目

次に、違式詿違条例にある風俗や男女の性に関する条目をあげてみよう。ルビは『挿画　違式詿違条例　全』のままである。

〈違式罪目〉

春画《ワライエヲヨ》及ヒ其類《ソノタグイ》ノ 諸《イロ〱》 器物《ドウグ》ヲ販売《ウリサバク》スル者　（第九条）

身體《カラダ》ヘ刺繍《ガアン》スル者　（第一一条）

男　女入込《ヲトコヲンナイリゴミ》ノ湯《ユ》ヲ渡世《トセイ》スル者　（第一二条）

裸體《アカハダカ》又ハ祖裼《カタヌギ》シ、或《アルイ》ハ股脚《モヽアシ》ヲ露《アラワ》シ醜體《ミニクキラ》ヲナス者　（第二二条）

男　女相撲並《ヲトコヲンナスマフナラビ》ニ蛇遣《ヘビツカ（ママ）》ヒ、其他《ソノホカ》ノ醜體《ミニクキナリ》ヲ見世物《ミセモノ》ニ出《イダ》ス者　（第二五条）

〈註違罪目〉

湯屋渡世《ユヤトセイ》ノ者《モノ》、戸口《トグチ》ヲ明《ア》ケ放《ハナ》チ、或《アルイ》ハ二階《ニカイ》ヘ見隠簾《ミカクシスダレ》ヲ垂《タ》レザル者　（第三七条）

婦人《フジン》ニテ謂《イワ》レナク断髪《ダンパツ》スル者　（第三九条）

市中往来筋《マチヲヽライスジ》ニ於《ヲイ》テ便所《ベンシヨ》ニ非《アラ》ザル場所《バシヨ》ヘ小便《セウベン》セシムル者　（第四九条）

床先《ミセサキ》ニ於《ヲイ》テ往来ニ向《ムカ》ヒ幼穉《コドモ》ニ大小便《タイセウベン》ヲセシムル者　（第五〇条）

このほか、〈違式罪目追加〉第六二条に、異性装の禁止の条目があるが本節「異性装の禁止と「羽織芸者」」で後述する。

まず、〈違式罪目〉のうち第九条では、春画やその類の性具の販売を禁じている。第一一条では、身体へ刺青《いれずみ》を彫ることの禁止。ルビは「ガアン」だが、刺青を「我慢《ガマン》」ともいうので、その誤植だ

図13 〈違式罪目〉第11・12・22・25条（出典：『挿画　違式詿違条例　全』国立国会図書館蔵）

ろうか。第一二条では、銭湯の男女混浴を禁じ、それを営業する者を罰する。第二二条では、町中で裸体または肩肌脱ぎをし、あるいは股や足を露わにして醜態をさらすことを禁じている。「醜體」のルビの「ミニクキラ」は、醜き裸体の「ラ」か。

第二五条では、男と女の相撲ならびに蛇遣い、そのほか醜態を見世物として披露する者を罰する。挿画によれば、男と女の相撲とは男同士や女同士ではなく、まさに裸体の男女が相撲を組む様子が描かれている（図13）。また、蛇遣いは、着物姿の女性が両手に蛇を握っている絵である。蛇遣いがなぜ風紀を乱すのかは分からないが、蛇遣いの女が自分の裸体に蛇を纏わらせでもするのだろうか。いずれも見世物小屋風の建物の上の階で演じており、往来からもよく見える様子である。

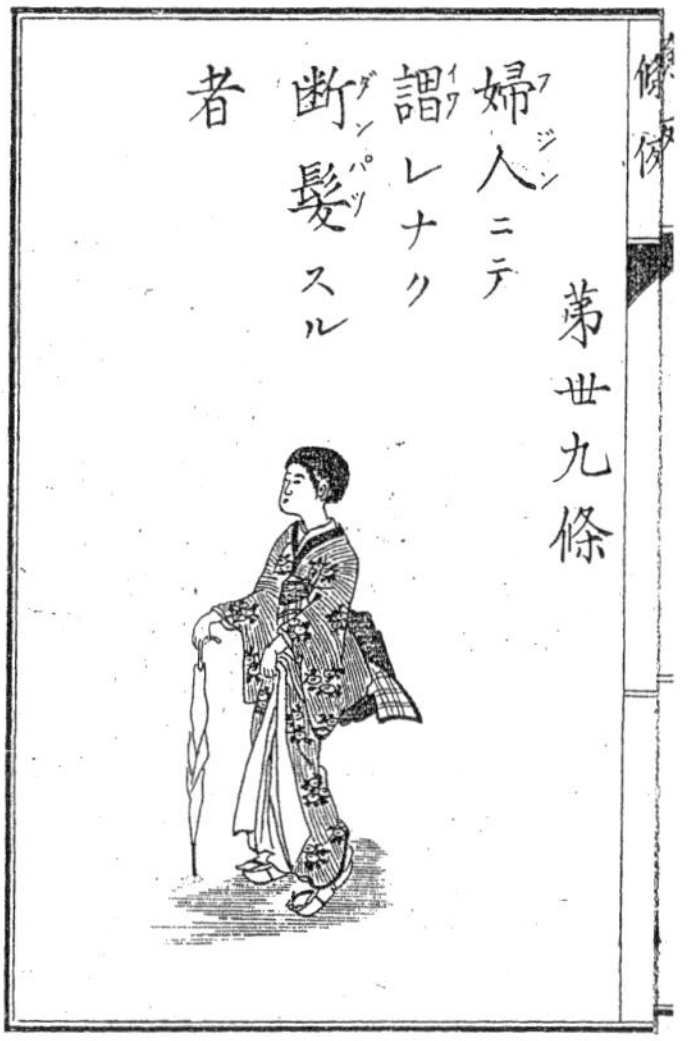

図14　〈註違罪目〉第39条（出典：『挿画　違式註違条例　全』国立国会図書館蔵）

次に〈註違罪目〉をみておこう。第三七条では、銭湯の入り口を開け広げたままや、二階に目隠しの簾を掛けずに営業する者を罰する。第三九条では、理由なく婦人が断髪するのを禁じる（図14）。第四九条は、往来での立小便の禁止である。第五〇条では、店先で往来に向かって、子どもの大小便をさせることを禁じている。

はじめに、第九条の春画・性具の販売の禁止からみていこう。「春画」には「ワライエ」とルビが振ってある。「笑い絵」とは人を笑わせる滑稽な絵であり、枕絵や春画も含まれる。描き方によっては人の性行為は笑いを誘うものではある。また、性具とは多少異なるが、幕府も文化元年（一八〇四）一二月に、「張子男根之類商売致間敷旨《はりこだんこんのたぐいしょうばいいたすまじきむね》」とし、以下のような町触を出している。

此節張子ニ致候男根之類、顕然《けんぜん》と見世売《みせうり》致候類有之、如何之御沙汰《いかがのごさた》ニ候間、早々右類ハ商売致候儀、差止可然候《さしとめしかるべくそうろう》…

（『徳川禁令考』前集第五、三一六九番）

この町触は、末尾に「喜多村に申し渡す」とあるので、町奉行から町年寄の喜多村家へ、さらにそこから町名主を通じて各商売人に命ぜられたものである。男根の張型は女性同士の性愛時に用いる場合もあるが、そうした類をおおっぴらに店頭販売するのを禁じた触れである。また、男根の張型は子孫繁栄の縁起物でもあり、庶民の飾り物として人気があった。幕府は一九世紀初頭において、すでに風俗宜しからぬものとして、その販売を禁じているのである。

次の第一一条の刺青《いれずみ》についても、幕府は同様に禁じている。文化八年（一八一一）八月に、「軽《かる》キもの共《ども》ほり物致間敷旨《ものいたすまじきむね》」とし、次のような町触が発せられている。

〈史料13〉

近年軽キ者共ほり物と唱《となえ》、総身《そうみ》江種々之絵、又者文字等をほり墨を入、或ハ色入等ニ致候類有之由、右躰之儀ハ風俗にも拘《かかわ》り、殊ニ無疵之者、総身江疵付候者、銘々耻可申儀之処《めいめいはじもうすべきぎのところ》、若者共ハ却而《かえって》伊達《だて》心《ごころ》と心付候《こころつきそうろう》哉《や》、諸人之蔭ニ而あさけり笑候をも存《ぞんじ》はからす、近頃ハ別而《べっして》ほり物致候者多く相見江、不宜事《よろしからざること》ニ候間、向後《こうご》手足ハ勿論、総身江致間敷候、能々《よくよく》町役人共江も為申聞《もうしきかせ》、心得違之儀無之様可申諭候《もうしさとすべくそうろう》、且又《かつまた》右彫物《ほりもの》致遣候者共ハ、人之《ひとの》任頼候《たのみにまかせそうろう》とハ乍申《もうしながら》、忌み嫌ふへき事を不差搆《さしかまわず》、好ニ《このみに》随彫遣候《したがいほりやりそうろう》ハ、別而不埒之事ニ付、此度吟味之上、夫々咎申付候間、是又自今相止候様、町役人共より能々《よくよく》可申聞候。

（『徳川禁令考』前集第五、三二七〇番）

〔近年、軽薄な者たちが「ほり物」といって身体全体に種々の絵や文字を彫り、墨や色素を入れる類をしているという。こうしたことは風俗紊乱《びんらん》に関わり、殊に身体に何ら疵の無い者が身体中に傷を付けるのは、それぞれが恥ずべきである。それなのに若者たちはかえって「伊達心《だてごころ》」（俠気を見せ、人目に付く派手な容姿）と考えているのか、多くの人が陰で嘲笑《あざわら》っていると知りもせずに、近頃はとりわけ彫り物をしている者が多く目に付き、宜しくないことである。今後は手足はもちろん、総身に彫り物をしないよう、よくよく町役人たちに申し聞かせ、心得違いの無いよう若者たちに説諭すべきである。また、彫物師の方も客に頼まれたものとはいえ、忌み嫌うべきことを気にもせず、客の好みに応じて彫ってやるのは、とりわけ道理に外れている。この度調査の上、それぞれに罰を申し付けるので、今後はやめるように町役人からもよくよく申し聞かせること〕

このように幕府は、若者を中心とした「伊達心」から発する刺青の横行を憂い、また、客にいわれるままに彫る彫物師に対しても、その手技を禁じ刑罰の対象としている。周囲が驚くような刺青を施し、得意がっていても世間は陰で嘲笑しているものであり、とりわけ風俗を乱す基となるとの判断が示される。なお、身体に施す刺青は、刑罰の「入墨」と区別して「彫物」と呼んでいた。

次の第一二条は男女混浴の禁止であるが、これもたけのところですでに述べたように、幕府は寛政三年（一七九一）正月に、「男女入込湯停止」（『徳川禁令考』前集第五、三三四九）を命じ、町場・場末を含めて風俗統制の面から男女の混浴を禁止している。男女入り込み湯の禁は江戸では徹底される傾向にあったが、関西方面では遵守されない所もあり、幕府はこの法令を頻回発令している。明治初年の段階でも出されているところから察すると、依然として男女入り込み湯が横行していたことが判明する。

大坂などでは這入り口・脱衣所・洗い場は男女一緒であり、浴槽だけが男女別の湯屋が多かったが、一方、江戸では禁令後は男湯・女湯は区別された。しかし、男女入り込み湯がまったく消滅したともいえず、また、一軒の湯屋が日替わりで、あるいは時間を区切って男湯・女湯に分けることもしばしばみられた。

湯屋は一般的には朝湯は老人が多く、午後の早い時間帯は子連れや娘を含む女たち、仕事の終わる夕方から宵にかけては男たちが入浴するので、男女が大勢で一緒になることは少なかったようではある。それでも艶本類には、入り込み湯で男が女性器に触る場面などが描かれ（『艶本枕言葉《えんぽんまくらことば》』天明五年（一七八五））、また、川柳にも滑稽・機知・風刺の素材として入り込み湯での光景が取り上げられている。

たとえば、左のような川柳がある。

猿猴《えんこう》にあきれて娘湯を上がり　（宝暦一二年（一七六二））

入り込みの女大海《たいかい》手でふさぎ　（安永四年（一七七五））
抓《つね》られて嬶《かかあ》湯風呂をなりこわし　（安永六年）
入り込みは抜《ぬ》き身《み》蛤《はまぐり》ごったなり　（安永七年）

一句目は、湯船の中で手長猿のように男の手が執拗に触れてくるのに嫌気のさした娘が、あきれ果てて浴槽から上がる様子である。

二句目は、入り込み湯に浸かった女が、湯の中で男の手が伸びてきて「大海」（海は「開」を指し、女性器を意味する）に触られる前に、まずは手で股間を押さえているというところ。

三句目は、男から性器を抓られたおかみさんが、風呂桶が壊れるかと思うほどの大声で怒鳴り散らした場面。悪戯をした男がこそこそと逃げ出す様子が彷彿とする。年齢を重ね怖いもの無しになった女は、黙って男にされるがままではない。

四句目は、男女入り込み湯では抜き身（男性器）も蛤（女性器）も入り混じり、ごった返している様を描写したものである。

川柳は軽みや滑稽が真髄であろうが、入り込み湯に関しては女性の側からはとても笑っていられない。一日の汗を流し、ゆっくり入りたい湯船である。これらの川柳作者は男性であろう。渡辺信一郎の著書には数多の艶笑句や挿絵が収載されており、江戸庶民の笑いどころ、暮らしの一端を垣間見ることができる（渡辺（信）、一九九六年）。

現代の価値基準から江戸時代を云々《うんぬん》するのは的外れとの批判を承知の上で、あえて女にとって生きにくい時代だったと評したい。江戸時代はセクハラやフェミコードに引っかかる言動に溢れており、女性は常に男性からの「攻撃」に身構えていなければならなかった（斎藤、二〇〇四年）。「滑稽」とされる中に現代にも通じるところが多々あって、長い年月をかけて培《つちか》われた代物を壊すのは容易なことではないと痛感する。

次の第三九条の「婦人ニテ謂レナク断髪スル者」は、一八七一年八月九日の太政官布告第三九九号のいわゆる「散髪脱刀令《さんぱつだつとうれい》」に対応している。

〇辛未八月九日分
散髪・制服・略制服《りゃくせいふく》、礼式之外、脱刀トモ自今可為勝手旨御布令《じこんかってたるべきむねごふれい》アリ
（内閣官報局、明治四年『法令全書』、国立国会図書館蔵）

この法令は男性を念頭に散髪、制服および略制服（制服は詰襟型であり、夏季の開襟型などは略制服である）の着用に関して、礼式時以外は刀を帯びなくとも今後は勝手であるとしている。つまり、礼式に臨む以外は散髪も制服・略制服の着用も、帯刀も自由にして宜しいという内容である。散髪とは髷を結わずに髪を短く切り、西洋風にした男の髪形を指す。人口に膾炙《かいしゃ》した「散切《ざんぎ》り頭《あたま》を叩いてみれば文明開化の音がする」と歌われたごとくである。散髪はあくまでも男性が対象であり、女性は法令の外である。この法令をもって女性にもあてはめ、髷を切り落とし散髪する女性が

いたのであろう。このため女性が理由もなく短髪にすることを禁じたのである。この条項は男の髪形を西洋化しても、女は江戸時代以来の髷を結った髪形を保つことで、男女の視角的差異を維持させるねらいがあったと考える。

その他に、公衆の面前での裸体や裸体に近い「醜態」をさらすことの禁止や、立ち小便の禁止、また往来や店先での子どもの大小便の禁止、男女による相撲や蛇遣い興行の禁止などがあるが、これらについては、管見の限りであるが幕府法令ではみいだせなかった。

先に石井良助の編著に従い、違警罪は一八八〇年七月公布の旧刑法にほぼ踏襲されたと述べた。確かに多くは継承されているが、新たに付加されたものや削除された項目もあって興味深い。違警罪は、旧刑法の第四編第四二五から第四二九条部分に組み込まれている（司法部内同盟編纂『刑法訓令類纂　並附則』、一八八四年、国立国会図書館蔵）。

本書で取り上げた「風俗・男女の性に関する条目」に限定すれば、第一一条の刺青の禁止は、第四二八条第九項の「身体刺文《しもん》ヲナシ及ヒ之ヲ業トスル者」（身体への彫物および彫物師の禁止）として存続し、それ以外の春画の売買、男女入り込み湯、往来での裸体の露出、醜態をさらしエロティックを売り物にする見世物、女性の断髪、往来での大人子どもの大小便禁止の条目などはみあたらない。

なるほど、女性の断髪禁止の削除がなければ、一九二〇年代（大正末期から昭和初期）に入り西洋文化を取り入れたモダンガール（モガ）の斬新なファッションや、その美しく刈り上げたボブカットは出現しなかったはずである。しかし、その一方で当時の社会の「モガ」という呼称には、洒落た帽子を被り、洋服姿で繁華街を颯爽と歩く若い女性への批判的眼差しや揶揄があったことも忘れてはならない。また、山高帽にロイド眼鏡、セーラーパンツのモダンボーイ（モボ）も、やはり軽薄な男としてみられたのである。だが、その後の一般女性の短髪が洋装の広がりとともに定着していく経過を辿れば、モガたちの果たした役割は決して小さくなかったといえよう。

他方、一八八五年の太政官布告第三一号の「違警罪即決例《そっけつれい》」（刑事法学会編纂『改正違警罪即決例釈義「附」警察犯処罰例釈義』豊文社、一九三六年、国立国会図書館蔵）がある。これは違警罪に該当するもののうち正式裁判によらず警察署長、またはその代理の官吏による即決処分で処罰を認めた法令である。一定期間（三〜五日）内に正式裁判の申請がないと刑が確定する。この法令は一九〇八年内務省令第一六号の「警察犯処罰例《けいさつはんしょばつれい》」と相まって濫用されたが、アジア太平洋戦争敗戦後の一九四七年、裁判所法施行法第一条により廃止となった。

「風俗・男女の性に関する条目」に限定すれば、「警察犯処罰例」には旧刑法にはない項目がいくつか採用されている。旧刑法と同様に踏襲されたのは、「自己又ハ他人ノ身體《しんたい》に刺文《しもん》シタル者」（法第二条第二四号）で、彫物と彫物師の禁止である。その概説に「刺文ヲ施《ほどこ》スハ野蛮《やばん》ノ風習ニシテ文明人ノ為《な》スヘキモノニ非《あら》サル…」とある。

旧刑法にない項目は、「公衆ノ目ニ触《ふる》ルヘキ場所ニ於テ袒裼《たんせき》、裸裎《らてい》シ又ハ臀部《でんぶ》、股部《こぶ》ヲ露《あらわ》ハシ其《そ》ノ《の》他《ほか》醜態《しゅうたい》ヲ為シタル者」（法第三条第二号）がある。これは公衆の面前での肌脱ぎや、尻や太腿を露わにする裸体の禁止だが、「公衆ヲシテ不快ノ念ヲ抱《いだ》カシムヘキ風俗即《すなわ》チ風俗上ノ醜態…」を取り締まる法令であるとする。

「其ノ他醜態」の注釈として、男性が「公然《こうぜん》船上ニ立チテ陰部《いんぶ》ヲ露ハシ放尿《ほうにょう》スルカ如《ごと》キ」であり、また、女性が「帯ヲ結メス《し》腹部《ふくぶ》乳房《ちぶさ》等ヲ露出シテ往来スルカ如シ」とある。男女ともに公衆の面前での裸体の露出を「醜態」として禁じている。この点は裸体に対し、男女の別なく大様《おおよう》であった江戸時代と大きく変化したところである。

また、「街路ニ於テ屎尿《しにょう》ヲ為《な》シ又ハ為サシメタル者」（法第三条第三号）は、往来での大人、または子どもに大小便をさせることの禁止である。これらの法令は違式詿違条例を包括したものであり、警察官による取り締まりの対象となった。

その他、春画の売買、男女入り込み湯、エロティックな見世物、女性の断髪の禁止などの条項はみられない。おそらく近代になると公衆浴場の混浴は客自体（特に女性客）が敬遠し、さらに裸体を醜態とする法令によりエロティックな見世物も一定程度制限されたのではないか。女性の断髪は、西洋文化の影響により次第に緩和されたと推測するが、若者文化のうねりが旧習を打破していく側面も評価しておきたい。また、彫物や彫物師、銭湯の混浴、張子の男根の売買禁止令は江戸時代からみられたが、裸体を「醜態」とみなし、公衆の面前からの排除を明文化したのは近代に入ってからである。

異性装の禁止と「羽織芸者」

前述のように、〈違式罪目追加〉の第六二条は異性装禁止の条目である（図15）。この条目は、一八七三年八月一二日に司法省第一三一号として布達された（記録課編纂『明治六年　布告類編　巻七』一八七三年、国立国会図書館蔵）。

男《ヲトコ》ニシテ女粧《ヲンナニヤツ》シ、女ニシテ男粧《ヤツ》シ、或ハ奇怪《アヤシキ》ノ扮飾《カザリ》ヲ為《ナ》シテ醜體《ミニクキフヽ》ヲ露《アラハ》ス者　但シ、俳優《ゲイシヤ》、歌《ヲ》舞伎《トリコ》等ハ勿論《モチロン》、女ノ着袴《ハカマツケル》スルノ類《タグイ》ハ、此限《ゲン》ニ非《アラ》ス

〔男であって女装し、女であって男装し、あるいは異様な化粧をして見苦しい身なりをあらわにする者。但し、俳優（芸者）や歌舞伎（踊り子）はもちろん、女が袴《はかま》を穿く類は、この限りではない〕

「醜體」は「見苦しい身なり」と解釈した。俳優や芸者、歌舞伎の女形や踊り子の異性装は、職業上のことゆえ制限を設けず、また、女が袴を穿くなどは構わないとする。女の袴着用は、幕藩制下でも職業上の着用は当然許可されよう。例えば、女性の袴として思いつくのは天皇家・公家の女性や神社の巫女《みこ》の着す緋《ひ》の袴がある。女性が長旅に着用するカルサン（もんぺ状の袴）などは、前述のように、男からの誘惑や性暴力などの危険を回避する手段でもあった。また、江戸時代ではないが、一八七二年創業の群馬県富岡製糸場の工女が男袴を着用したなどが知られる。女性の袴は一定の高い地位や職業をもつ女性の衣料として、外出や就業時の着用が考えられたのであり、下層女性にとっては無縁のものであったろう。

この〈違式罪目追加〉第六二条は近代になって明文化された条例とみてよい。つまり、江戸時代

はこうした法令を出すまでもなく、身分制下における男女による服装の差異が明確であり、職業的異性装や祭礼・年中行事等を除き、刑罰の対象となったからである（事件化しなければ男の異性装には寛容であった）。特に男の月代は男女の差異を視覚化するのに、もっとも威力があったはずである。だからこそ、たけの事件から明らかなように、女が月代を剃って男装した状態が発覚した場合、江戸幕府は「人倫を乱し候もの」として驚愕し、容赦なく排撃したのである。

異性装を「醜體」と断ずるのはいささか度を越えているが、男女が視角的に区分されないとすれば、男女の区分を前提に成り立っている仕組みにかかわるという危惧は、江戸時代も近代社会も同様であろう。それこそが「醜態」の本質である。

第六十二條
男ニシテ女粧シ女ニシテ男粧シ或ハ奇怪ノ
扮飾ヲ為シテ醜
體ヲ露ス者
但シ俳優歌舞妓等ハ
勿論女ノ着袴スルノ
類ハ此限ニ非ス

図15　〈違式罪目追加〉第62条
（出典：『挿画　違式詿違条例　全』国立国会図書館蔵）

ところが、第六二条は旧刑法の「違警罪」、「違警罪即決例」、「警察犯処罰例」等には採用されていない。つまり本条例は、一八七三年から八〇年までのおよそ八年間の施行となる。これと同内容の条例については管見の限り確認できない。八〇年以降、異性装の禁止は罰則規定からはずされたことになる。しかし、法令がないことと、異性装に対する嫌悪や排除の姿勢が消失したこととは同一には扱えないだろう。法的規制を超えて多様な言説や新聞雑誌等のメディアにより、それはさらに強化されたともいえるからである。異性装の「醜態」観念は、人々の中にその後も再生産され続けていくように思われる。この第六二条の削除理由については、今後解明すべき論点になろう。

さて、一八世紀後半になると、職業上の男装として岡場所の芸者、特に深川の辰巳《たつみ》芸者が羽織を引っかけ、男名前（〇吉・〇治・〇助などの権兵衛名《ごんべえな》）を名乗ったのは有名なところである（三橋、二〇〇八年）。「羽織」とか「羽織芸者」といえば、富ヶ岡八幡宮《とみがおかはちまんぐう》や永代寺門前仲町《えいだいじもんぜんなかちょう》（現東京都江東区富岡周辺）などの気風《きっぷ》の良い姐《ねえ》さんたちを連想させた。ただし、厳密に述べれば、単に男物をはおるのと、月代まで剃って男装するのとでは次元の違う話である。

いうまでもないが、深川芸者は頭髪までは変えなかった。彼女らは美しく髪を結い、髪飾りは吉原遊女のように数本の簪《かんざし》や数枚の櫛を差すのとは違い、一、二本の簪にとどめていた。櫛は「仕掛《しか》け」といって背が真っ直ぐの一文字で、反《そ》りのないものを差したが、これも深川芸者に特有の形状である。着物もその時の流行の塗り色で、文様にも新規を好み、行状は「素人らしい」張りと意生《いき》地《じ》を専らとしたという。一八世紀中頃に著されたと推定される『深見草《ふかみぐさ》』には、深川門前仲町の羽織芸者は全員で一四四人があげられており、そのうち男名前は、春治《はるじ》・鶴吉《つるきち》・今吉《いまきち》・豊重《とよしげ》・鶴治《つるじ》・かぐ吉《きち》の六人である（岸井、一九七四年）。皆が皆、男名前を用い、羽織を着用したわけではなく、女名前や女物を身に付けた深川芸者も多いのである。

芸者の売色については本節「女性の羽織・半纏（半天）着用禁止令」で後述するが、「深川七場《ななば》所《しょ》」と呼ばれるように、仲町《なかちょう》・櫓下《やぐらした》（表櫓《おもてやぐら》、裏《うら》櫓）・裾継《すそつぎ》・石場《いしば》（古《ふる》石場、新《しん》石場）・新地《しんち》（大新地、小新地）・土橋《どばし》・佃《つくだ》の七箇所のほかにも岡場所は周辺に点在し、それぞれが境や堀を作ることなく民家の中に店を張っていた。それぞれの店には売れっ子がおり、このため店によって芸者の男名前は増減した。芸者のほとんどが男名前をもつ店も確認できる（岸井、一九七四年）。

また、吉原遊廓の火災で焼け出された後の遊女屋の仮宅《かりたく》（一般庶民の居住地に仮営業が許可された遊里）が、深川に設けられることもしばしばであった。深川は吉原のような堀（鉄漿溝《おはぐろどぶ》・幅約九メートル）に囲まれていなかったので、火事の際に芸者が逃げられずに焼死するなどは稀であり、一定程度の行動の自由も認められた。このため『藤岡屋日記』にも、吉原の遊女が仮宅に移りたいがために付《つ》け火《び》をするなどの事件もみられる。

女性の羽織・半纏（半天）着用禁止令

一方、幕府は一般女性の羽織着用を禁止している。延享五年（一七四八）三月に「女《おんな》羽《は》織差留《おりさしとめ》」と題して、次のような町触が江戸市中に出された。史料では「寛延元年」となっているが、七月一二日改元のため延享五年とする。

〈史料14〉

町中女近来《きんらい》羽織を着《き》候《そうろう》儀在之由《これあるよし》、下々《しもじも》寒気《かんき》を防《ふせぎ》候《そうろう》為《ため》メ、夫々《それぞれ》之羽織を着候抔《など》申事ハ、物すきと申ニて無之候。自分之物すきニて染させ、又ハ商売物ニも女之羽織地《はおりじ》と申も有之由、右ハ異様ニて増長《ぞうちょう》も致候ハヽ、如何敷候間《いかがわしくそうろうかん》、名主共より右躰之事差留候様申渡。

（『徳川禁令考』前集第五、三一六五番）

〔江戸市中の女たちが近頃羽織を着用しているとのこと、下々の者が寒さ除けのためにそれぞれの（自分持ちの）羽織を着るのは、物好《ものず》きということではない。他方、自分好みの色を染めさせ、あるいは商売物にも女の羽織地というものもあるとか、これは普通ではなく高慢であり如何なものかであるので、名主たちから右のようなことは差し止めるように申し渡す〕

「下々」の女の防寒用羽織は実用本位であり、それを着るのは良しとしている。この「下々」は貧困層というより、長屋住まいの一般女性を念頭にしている。問題は「物好き」（好奇心が強く新奇なことを好む性質《たち》）により、好みの色に染めさせたり、あるいは女用羽織地を購入する女たちであり、これは奢侈贅沢以外の何ものでもない。こうした類の羽織は着用してはならないとする。

また、延享五年三月二〇日には、「奈良屋ニ而年番名主江被申渡《もうしわたさる》」と題し、町年寄奈良屋の役宅において、町奉行所からの女の羽織着用禁止の申し渡しを年番名主に通達している。**〈史料14〉**は日付がないが、おそらく**〈史料15〉**の直前に出されたものであろう。

〈史料15〉

一　此頃《このごろ》町方ニ而、女物好《おんなものずき》キニ羽織を着候由、右躰之儀ハ有之間敷事《これあるまじきこと》ニ候間、向後《こうご》為　致《むようにいたさ》無用可申旨《せもうすべきむね》、従町御奉行所被仰渡候段被申渡候《まちごぶぎょうしょよりおおせわたされそうろうだんもうしわたされそうろう》。

（『江戸町触集成』第五巻、六八四九番）

〔近頃、町方で女が物好きで羽織を着ているとのこと、右のようなことはあってはならないことなので、今後は着てはならない旨を町奉行所から（町年寄に）仰せ渡された次第を（名主に）申し渡された〕

〈史料14〉では下層の「自分持ち」の防寒用羽織の着用は許容しているが、〈史料15〉ではその箇所を除いて女が羽織を着用することそのものを禁止している。庶民への通達はさらに内容が厳格になったといえよう。

ところが、時代が下った天保一二年（一八四二）の伺いでは前半部分に〈史料14〉を引用しているのだが、「夫々《それぞれ》之羽織」とあった箇所が「夫《おっと》之羽織」となっており、解釈としては後者の方が自然である。以下、天保一二年一〇月「北町奉行所市中取締掛《しちゅうとりしまりがかり》上申書」の中の「女半天着用之事」という項をあげておこう。

〈史料16〉

此儀、延享五辰年三月、町中女近来羽織を着候儀有之由、下々寒気を防候為メ、夫之羽織《おっとのはおり》を着し候抔申事は、物すきと申ニ而無之候。自分之物すきニ而染させ、又は商売物ニも女之羽織地と中も有之由、右は異様ニ而増長致し候而は如何敷候　間《いかがしくそうろうかん》、名主共より右躰之事差留候様被仰渡候趣ニ候処、近来町家《まちや》之女半天着用致し候儀流行致し候。右は棒手振其日稼之者《ぼてぶりそのひかせぎのもの》之妻抔着用候は、肌薄ニ而寒気を可凌衣類無之《しのぐべきいるいこれなく》、無余儀筋《よぎなきすじ》ニ候処、相応ニ相暮し候者之妻娘等迄着用致し、縮緬《ちりめん》ニ繻子《しゅす》天鵞絨《びろーど》等の半襟《はんえり》を掛け相用、次第ニ武家方江も伝遷《でんせん》致し候、右は歌舞伎役者女形狂言ニ相用候より流行致し候由ニ相聞、為差儀は無之候得共《さしたるぎはこれなくそうらえども》、御当地風俗ニ拘《かかわ》り不可然儀《しかるべからざるぎ》も奉存候間、延享之御触末之文言江当時之風俗をも書加江、再《ふたたび》御触可有御座候哉。

(『大日本近世史料　市中取締類集　一』、二三九頁)

〔この儀は、延享五年三月の触書に、町中の女が近年羽織を着用とあるとのよし。下々の者が寒さ除けに夫の羽織を着るなどというのは物好きではない。自分の物好きで染めさせたり、または商売物の羽織地というものもあるようだが、これは普通ではなく思い上がっており如何なものかであるので、名主たちから右のようなことは差し止めるように仰せ渡した。近頃(天保一二年)では町家の女が半天を着るのが流行っている。これは棒手振りやその日稼ぎの者の妻などが着る分には、薄着で寒さをしのぐ衣類がないので止むを得ないところだが、相応の暮らしの者の妻や娘までが半天を着用し、縮緬(表面にしぼを出した絹織物)に繻子(サテン)やビロードの半襟を掛けている。この風俗は次第に武家方にも広がっている。これは歌舞伎役者の女形が芝居で使っていることから流行ったと聞いており、取り立てていう程のことでもないが、江戸市中の風俗にもかかわり、不適切であるので、延享の御触の最後の文言に現在の風俗(半天の流行)も書き加え、再び御触を出したらいかがであろうか〕

〈史料14〉では下々の女が防寒のため「夫々之羽織」(自分持ちの羽織)を着るのは「物好き」ではないと解釈したが、**〈史料16〉**では下々の女房が「夫之羽織」を借りて着るのは「物好き」ではない、となっている。原文書に当たれないのだが〈史料14〉は誤写の可能性もあり、夫の羽織を着用するという〈史料16〉の方が納得がいく。

つまり、羽織・半天は男服であり、本来は女が着るものではないという男女の服装慣例が前提にあるからだ。要は、町人・武家を含め、相応な暮らしぶりの女が男服である羽織を着、好みに染めさせ、そうした女相手の羽織地商売が幅を利かせているのを権力側は許さないのである。そのうえ、彼女らの半天は高価な縮緬地にサテンやビロード製の半襟を掛けるなど贅を凝らしており、贅沢奢《ぜいたくしゃ》侈《し》禁制のご時世にあるまじき行為である。そして、この華美な半天の流行は、歌舞伎の女形の装束から広がったとみている。

〈史料15〉は「物好き」による町方の女全般の羽織着用の禁止令であり、「下々」の防寒着としての半天には言及していない。権力側としては舞台衣装としての女形の着用は致し方ないとして、いずれ男服は女性が着るべきではないとの判断を下している。したがって、芸者の羽織着用も本来は違反である。「悪所」で働く「羽織芸者」は、法令の適用範囲から一定程度融通されたのかもしれないが、そもそも「羽織芸者」の羽織は黒無地か鼠無地が多く、華美なものではなかった。しかし、歌舞伎の女形の豪華な羽織・半天に憧れる「普通」の女たちが巷《ちまた》には数多く存在したのである。

『守貞謾稿』によれば、「女羽織および半天」の項に、「三都とも昔は婦女《ふじょ》更《さら》にこれを着せず。予、天保中出府の頃は、剃髪《ていはつ》の老婦のみ黒ちりめん紋付《もんつき》等の羽織を着す。京坂も文政末・天保頃より賤《せん》業《ぎょう》の婦《ふ》、往々《おうおう》これを着す。故《ゆえ》に大坂、天保中府命の条中に、男子の日傘・婦女の羽織禁止の言あり。

近年、江戸は老若を論ぜず、羽織および半天を用ふ」（『守貞』三巻・八五頁）とある。

江戸・京・大坂ともに昔は女はまったく羽織を着なかったという。守貞が江戸に出た頃（天保一一年）には、尼僧の老女が黒縮緬《くろちりめん》の紋付羽織を着ている程度であった。大坂では天保年間に男性の日傘使用、女性の羽織着用の禁止令が出されており、この時期には一般女性の羽織着用は御法度であった。

この大坂の「天保中府命」であるが、天保改革期の天保一三年五月二日に京都の町触の一条として、「一　男日傘相用ひ候儀幷女羽織着用致間鋪候」（『京都町触集成』第一一巻・五五五番）があり、大坂も同時期に同内容の触れが出されたと思われる。したがって、江戸市中への延享五年三月の女の羽織着用禁止令は、大坂と比較するとかなり早い時期に出されたといえる。また、文政末年から天保年中には「賤業の婦」がしばしば着ていたという記述から、やはり遊女や芸者などを賤業視して、彼女らの特別の装いという認識のあったことが分かる。天保期には大坂でも「賤業の婦」が着ていたのだろうか。「羽織芸者」と同様な風体の芸者や遊女の存在は、不勉強につき言及できない。

史料中の「近年、江戸は老若を論ぜず、羽織および半天を用ふ」の箇所で、「近年」の時期が具体的に示されないが、守貞の執筆状況を考慮して、江戸では嘉永・安政期（一八五〇年代）以降、老若を問わず一般女性の羽織・半天の着用がみられるようになったと理解できる。羽織・半天着用禁止令が次第に遵守されなくなっているのである。おそらく守貞の出府直後から天保改革が始まり、いったんは女の羽織・半天の着用は目立たなくなったものが、改革の挫折後、再び盛んになったのであろう。

羽織着用は「賤業の婦」という箇所に関連して、もう一つ史料をあげておこう。一一代将軍徳川家斉《いえなり》の二一女、溶姫《よう(やす)ひめ》と加賀藩一三代当主前田斉泰《なりやす》との婚儀が整い、文政一〇年(一八二七)一一月二七日、江戸城から加賀藩上屋敷(現文京区本郷)へ「御引移《おひきうつり》」(お輿入《こしい》れ)の運びとなったとき、町方に出された触書がある。溶姫の花嫁行列通過の町々に対して、事細かな禁止事項が示されたうちの一条である。

〈史料17〉

○文政十亥年十一月

御引移ニ付、店連判左之通。(中略)

一 女《おんな》之《の》分《ぶん》不苦旨《くるしからざるむね》御触ニ候得共、右女、髪切《かみき》り尼《あま》又は羽織着《はおりちゃく》之女、都而《すべて》風俗替《ふうぞくかわ》り候もの不差置《さしおかず》不作法《ぶさほう》無之様《これなきよう》相慎《あいつつし》ミ罷在《まかりあり》、勿論《もちろん》髪餝《かみかざり》衣類等《いるいとう》、不目立様《めだたざるよう》、其店柄相応《そのたながらそうおう》不(可)致《(可)いたすべく》候《そうろう》、且《かつ》前垂等《まえだれとう》為取《とらせ》、半天抔《はんてんなど》着《き》不申様《もうさざるよう》心付《こころづけ》、(下略)

(『藤岡屋』一巻・三九六〜八頁)

この一つ書きは、溶姫婚礼行列の通過の際、一五歳以上の男子は道筋の表通りに出てはならず、また、行列の先触《さきぶ》れが通過した後は、店内にいてもならない旨が示された条目の、次の一条にあたる。

女は店内にいても構わない触れであるが、「髪切り尼又は羽織着之女、都而風俗替り候もの不差置」とあり、女でも剃髪した尼、羽織を着た女、そのほかすべて風俗の変わった女は差し置いてはならない。不作法の無いように慎み、もちろん髪飾りや衣類は目立たぬようにし、その店柄にふさわしくせよ。かつ、「前垂」（前掛け）などは取らせ、半天も着ないように注意せよ、と命じている。「前垂」については、これも半天と同様「縮緬、又ハ絹等を用ひ、全く衣類之穢《けが》レを厭《いと》ひ候為ニハ無之、景容而已《のみ》ニ《に》取繕《とりつくろい》、如何之風俗ニ相見申候」（『大日本近世史料　市中取締類集　一』、三三頁）とある。前掛けも半天と同じく縮緬や絹製となり、塵や汚れ除けの用途ではなく、容姿にばかり気を遣う女たちの豪華なファッションと化していることが分かる。

ここでは婚礼という慶事の場にふさわしくない例が列挙されているが、着目したいのは、夫に先立たれた後家を想起させる髪切り尼や、羽織・半天の着用は女性一般に対する禁令の意味をもつが、同時に芸者のような「賤業の婦」とされる女性たちの排除である。つまり、女性の羽織着用は売色や異形の風体と認識されている。羽織にイメージされる女性の負の要素を指摘しておきたい（長島、二〇一六年）。

延享・天保期に出された一般女性の羽織・半天着用の禁止以降、次第に法令が弛緩したとみえ、嘉永・安政期には老若によらず女性の羽織着用が普及していくが、江戸時代はまだ男服としての印象が強いようである。羽織が女性用着類として定着するのは、近代に入った明治期以降である。明治・大正期には羽織ると膝下までくる長《なが》羽《ば》織《おり》が主流であったが、帯が隠れる程度の腰丈《こしたけ》のものが流行るのは一九五五年以降（昭和三〇年代）のことであった。

《日傘の使用》

「男子の日傘」について、男女の服装規制の例として興味深いので、少々述べておきたい。

江戸では、天保年間の『大坂府命』による男子の日傘使用禁止より早く、寛延元年（一七四八）の町触に加え、同三年八月に「町人はき物幷日傘之儀ニ付町触」が出されている。これは特に男とか女とか記載されていないので、両者が対象とみてよいであろう。以下、日傘に関する一つ書きをみてみよう。

一　此間《このかん》申《もうし》渡置《わたしおき》候《そうろう》青紙張之日傘《あおがみはりのひがさ》之儀、弥以《いよいよもって》無用可致候《むよういたすべくそうろう》。此以後《これいご》相用者於有之《あいもちうるものこれあるにおいて》ハ《は》、御奉行所より厳敷《きびしく》御咎《おとがめ》も可有之候間《これあるべくそうろうかん》…

（『徳川禁令考』前集第五、三一六六番）

〈寛延元年以来申し渡したように「青紙張りの日傘」は、いよいよもって用いてはならない。以後使用する者があれば、奉行所から厳しい咎めがあるので…〉

また、文人であり医師であった加藤曳尾庵《えいびあん》（一七六三〜没年未詳）の随筆『我衣《わがころも》』には、日傘について次のような記載がある。

日傘ハ古来より有《あり》と見ゆ。小児日傘も天和頃より下ル。地《じ》にても作る。五色の彩色したるもの也。青紙のハあつらへなり。藍紙《あいがみ》にて一色に染めたるもあり。近来大人もさす。僧、医者のたぐひ、上方にてハ前々よりあるよし。

日傘ハ婦人に限るべきか。髪のそこねぬる（ママ）をいとへばなり。僧、医者のたぐひハかむり、笠を用てもかぶらんものか。
寛保の頃よりさす日傘、皆青紙張也《みなあおがみはりなり》。又、小児山王《さんのう》・八幡《はちまん》・明神《みょうじん》・天王《てんのう》等の祭礼にねり、子供さす笠は、皆《みな》丹《に》染《ぞ》めの一色也。他人さして子供を覆ふゆへ、柄《え》長し。のきにハ鈴(ママ)又ハ絹ヲハリ、内にハ鈴守《すずまもり》(ママ)をフサ等をつける。
大人青紙の日傘さす事、寛延二年乙巳に御停止《ごちょうじ》。再触《さいぶれ》寛延三年午八月別《べっし》てきびしく仰《おおせ》付《つけ》らる…

（『燕石十種《えんせきじっしゅ》　初輯《しょしゅう》　五』）

〔日傘は古来よりあったようだ。子供用日傘は天和（一六八一～三）頃、京より下ってきたものである。当地江戸でも作られ、五色の彩色を施したものである。青紙を張った傘は注文品である。藍紙で一色に染めたのもある。近年は大人も傘をさす。僧侶や医者などは上方では前々から使用している。日傘の使用は女性に限るべきか。女性は頭髪がいたむのを嫌うからである。（江戸の）僧侶や医者は被り物や笠を用いて頭にかぶればよいものではないか。

寛保（一七四一～三）頃からさす日傘は、すべて青紙張りである。また、山王社や八幡宮、神田明神や天王社などの祭礼に練り歩くとき、子どものさす笠は皆赤色染めの一色である。他の者がさして子どもを覆ってやるため柄が長くなっている。庇《ひさし》部分に鈴(ママ)や絹を張る。内側に鈴守りや房を付ける。大人の青紙張りの日傘使用は、寛延二年に禁止となり、翌年八月再び触れが出され、とりわけ厳しく禁止された〕

青紙張りの日傘は男女ともに使用したが、寛延二年と三年の二度にわたって使用が禁じられている。注文傘であり贅沢品とみなされたのであろう。傘の使用は頭髪がいたむのを嫌う女性に限るべきではないか、と曳尾庵は記している。天保年中に大坂で出された男子の日傘使用の禁止も、日傘は頭髪のいたみを嫌う女性専用という観念と結びついたと思われる。男子たるもの頭髪のいたみなど気にすべきではない、という認識があった。また、往来での通行の妨げになるという理由もみられる。面白い史料である。

さて、深川の「羽織芸者」は男物の羽織を着用し、男名前を使い、男の風を装った。しかし、彼女たちの相手は基本的に女性客ではなく、あくまでも男性客である。旦那衆《だんなしゅう》の座敷に呼ばれて三味線を弾き、唄をうたい、求められれば売色にも応じたのである。したがって、「羽織芸者」は男物の羽織を着ていても女性客相手の同性愛の対象ではなかった。

吉原遊廓では安永五年（一七七九）に大黒屋庄六《だいこくやしょうろく》が見番を起し、男女の芸者を登録し統率して以来、遊女と芸者とが完全に区別された。もともと江戸市中には踊子といい、女踊りの集団が武家屋敷などを訪問し、踊りの披露とともに売女行為に及んだことが知られるが、元文五年（一七四〇）「けいどう」（警動・怪動とも。深川などの私娼を抱える岡場所の手入れ）により摘発され、多数が吉原遊廓へ送り込まれた。これらの踊子が遊女となる場合も多くあった。宝暦三年（一七五三）正月には、深川の「けいどう」で一〇四人の芸者（踊子）が吉原送りになっている（浅野（秀）、二〇一三年）。

吉原芸者は、宝暦一二年（一七六二）に「扇屋《おおぎや》の歌扇《かせん》」という女郎《じょろう》に始まり、その後明和（一七六四〜七二）頃、諸楼《しょろう》に置かれるようになったが、大黒屋庄六の見番設置以後は、そこから二人一組で妓楼《ぎろう》や茶屋に呼ばれた。見番から出る「見板芸者《けんばん》」を「仲の町芸者《なかのちょう》」と呼んだ。一席で金一分が基本だったが、それ以上延長の場合は「なをし」といって追徴した（『守貞』三巻・三五二〜三頁）。

深川は万治・寛文の頃（一七世紀後半）は、深川大渡し（永代橋が架けられる以前の渡し場）から八幡宮門前までは一面の野原であった。その頃、葭町新道に「容顔麗《ようがんうるわ》しく諸芸に達し、声よく唄う」菊弥《きくや》という女芸者がおり、堺町・葺屋町の野郎の座敷（陰間茶屋）にも呼ばれ、盛んにもてはやされた。その後、野郎の障《さわ》りになることから葭町・堺町・葺屋町で申し合わせ、菊弥を雇わないことになった。このため菊弥は仕方なく深川八幡前に移り住み、小唄・三弦の師匠となり、さらに中側に茶店を開いた。これが評判を呼び、追々家居が集まりついには仲町になったという（『守貞』三巻・三六二〜三頁・岸井、一九七四年）。

享保・元文期（一七一六〜四一）の吉原には、三味線や浄瑠璃、長唄などの芸事を遊女たちに指南する女師匠の存在が確認され、頼まれれば遊客の座敷にも上がった。芸者には三味線や唄の上手い女芸者と、やはり三味線を弾き、宴会芸を披露する幇間《ほうかん》・太鼓持ち、すなわち男芸者がいた。女芸者・男芸者ともにそれぞれに贔屓《ひいき》が付き、遊客の宴席に呼ばれた。

こうした芸者は専門職として成り立っている。おそらく、吉原でも格の高い遊女は、師匠について稽古をし、踊りや三味線、唄の一つや二つは遊客に披露できるだけの技量は持ち合わせていたであろう。「扇屋の歌扇」が芸者の始まりという意味合いは、吉原で専門職として認められた芸者の始めと理解できる。

前述のように、第二章第二節「歌舞伎と男色」、「陰間茶屋の様相」の箇所で、陰間茶屋の陰間を「子供」と呼び、店を「子供屋」というと記したが、深川の遊女も同じく「子供」と称し、遊女を置いた家をやはり「子供屋」と呼んだ。「子供屋」から「茶屋」（妓楼）に呼ばれて客をとる遊女を「呼び出し」という。遊女のいる家へ客が上がる場合はそこを「女郎屋」といい、遊女を「伏《ふ》せ玉《だま》」と呼んだ。江戸の他地域の岡場所の芸者は売色することが少なかったが、深川の芸者は遊女との兼業の者が多かった（岸井、一九七四年）。深川の「羽織芸者」から遊女（賤業の婦）を連想させるのは、こうした事情によろう。

天保一三年八月に天保改革の一環として出された江戸四宿《ししゅく》（品川宿・内藤新宿・千住宿・板橋宿）を除いた岡場所の取り潰し命令によって、芸者衆は柳橋《やなぎばし》（現東京都台東区柳橋）や吉原遊廓、その他の地への住み替えとなり、深川は遊所として衰退の一途を辿っていった。深川の辰巳芸者が「芸は売るが、色は売らない」との心意気を売りにしたのは、頻回な「けいどう」による私娼の摘発が背景にあってのことであり、表立っての売色をカムフラージュしたものであろう。芸者や踊子の売女行為の禁止令や摘発事件は幕末まで数多く確認できる。

羽織・半天が男服であるという認識に立って、一般女性の羽織・半天着用禁止と「羽織芸者」に印づけられた「賤業」の側面とをみてきた。近代に入り、〈違式罪目追加〉第六二条によって女装や男装、また異様な化粧をして見苦しい様子をさらす者は、裸体と同様に公衆の面前ではしてはならない行為として法令化された。この法令は短期間で廃止されたが、こうした法令の出される背景に民衆の通念がなかったとはいえないだろう。第六二条に集約された性規範は、その後の私たちの日常に浸透していき、異性装を排除し、また嫌悪感を抱かせる一因になったと考えられる。

羽織は幕末から明治期を経て女服としても定着し、袴も女性用が考案され職業や社会的地位によっては普通になっていくように、何をもって異性装とするかの区分は時代によって大きく変化してきた。江戸時代に権力によって押さえられたものができるようになり、男女共用化するものもある中で、服装の男女を区分する根本はどのように変化したのだろう。

明治国家の富国強兵策により採用された徴兵制度が、男女の明確な区分を要請したことはよく指摘される点である。しかし、徴兵制度が遠い過去になった時代においても、背広（ズボン）・ワンピース（スカート）・下着・髪形・化粧・装飾品などに象徴される男性性・女性性と、それを逸脱することで生じる嫌悪や排除の感覚は、私たちの身体・精神の中に深く刻み込まれている。それは時代による変容を伴うとしても、単に私たちの通念としてだけですまされるのか、あるいは権力による支配秩序意識と結びつくものか、その両者の絡みなのか、また別の要因があるのか、今の私には明確な解答を提示することは難しい。しかし、その解答をつかめなければセクシュアルマイノリティの問題に切り込めないことも承知している。今後も引き続き考えていくテーマとしておきたい。

図16　鈴木春信筆「柳屋見立三美人」（東京国立博物館蔵　Image：TNM Image Archives）

美しい男たち

三橋の著書（二〇〇八年・二〇一五年）ですでに指摘されており、詳細は氏の著書に譲りたいが、一八世紀半ばに活躍した浮世絵師鈴木春信《すずきはるのぶ》（一七二五？〜一七七〇）の「江戸三美人図」（東京国立博物館所蔵品のうちに該当作品が二種あり、「柳屋見《やなぎやみ》立三美人《たてさんびじん》」・「お仙と菊之丞とお藤」と題する）という作品がある（図16）。

柳腰の華奢《きゃしゃ》な三人の女性の立ち姿が描かれている。三人のうち、向かって右側は谷中《やなか》の笠森《かさもり》稲荷（現東京都台東区谷中）の水茶屋、鍵屋《かぎや》のお仙。左側は浅草奥山《おくやま》（現台東区浅草）の楊枝屋《ようじや》のお藤。いずれも江戸雀に美人との評判が高い女性たちである。そして中央に描かれたあでやかな立ち姿は、当代随一の人気若女形、二代目瀬川菊之丞（一七四一〜七三。前述の錦也（四代目松本幸四郎）が京から江戸に欠落した際、最初に弟子入りした歌舞伎役者。本章第二節「京・大坂の若衆屋」参照）である。

二代目菊之丞は、歌川豊国筆の浮世絵「瀬川家系譜」（国立国会図書館蔵）によれば、その添え書きに「武州王子村農家の倅《せがれ》、元祖菊之丞養子ト成、幼名吉次王子路考ト呼」とあるように、王子村（現東京都北区王子）の農家の生まれである。俗称を王子路考《おうじろこう》という。五歳で初代瀬川菊之丞の養子（瀬川権次郎）となったが、一〇歳の時に初代が亡くなり、二代目瀬川吉次を名乗る。宝暦六年（一七五六）、一六歳で二世瀬川菊之丞（濱村屋《はまむらや》）を襲名し、翌年には立女形《たておやま》（女形役者の最高位）となった。容貌・技芸に優れ、菊之丞に因んだ路考髷《まげ》・路考櫛《くし》・路考茶《ちゃ》（鶯茶色）・路考結《むすび》（帯の結び方）などが流行し、江戸庶民の人気を不動のものとしたが、絶頂期の三二歳で他界した。つまり、この「三美人図」とは二人の女と女装の男の絵姿なのである、ちなみに、「明和の三美人」といった場合、お仙とお藤のほか、浅草二十軒茶屋《にじっけんじゃや》の蔦屋《つたや》お芳の三人の女性である。

江戸時代の人々は女装の男に対しても、「美人」として何の違和感もなく眺め、胸をときめかした。描かれた着物の色や柄、髪形や装飾品のあれこれは、女性たちの憧れの的であり、あわよくば自分たちの装いにとり入れようと競い合ったのである。浮世絵の人物たちはまさにファッションリーダーであった。

また、同じく春信の浮世絵「縁台で涼む男女」（東京国立博物館蔵）（**図17**）があるが、これも目元の涼しげなほっそりした二人の美人が描かれている。夏の夕暮れ、柳の揺れる川端で、右の女は黒の塗下駄を揃えてぬいで縁台に上がり、縞木綿《しまもめん》の着物の衿繰《えりぐ》りを広めに開け、簪《かんざし》状のものを頭にかざしている。左の女は矢《や》絣《がすり》模様の着物に団扇《うちわ》を持って腰を掛け、片方の下駄はぬいで転がし、ゆったりとくつろいだ風情である。

しかし注意深くみると、左の人物は若衆髷を結っている。前髪の下にわずかに月代が覗いてみえ、女装者（陰間）だと気づく。一見すると二人の女性にみえるが、実は男女の絵姿なのである。この浮世絵も当時の人々の目には、すぐに陰間と察しがつくのだろう。まずは「縁台で涼む男女」というタイトルをみて、いぶかしく思うのが現代人である。

図17　鈴木春信筆「縁台で涼む男女」
（東京国立博物館蔵　出典：ColBase）

陰間といえば、これも三橋の著書で紹介された浮世絵師北《きた》尾《お》重政《しげまさ》（一七三九～一八二〇）の「東西南北之美人」のうち「西方乃美人　堺町」（東京国立博物館蔵）がある（図18）。重政は小伝馬町の書肆須《す》原《はら》屋《や》三郎兵衛の長男として生まれた。この美人画は安永六年（一七七七）頃の作と推定され、江戸の東西南北に位置する代表的な遊里の「遊女」を描いた浮世絵である。東は深川、南は品川、北は新吉原、そして西は堺町にあたる。堺町には三芝居のうち中村座があり、陰間茶屋の多く集まった場所柄

図18　北尾重政筆「東西南北之美人　西方之美人　堺町」。橘屋三喜蔵（右）と天王寺屋松之亟（東京国立博物館蔵　Image：TNM Image Archives）

である。堺町をはじめ葺屋町・葭町といえば、天保一二年の中村座の火災による浅草猿若町移転以前には、誰もが芝居町の賑わいや陰間の姿を想起したであろう。

　北尾の浮世絵もまた美しく装った二人の女性を描いたようにみえる。しかし、右側の扇を持つ立ち姿は「橘《たちばな》屋《や》内《ない》　三喜《みき》蔵《ぞう》」、左側の鼓《つづみ》を構えて座る人物は「天王寺《てんのうじ》屋《や》内《ない》　松《まつ》之《の》亟《じょう》」と添え書きされ、いずれも陰間茶屋に属する陰間であった。

　前述の明和五年（一七六八）刊の『三の朝』「三の朝附図」の堺町には、「橘屋芳澤崎《よしざわさき》之《の》助《すけ》」名義、葭町には「天王寺屋惣七《そうしち》」名義の子供屋が確認できる（**図19**）。また、「堺町葺屋町子供名寄」には、「橘屋吉十郎《きちじゅうろう》」が中村座に出演の芳沢山八《さんぱち》他二人の舞台子と陰子一人を抱えているが、三喜蔵の名はない（**図20**）。三芝居に出ている舞台子の名前の頭には、中村座ならば〈中、市村座ならば〈市と印が付されているので一目瞭然である。

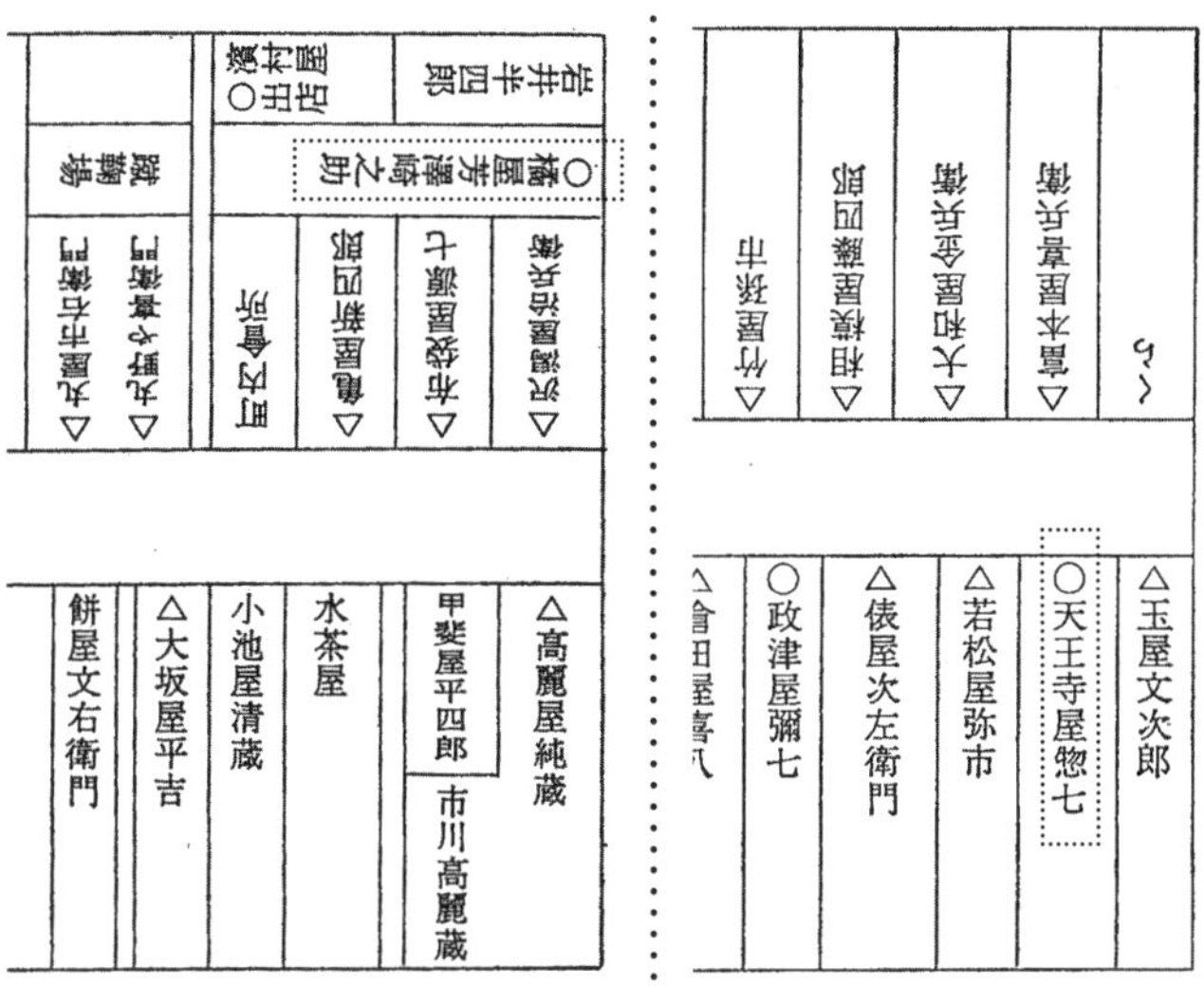

図19　『男色細見　三の朝附図』の子供屋、橘屋と天王寺屋。家号の上の○印が子供屋。（出典：『日本庶民文化史料集成　第9巻　遊び』）

「葭町子供名寄」には、「天王寺屋惣七」が中村絹松《きぬまつ》・中村姫松《ひめまつ》という三芝居には出ていない陰子を抱えている。天王寺屋に松之亟の名もない（図20）。これによれば松之亟は堺町ではなく葭町にいたことになる。『三の朝』は「西方乃美人」が描かれる九年ほど前に出版されているので、三喜蔵も松之亟まだ陰間デビュー前であったのだろう。陰間の人気があり、客を取れる期間はせいぜい五～六年である。

　天王寺屋の松之亟は前頭部に紫色の額帽子を乗せて月代部分を隠しており、前髪を剃った陰間であることが明らかである。橘屋の三喜蔵は額帽子を被っていないが、前髪の後部分の櫛を差したところに細い月代があるようにもみえる。陰間は月代部分を布・袱紗《ふくさ》・鬘《かずら》で覆った（松田・柴田解題、一

- 浜村屋吉治（瀬川菊之丞　彦兵衛）
  - 𠆢瀬川錦治　瀬川九重
- 橘屋吉十郎（芳沢崎之助　和助）
  - 𠆢芳沢山八　下り𠆢芳沢幸之助
  - 𠆢姉川新四郎　芳沢国石
- 天王寺屋惣七
  - 中村絹松　中村姫松
- 正津屋弥七（甚助）
  - 中村吉次　下り中村小太郎
  - 中村大次郎　中村兼吉
- 梅松屋源兵衛（藤七）
  - 藤村花松　藤村菊治
  - 藤村染松　下り藤村蔦之助

図20　「堺町葺屋町子供名寄」と「葭町子供名寄」（出典：『日本庶民文化史料集成　第9巻　遊び』）

九七四年）とあり、前髪部分の鬘の使用も考えられる。

陰間の装いについては、「処女のごとく大振袖、または中振袖を着し、髪も島田その他ともに処女と同じく時々の流布に順ふなり」（本章第二節「女歌舞伎から若衆歌舞伎、そして野郎歌舞伎へ」）とあるように、島田髷に結い、大振袖や中振袖の小袖（長着）を着し、外見は乙女のごとくであり、その時々の流行を敏感に取り入れていたことが分かる。

三喜蔵は島田髷を結い、帆《ほ》掛《か》け船《ぶね》・笹船《ささぶね》模様の大振袖に、琴柱《ことじ》と羽模様の粋な黒羽織を着用し、松之亟も紫帽子に島田髷、桔梗《ききょう》や花菱《はなびし》をあしらった大振袖に黄八丈《きはちじょう》の羽織を着し、いずれも豪華な装いである。女装の陰間も羽織を着用している。二人とも色白のおちょぼ口、切れ長の目元をもつ美しい「女」たちである。このように美人画には遊女、庶民の娘、歌舞伎の女形と同様に、着飾った陰間の美少年が描かれ、それがまた一つのファッション文化を形成し、江戸の人々にごく自然に受容されていたといえる。

浮世絵や絵画などで美の対象となる男装の女性は、今のところ確認できない。ただし、お国の男装は人々の熱狂の的であり、慶長八年頃描かれたと推定される「阿国《おくに》歌舞伎図」も、刀を肩にかざしたかぶき者の立ち姿である。女歌舞伎の遊女たちの刀を腰に差したかぶき者の姿も、さぞかし魅惑的であったろうが、これらの歌舞伎はいずれも幕府により禁制となった。

また、時代は下るが、「奴《やっこ》の小万《こまん》」（奴は男伊達、小万は力持ちの意）で有名な大坂島之内《しまのうち》（現大阪市中央区）の薬種屋《やくしゅや》五郎兵衛の娘お雪（一七二九〜一八〇四）は、生まれ持っての美形であり、男子より優れた強い意思の持ち主であった。お雪が一六歳の時、供《とも》を連れて天王寺《てんのうじ》への参詣途中、向かいから二人組の男の掏摸《すり》が、すれ違いざまに髪飾りの櫛笄《くしこうがい》を盗もうとして手を伸ばしたところ、逆にその手を取って左右に投げ飛ばした。衆人環視の中、驚く様子もなく通り過ぎたという武勇伝の持ち主である。お雪は男装ではなかったが、延享五年（一七四八）、このお雪を主人公にした豊竹座《とよたけざ》操芝居《あやつり》「容競出入湊《すがたくらべでいりのみなと》」で「奴の小万」という女伊達《おんなだて》として登場させたため、お雪の存在が広く世に知られることとなった（『藤岡屋』一巻・一一頁）。

その後、柳亭種彦《りゅうていたねひこ》作・優遊斎桃川《ゆうゆうさいとうせん》畫《が》『絵本奇談奴小まん物語』（一八〇七年）などの読本《よみほん》でお雪（小万）が題材となったが、その挿絵には縞柄のぞろっとした長着に、右手に尺八、左に鮫鞘《さめざや》を差して塗下駄《ぬりげた》を履いたお雪の姿が描かれている（図21）。これは歌舞伎の市川團十郎家のお家芸、町奴《まちやっこ》の「助六《すけろく》」を模した姿であり、こうした類を媒体として「奴の小万」のイメージが仕立てられて

図21　助六風の「奴の小万」
（出典：柳亭種彦作・優遊斎桃川畫『絵本奇談奴小まん物語』早稲田大学図書館蔵）

いった。ただし、髪形は島田髷（「小万《こまん》島田《しまだ》」）であり、この絵姿は美形女性のそれであり、厳密な意味での男装ではない。なお、小万が結ったとされる髷の根元を高くした「小万島田」は「奴《やっこ》島田《しまだ》」ともいい、江戸中期以降に若い女性の間で流行したという。

近世後期に人気を博した娘義太夫などは、男性義太夫のように上下《かみしも》を着て演じることもあったが、髪形は娘島田に結い簪を差している。男が主体の芸能領域に美貌と美声の女性が参入するのは、それはそれで新奇で面白味もあったが、小万の例も含め女髷姿ではあくまでも印象は女性である。男の女装に比較して、月代を剃った女の男装はまず希少である。

たとえば『公事方御定書』の『刑典便覧《けいてんべんらん》』にある「離別状を取らず他へ嫁し候女」（四八条）、および「縁談極《き》まり候に不義いたし候娘」（四九条）への処罰は、「髪を剃り、親元へ相帰す」とあるように、女が髪を剃ることは刑罰に匹敵したからである。もし、女がみずから月代を剃るのであれば、並々ならぬ決意と覚悟を要したであろうことは銘記しておきたい。

第三章

男性カップルたち

第一節　鳶職金五郎と女髪結はつのケース

女髪結の登場

『藤岡屋日記』の弘化三年（一八四六）の五月一三日の項に、町奉行所での女髪結《おんなかみゆい》夫婦の興味深い裁判記録が掲載されている。女髪結とは、女性の髪を結って金銭を稼ぐ女性の職業である。今でいえば、「女性美容師」というところだろうか。この女髪結が実は男だったという一件である。

史料を検討する前に、女髪結について少々説明を加えておきたい。

女髪結は自分の店は持たずに、得意先を廻って髪を結う「廻《まわ》り髪結《かみゆい》」という営業形態をとっていた。手持ちの用具は、櫛《くし》類（梳《す》き櫛・鬢出《びんだ》し・筋立《すじだ》てなど）、頭髪用油（梳き油・鬢付《びんつ》け油）、ふけ取り用梳《す》き毛《げ》、元結《もとゆい》などで、これらを持参して女性客の希望の髪形に結いあげるのである。鬢張《びんば》り・鬢差《びんざ》し（鬢の髪を張り出させるために、その中に挿入する用具。鯨《くじら》の髭《ひげ》・骨や銅線を曲げて弓状にしたもの）などは客の所持品を用いる。手先の器用な女性にとって割の良い稼ぎ仕事であった（**図22**）。

女髪結という職業が取り沙汰されるようになったのは、寛政七年（一七九五）一〇月、町奉行所から町肝煎《まちきもいり》に対し、女髪結の名前調査、および女髪結の改業を勧める町触（『徳川禁令考』前集第五、三三五七番）が出されてからである。この町触を要約しよう。

「以前から女の髪を結う職業などは存在せず、代銭を支払って髪を結わせる女もいなかった。しかし、現在は所々に女髪結がおり、遊女や歌舞伎役者の女形風の髪を結い、それに従って衣類まで華美になり風俗を乱している。このような髪を結わせている女の父母や夫は何と心得ているのか。

(中略)

女は万事、自身で身分相応《みぶんそうおう》の身嗜《みだしな》みにするべきで(「女ハ万事《ばんじ》自身に相応之身嗜を可致儀」)、貴賤とも心掛け、特に軽輩の者どもの妻娘は自分の髪を女髪結に結わせてはならない。これまで女髪結をしていた者は仕立物《したてもの》や洗濯、その他の女の仕事に替《か》えるように(「家業をかへ、仕立者洗濯、其外女の手業ニ渡世を替え候様」)心掛けよ(後略)」とある。

図22 「髪結の図」、『都風俗化粧伝』収載(出典:金沢康隆『江戸髪結史』)

右の町触でも分かるように、都市の庶民女性に対し支配層の勧める仕事とは、仕立物や洗濯のほか女仕事とみなされるものである。つまり、裁縫や洗濯という家事労働の延長が女稼ぎとして許される範囲である。江戸時代の性別役割分業観は、このように権力側からも日々再生産されていくのである。

また天保一一年(一八四〇)一二月には、

寛政七年と同文の町触に付記して、年数が経って女髪結禁止が等閑になったため現在は流行しており、「裏住居《うらすまい》之《の》賤《いや》しきもの迄も相雇為結《あいやといゆわせ》、無益之銭《むえきのぜに》を費《ついや》し候《そうろう》趣《おもむき》…」と、裏長屋住まいの者まで女髪結に結わせていると述べている（『徳川禁令考』前集第五、三三五八番）。女髪結が女性の稼ぎ仕事として定着している様子が分かる。

また、『藤岡屋日記』の文化元年（一八〇四）の項にも、「頃日替《けいじつかわ》りたるハ女の髪なり」と題し、次のように記されている。

宝暦の頃まで女ハ日々髪を結事なり、其頃髱《たぼ》さしと云もの出来しが、程なく止《やみ》て灯籠鬢《とうろうびん》といふかミはやりてより、鬢さしと言ふものなくてハならぬ要用の道具となれり。持髪《もたせがみ》にする女多く、日髪結者《ひがみゆうもの》半分交りのやふ也。近来に至りて張りぬきにて髱入《たぼいれ》と言物《いうもの》を仕初《しはじめ》てより、油を沢山《たくさん》に付て一日とも持髪にするよりして、むかしなき女髪結と言もの出来たり（『藤岡屋』一巻・五頁）

右を要約すると、「宝暦年間（一七五一～六三）頃まで、女は毎日自分で結うのが当たり前であった。その頃、髱差《たぼさ》しというものができたが、ほどなく使わなくなって灯籠鬢という髪形が流行したので、今度は鬢差《びんざ》しがなくてはならぬ必需品となった。持たせ髪（長期間持たせる髪）が多くなり、毎日結う（日髪《ひがみ》）者と半分くらいになった。近年、張《は》り型《がた》で髱入れというものを使いはじめてから、鬢付け油を多用して一日でも長く持たせ髪にするので、昔はいなかった女髪結という者ができたのである」となる。

女は毎日自分で髪を結うのが身嗜みの一つであった。少女時代から母親や姉に仕込まれて、何度も結ったり解いたりを繰り返し、外出しても恥ずかしくない髪形になるまで練習を重ねるのである。毎日結うので「日髪」という。

ところが、庶民生活にゆとりが出始めると、歌舞伎の女形や遊女、美人画の髪形や着物を真似て楽しみたい女たちが増加してくる。そこに遊里で流行っていた灯籠鬢という遊女の髪形が市井の女たちの知るところとなり、大流行したのである。

灯籠鬢とは、両鬢に鯨の髭や骨で作った鬢差しを入れて大きく張り出たせ、毛筋が透けて見えるように整えた髪形である。とても自分一人で結えるようなものではない。そこで、女髪結に頼んで結い上げるという需要がふえ、女髪結が増大の一途を辿るという流れとなった。また、張り型で好みの長さの髱入れをこしらえ、髱部分に差し入れて後ろ髪を作るなど、女髪結を頼む機会もふえてくる。

客は高い金銭を支払い、わざわざ女髪結を頼むのだから、この時とばかり鬢付け油を大量に使って固め、出来るだけ長く持たせたいのは心情であろう。持たせ髪の広がるゆえんである。こうした庶民女性の華美や奢侈の横行は、従来の質素を美徳とする女のあるべき姿を崩し、風俗紊乱の基になると判断した権力側は、その悪循環を断ち切るために女髪結の禁止策を打ち出したのである。

女髪結の処罰規定

稼ぎ仕事をせねばならない女たちは、裕福でないことはいうまでもない。明らかな性売買を除いても、ある種の女の仕事が売春と紙一重であること、あるいは女の仕事に売春が折り込み済みであることは常識の内であった。

たとえば、「提げ重《さげじゅう》」は表向きは提げ重箱で食品の販売をしながら。前述の「熊野比丘尼・勧進比丘尼・歌比丘尼」は物乞いや熊野権現の絵解き、念仏を歌いながら。また、「問屋蓮葉《とんやはすっぱ》」は宿場問屋の客の身の回りの世話に雇われながら。彼女たちは表向きの生業《なりわい》の裏で性売買を余儀なくされた。そうした中で女髪結は女性を顧客とすることから、性売買とは一定程度の距離を置いたと考えられる。

しかしながら、幕府は、天保一三年（一八四二）八月と弘化二年（一八四五）一月には「廻り髪結」に出る女髪結たちの売春斡旋・兼帯を危惧する町触を出している。また、時代は下るが一八七八年（明治一一）には、旧幕臣出身の代言人、浅草寿町《ことぶきちょう》在住の古谷康高により、売春の仲立ちや場所の提供を行う女髪結の告発、および女髪結が得意先で「売淫《ばいいん》ニ類似《るいじ》スル猥褻《わいせつ》ノ所業《しょぎょう》」を発見した際、密告させることなどを主な業務とする結社の申請が東京府に提出されている（横山、二〇〇九年）。こうした状況からみて、女髪結が売春行為に陥りやすいとの社会的認識がなかったとはいえないだろう。

とにかく女性労働は、何につけても安価に見積もられていた。場所は異なるが農村の事例を紹介しよう。

信濃国《しなののくに》諏訪郡《すわぐん》今井村《いまい》（現長野県岡谷市）の豪農今井家の文政四年（一八二一）の農事日誌によれば、

奉公人給金は男性奉公人の上位者が年に金三両一分である。通常の男性は金二両二分程度であるのに対し、女性奉公人は金一両と仕着《しき》せ（季節に応じた衣類）の支給のみである。日雇い手間《てま》に至っては、男性が日に銭五〇文を稼ぐところ、女性は銭一六文から三三文に止まっている。女性の給金は男性の三割から六割程度と低く、農業労働においても二次的労働力としかみなされていないことが分かる（長島、二〇〇六年）。

ひるがえって、女髪結を頼むと料金は一回につき銭二〇〇文ほどかかる。農村で男が朝から夜まで汗水たらし、泥まみれになって得る報酬の四倍になる。幕府公認の男の髪結は、一回に銭二八文程度と安価である。但し、男性の場合、月代剃りがあるため髪結床の利用は頻回にはなろう。銭一文を二〇円として換算すると、男の髪結賃は五六〇円程度、女の髪結賃は四〇〇〇円ほどになる。性売買を伴わない女の稼ぎ仕事としては魅力的な収入である。このため、手先の器用な女は髪結師匠のもとに入り、技術を身に付け、みずから廻り髪結を始めるのも道理である。

こうした増加の一途をたどる女髪結の状況について、天保一二年七月、定廻り同心から町奉行宛てに次のような上申書が出されている。

一　女髪結之儀、近来は裏々《うらうら》之軽きもの迄、自分ニ而結ひ候もの無御座候処、先達而之御触後、中ニは自分ニ而結ひ習候ものも相見候得共、矢張《やはり》櫛道具《くしどうぐ》等《とう》隠《かく》し持歩行《もちあるき》、互ニ結ひ合候抔と申、又は夜分等専《もっぱ》ラ結ひ候もの有之、兎角《とかく》相止兼《あいやみかね》 候《そうろう》 様子ニ御座候

（『大日本近世史料　市中取締類集　一』、二二一頁）

〈近頃は、裏長屋住まいの軽輩の者まで、自分自身で髪を結う者などいない状況である。先達ての御触れの後は、中には自分で髪を結い習う者もいるようだが、やはり櫛道具などを隠し持ち歩き、お互いに髪を結うなどと申し、または夜分に専門に結って廻る者もおり、とにかく女髪結を止めることはできない様子である〉

また、天保一三年正月にも、南町奉行所同心から町奉行に上申書が提出されている。

一　女髪結之儀、昨年中召捕《めしとり》ニも可相成哉之趣風聞及承《あいなるべきやのおもむきふうぶんうけたまわるにおよび》、夫々迯散《のがれちり》、又ハ渡世を止メ抔いたし候処、又々此節内々結歩行《このせつないないゆいあるき》、或ハ自分宅江呼、髪結遣シ候者も有之哉《これあるや》ニ相聞《にあいきこえ》申《もうし》候《そうろう》

（『大日本近世史料　市中取締類集　一』、四三～四頁）

〈女髪結が昨年中、召し捕えになるという噂を聞きおよび、それぞれ逃亡したり商売を止めたりなどしたが、またまたこの時期に内密に廻り髪結をし、あるいは自宅へ客を呼んで髪結をする者もあるように聞いている〉

こうした状況に対処するべく天保一三年一〇月、幕府は女髪結に対する罰則条項を定めた。**〈史料18〉**は、町奉行から老中水野忠邦へ処罰条項の伺いが提出され、決済されたものである。

〈史料18〉

女髪結當分《とうぶん》御仕置改革之儀ニ付町奉行伺《うかがい》　済

一　髪を結、渡世同様ニ致し候女、

　重敲同等之當《とう》を以、百日過怠牢舎、

一　右親夫等、

　申渡《もうしわたし》背《そむき》之《の》廉《かど》ニ而、過料三貫文同等之當を以、三十日手鎖、

一　右家主《やぬし》、
右同断、過料三貫文
一　髪為結《かみゆわせ》候《そうろう》女《おんな》、
是ハ髪を結渡世ニいたし候ものより品軽《しなかる》き方ニ付、三十日手鎖、
一　右親夫等、
申渡背之廉を以、過料三貫文、
右之通申付候積《つもり》、町奉行衆相伺候處《ところ》、伺之通可取計旨《とりはからうべきむね》、越前守殿《えちぜんのかみどの》御書取を以被仰渡候事《おおせわたされそうろうこと》
（下略）　（『徳川禁令考』前集第五、三三五九番）

まず、最初の一つ書きから確認していこう。

髪結渡世をした女は、重敲《じゅうたたき》同等の刑に相当するため、一〇〇日間の過怠牢とする。再言になるが、敲は奉行所前の公開刑で、下帯一つで四肢を押さえられ、背・肩・尻・大腿などを箒尻《ほうきじり》で殴打される笞刑《ちけい》である。女性・子ども・武士・僧侶・神官などは免除され、替わりに過怠牢舎が科せられた。敲が五〇回、重敲が一〇〇回の殴打となり、それぞれ五〇日、一〇〇日の牢舎に替えられた。

次に女髪結をした者の親や夫は、申し渡しに背いたという理由で、過料銭三貫文同等の刑として、三〇日間の手鎖に処する。

手鎖は両手を前にして鉄製瓢簞《ひょうたん》型の手錠をはめて錠をかけ、さらに紙で封印《ふういん》して両手の自由を

奪う刑である。自宅謹慎のかたちをとるが、三〇日の他、五〇日、一〇〇日の刑期がある。また、刑期により日数を定めて、封印が破られていないかを確認する「封印改《ふういんあらため》」が、手鎖のまま罪人が奉行所や管轄役所に出向くかたちで行われた。

女髪結の住まいの家主（家守《やもり》。土地家屋を管理し、地代店賃《たなちん》を徴収する）は、右に同じく過料銭三貫文とする。銭一文を二〇円と換算して、現在の六万円程度の罰金になる。

さらに、結わせた客の女は女髪結よりは罪が軽いとして、三〇日間の手鎖に処する。また、この女の親・夫らにも、やはり過料銭三貫文を命ずる。

女髪結自身はもちろん、結わせた女もそれぞれの親・夫も、女髪結宅の家主までもが連座する厳しい措置であった。

天保一三年といえば、老中水野忠邦を中心とした天保改革の断行中である。歌舞伎の弾圧や寄席の制限、出版の検閲強化をはじめ、私娼の摘発、陰間茶屋の取り潰し、陰間の職替え、あらゆる面での質素倹約・奢侈贅沢の禁止が強制されている。賑やかな表通りで、大店《おおだな》の奥方や娘が贅沢な衣装・櫛笄《くしこうがい》を身に着けていると、捕《と》り方《かた》が有無をいわさず捕まえて留置するなど、警察権力は人々にとって脅威の的であった。その一環として女髪結の処罰規定も設けられたと思われる。

実は男だった女髪結

さて、女髪結に関する知識を共有した上で、女髪結夫婦の裁判記録の検討に入ろう。『藤岡屋日記』の弘化三年五月一三日の項である。

〈史料19〉

於鍋島内匠頭御役宅《なべしまたくみのかみおやくたくにおいて》申渡《もうしわたし》之《の》趣《おもむき》

牛込改代町《うしごめかいたいまち》、新兵衛店《しんべえだな》
四ツ谷塩町《よつやしおちょう》出生

鳶渡世《とびとせい》　金五郎　三十八

同人妻　四ツ谷町出生

女髪結　はつ　二十三

右女髪結之義、去丑《うし》年以来不相成旨《あいならざるむね》、厳敷申渡、相背者《あいそむくもの》ハ召捕仕置《しおき》申付候処、此節女髪結ニ被雇候《やとわれそうろう》段《だん》不《ふ》届《とどき》ニ付、及吟味《ぎんみにおよび》候処、右はつ義、女には無之《これなく》、男子ニ候得共、幼少之頃より女之姿を好、平生《へいぜい》女之所業を致し候故、親共度々異見《いけん》を加へ候而も不相用罷在候内《あいもちいずまかりありそうろううち》、去ル五ヶ年以前十九歳之時、右金五郎へ馴染《なじみ》候より、同年八月中旬頃、金五郎と申合出奔致《もうしあわせしゅっぽんいた》し、其後当町新兵衛店へ借家致し、夫婦之躰《てい》ニ仕成《しなし》、指物職《さしものしょく》之処、鳶ニ相成、右渡世致し候得共、困窮ニ候迚《とて》、女髪結ニ被雇罷在《やとわれまかりあり》、其上不成《ならざる》女之姿ニ相成《あいなり》、御法度之義相背候《あいそむきそうろう》段不届ニ付、金五郎義重追放《じゅうついほう》、はつ事、初治郎義、遠嶋申付もの也。

（『藤岡屋』三巻・三七頁）

〔右の女髪結は去る丑年（天保一二年）以来、なってはならない旨厳しく申し渡し、違反する者があれば召し捕えるよう申し付けたが、近頃女髪結に雇われたのは違法なので、取り調べたところ、右のはつは女ではなく男子であった。男子に生まれたが幼少の頃から女の姿を好み、普段から女の振る舞いをするため、親たちは諌《いさ》めたがそれに従おうとはしなかった。そのうち五年前の一九歳の時、右の金五郎と馴れ親しみ、同年八月中旬頃、金五郎と申し合わせて駆け落ちし、その後当町新兵衛店に借家して夫婦のようになった。金五郎は指物職であったが鳶職になって二人で暮らしていたが、生活に困窮し、はつは女髪結に雇われて、その上なってはならぬ女の姿になって御禁制に背いたのは違法である。よって金五郎は重追放、はつ事初治郎は遠島を申し付ける」

江戸北町奉行、鍋島内匠頭直孝《なおたか》（在職・一八四三〜八年）の役宅での申し渡し書である。被告人は牛込改代町（現東京都新宿区改代町）、新兵衛店に住む鳶渡世の金五郎（三八歳）と、妻の女髪結はつ（二三歳）で一五歳ほどの年齢差がある。二人とも出生地は四ツ谷塩町と四ツ谷（現新宿区本塩町・四谷）とあり近所同士である。この夫婦は、妻が禁制の女髪結をしていたために捕えられた。

金五郎の前職の指物師とは、板を細かにさし合わせて机・箪笥《たんす》・箱物などを作る職人である。指物師から鳶に職替えすると収入は減じるのだろうか。たけのところでもみたように、鳶人足は町・組ごとに人員が定まっている。簡単になれるものか分からないが、火災時の破壊消火をはじめ、平時の土木作業、高所での足場作り、材木運搬などの諸々の作業を含み、指物師とは大分様子が異なる。それでも金五郎は職替えを果たしたのであり、そのうえ二人がなお困窮しているとなれば、収入は減少したのであろう。

さらに嘉永六年（一八五三）五月には、「女髪結之儀ニ付御教諭《ごきょうゆ》」と題し、町奉行から「世話掛、

市中取締掛　名主共」に対し、禁令遵守が弛緩している状態を咎める触れが出されている（『徳川禁令考』前集第五、三三六〇番）。かいつまんで要約しておこう。

「近年女髪結が流行し、奢侈の風俗が蔓延したので禁止した。一端は止んだもののまたもや秘密裏《ひみつり》に女髪結をしている者がおり、探索方で調べたところ一四〇〇人余りが確認された。もっての外のことにつき、調査の上厳重の処罰を申し付けたが、いずれも困窮人であり、日々の営みに差支え、よんどころ無く女髪結をしてわずかな賃銭をとり、ようやく暮らしている者たちである。欲心に駆《か》られての行為ではない。また、法令違反の者たちを教諭し、職替えを促すのは町名主の役目であり、女髪結が無くならないのは職務怠慢であり、町名主共に徹底するように命じる」

このように探索方に検挙された女髪結だけでも一四〇〇人を上回る。この数も氷山の一角であろう。女髪結は手先の器用な困窮女性にとって旨味《うまみ》のある仕事であり、おおいに普及していたのである。金五郎・はつ夫妻は駆け落ちして新たな町で所帯を構えたが、暮らしぶりは一向に芳しくなく、妻も女髪結として家計を助ける必要に迫られた。そして町奉行配下による女髪結の一斉検挙で捕えられた。ここまではありそうな話である。

ところが、捕えた妻を取り調べたところ、女ではなく、男であった。

はつは名を「初治郎」といい、幼少のころから女の姿を好み、常日頃から女のすることをしていたため、親たちは度々注意したが、それを受け入れなかった。幼少時から自分の性とは反対の性の様相や行動を好み、親をはじめとする周囲の者たちが再三注意をしても、聞く耳をもたずにみずからの意志を通すところは、竹次郎（たけ）の幼少時と酷似している。マリア・ファン・アントウェルペンの幼少時の服装や行動については判明しないが、マリアも、はつ（初治郎）も、竹次郎（たけ）も裕福な環境で育ったのではなかった。

先に〈違式罪目追加〉第六二条の異性装の禁止令で、男装や女装、また異様な化粧を施す者は処罰されたと述べたが、江戸時代においてはさらに厳しく、男女の別を弁え、それぞれの「分」に徹した生活態度に務めることは重要な性規範であった。だからこそ親や周囲の大人たちが、そこから逸脱する形振《なりふ》りや言動に対して、子どもたちを厳しく諫め、「正しい」道へ導こうと試みたのは当然の成り行きであった。それらを受け入れなかった竹次郎やはつの幼少時の姿を描くことで、親や周囲の努力は為されており、相応の責任は果たしたという証《あか》しにもなったのであろう。

また、はつは異性装を通して、男性に恋愛感情を抱き、親の反対を押し切ってまで金五郎と駆け落ちしたとなれば、当時としてはおおいに不孝である。しかし、ここまで一緒にいたいと願う二人は男性同性愛者と推測され、しかも、はつはトランスジェンダーであった可能性が高い。また、金五郎の性的指向は同性愛ということになる。しかも新しい町で二人は夫婦として暮らし、外見上は男と女であった。

はつの罪状は、女髪結として雇われていたこと、ならぬ女の姿をしていたこと、御法度を背いたことと記されている。**〈史料18〉**に従えば、女髪結に対する刑罰は、重敲き同等の一〇〇日過怠牢舎であり、その夫は過料三貫文同等の三〇日手鎖である。しかし、実際に下された判決は、金五郎が重追放、はつが遠島（江戸では八丈島、あるいは三宅島送りが多い）となっている。通常より著しく重い刑である。

この判決内容をどのように考えるべきであろうか。

まず、女髪結は女性の職業であり、違反者は女性でなければならない。女性に対する刑罰なので、はつが男性ということになれば、当然女性に科すよりも重い刑罰に処すべきと判断されたと思われる。また、客に女と思わせ、実際は男が女の部屋に入り込み、髪を結っていたという事実は、幕府が一貫して警戒する性規範における風俗紊乱に繋がるものである。

「不成《ならざる》女之姿ニ相成《あいなり》」という箇所は難しいが、犯罪がらみの男の女装でなければ咎めの対象にならないとすれば、単なる女装ではなく男同士で夫婦となり、それを周囲に真の夫婦（男女）であるかのように振舞っていたことが許し難いと捉えられたのではないか。女髪結の仕事をしながら、稼ぎ先で盗みなどの犯罪がないにもかかわらず遠島という重刑を科したのは、男が女として生きることに対する幕府の強い忌避の表れであり、男として生きようとしたたけを最終的に遠島にしたように、事件として表面化した以上は、はつにも厳罰をもって臨み、市民の目から抹殺せねばならなかったのである。

金五郎に対する重追放は、女髪結の夫の罪に加え、はつを男と承知で妻としたこと。すなわち、彼の性的指向に対する処罰であり、一家の長としての責任も加わる。

以上を踏まえ、幕府は同性愛による同性婚を社会規範や性秩序から逸脱する行為とみなし、忌避・排除していたと理解できる。もし、初治郎が「異性装」をせずに金五郎と暮らしていたなら、つまり、兄弟か、単に男が二人で暮らしていると周囲に理解されれば、取り立てて問題視されなかったのかもしれない。残念ながら、史料はここまでで処罰後の二人の足取りはつかめていない。

〈史料19〉を例に、性的指向の問題と幕府の対応をみてきたが、江戸時代が決して同性愛やトランスジェンダーに寛容であったとはいえない側面を浮き彫りにできたと考える。陰間買いなど一時的な遊びの対象や、武士層の主従関係が濃厚な男色とは異なる対等な関係の同性愛が存在し、それが法令違反や犯罪と結びついた時に、権力側は驚異と捉え徹底的に糾弾したのである。

第二節　縫箔職重吉と新内師匠小若のケース

縫箔職人の妻、小若ことわか

もう一つ男性カップルの事例を取り上げてみたい。『藤岡屋日記』第五巻に収載され、嘉永五年（一八五二）の一〇月一四日の条にある「男コ《おと》女ナ《おん》被召捕《めしとらる》一件」と題する史料である。これは女装をした新内《しんない》師匠の男が町奉行の下役に逮捕された事件であるが、二種類あるため**〈史料20〉**、**〈史料21〉**と分けて記してみたい。

〈史料20〉

麻布今井寺町《あざぶいまいでらまち》、常吉店《つねきちだな》
縫箔職《ぬいはくしょく》重吉《じゅうきち》妻之由申居候、小若《こわか》事
わか　子廿《にじゅう》才

右小若事わか義、新内節習覚居《しんないぶしならいおぼえおり》、夜分ハ稼ニ罷出、重吉妻にて年来夫婦ニ相成居、平日之立振舞《たちふるまい》、都而《すべて》女之通ニて容儀もケ成《かなり》ニ有之、針仕事等致し、或時《あるとき》ハ客ニ被招《まねかれ》、酒之席へも罷出、酒の相手も致し、近隣の者共も全女《まったくおんな》と心得居《こころえおり》候処、不斗《ふと》男成《おとこなり》との風聞相立、得《とく》と取調候得バ、日本橋檜物町《ひものちょう》左官《さかん》金次郎方同居ニて、たねと申女の実子ニて、幼名政之助《まさのすけ》と申男子ニ有

之、幼年之頃ゟ《より》新内節稽古致し、女の姿ニ相成、前書重吉方へ妻ニ縁付参り、表向相成居　候《おもてむきあいなりおりそうろう》
趣　相分《おもむきあいわかり》、昨十三日、井戸《いど》対馬守《つしまのかみ》様御廻り方江召捕《めしとり》ニ相成申候。右は珍敷事故《めずらしきことゆえ》、蜜々此段　申《みつみつこのだんもうし》
上候《あげそうろう》、以上。
（『藤岡屋』五巻・一七五頁）

史料には差出人と宛所が記されていないが、これは藤岡屋の雇った「下座見《げざみ》」が調査した情報か、定廻り同心の町奉行宛ての上申書であろうか。史料からは、江戸市中には気の利いた芸事として、女師匠に就いて新内節を習う武家屋敷の勤番衆や、町方の旦那衆が大勢いた様子が窺える。

まず、表題にある「男コ女ナ」とされる人物は、麻布今井寺町（現東京都港区六本木）、常吉店に住む縫箔職重吉の妻と申している小若事わか、二〇歳。夫重吉は縫箔職である。縫箔職とは、着物に刺繡《ししゅう》や摺箔《すりはく》の技法を併用して文様をあらわし、華麗な小袖や能衣装などを作る専門職である。

史料を要約しておこう。

「小若事わかは新内節を習い覚え、夜分は新内を流して稼ぎ、数年来重吉と夫婦である。日常の立ち居振る舞いは、すべてが女のようであり、姿や顔立ちも相当よろしく、また針仕事などをする。ある時は客に招かれて酒の席にも出て、酒の相手もし、近隣の者たちもまったく女であると考えていたが、思いがけなく男であるとの噂が立ち、念入りに取り調べたところ、日本橋檜物町《ひものちょう》（現東京都中央区八重洲一丁目から日本橋三丁目付近）の左官金次郎方に同居するたねという女の実子で、幼名を政之助という男子であった。

幼い頃から新内節を稽古し、女の姿になり、重吉のところに妻として縁付き、表向きには妻と

なっていることが分かったため、昨一三日に井戸対馬守様の御廻り方に召し捕りになったそうである。右は珍事であるため、内密に申し上げるものである」。

わかは、実は日本橋檜物町の左官金次郎方に同居するたねという女の息子、政之助であった。左官金次郎とたねとの関係や、たねに関する詳細、また実父の消息などの情報は一切不明である。わかは幼いころから新内節を稽古し、女の姿になり、夜分は新内を流して稼いだ。立ち居振る舞いはもちろんのこと、容姿もかなりよろしく、針仕事もできたという。

この針仕事は江戸時代の女子教育に不可欠な分野で、『女大学宝箱《おんなだいがくたからばこ》』などの女訓書《じょくんしょ》にある『礼記《らいき》』「四徳」のうち「婦功《ふこう》」に該当する。「婦功」には習得すべき技術、たとえば養蚕《ようさん》や苧麻《ちょま》の栽培、苧績《おうみ》・糸取り、その土地に応じた絹・木綿・麻などの機織り、衣類作成や生活用小物、布団《ふとん》作りなどの裁縫技術全般が含まれる。嫁入り前の女性はその習得が肝要とされ、生涯を通じて女性に不可欠な手業とされた。

したがって「婦功」は、武士・町人・農民の別を問わず、各階層の女性の必須徳目として位置づけられたが、生産労働に直接かかわらない都市部では特に裁縫技術に重きが置かれ、少女期から母、姉、祖母などの家族、手習い塾の女師匠、あるいは裁縫上手の女性などから厳しく仕込まれた。逆に男にとっては、専門職の仕立屋などを除き、必要のない事柄である。わかが針仕事をよくしたのであれば、少年期から女子として手業を習得する機会があったと思われる。となれば、政之助は少年期から「異性装」になり、女性としての生き方を学び、実践していたと考えてよいであろう。

招かれれば酒の席で新内節を披露し、酒の相手もうまい上に、美しい所作で針仕事もこなすとなれば、周囲がわかを女だと思い込んでも致し方ないところである。

わかは幼少から新内節を習い、女の姿になり縫箔職の重吉と夫婦になった。当然ながら、生活を共にすれば、重吉はわかが男性であることを知っていたはずである。そうこうしているうち思いがけなく、わかが男であるという噂が立ち、取り調べたところ男であったので井戸対馬守配下の者が捕えたというのが話の筋である。

井戸対馬守覚弘《さとひろ》は、長崎奉行を勤めた手腕を老中阿部正弘に買われて北町奉行に抜擢された旗本で、嘉永二年から安政三年（一八四九〜五六）まで務めている。わかは取り立てて罪を犯してもおらず、町奉行配下の御廻り方が捕える理由を思いつかない。金五郎・はつ夫妻に下された重い刑罰を念頭に置くと、政之助が新内節師匠小若という女の姿になって世間を欺き、重吉と夫婦として暮らしていたという事実であろう。あるいは女師匠として男弟子宅や女弟子宅を訪問したりすることが、性規範を乱す行為と考えられたのかもしれない。

《新内節》

わかが生業《なりわい》としていた新内節《しんないぶし》について、若干紹介しておこう。

京生まれの都太夫一中《みやこだゆういっちゅう》は正徳五年（一七一五）に江戸に下り、市村座で浄瑠璃を勤めていた。

以後、京と江戸をしばしば往復し、精力的に一中節《いっちゅうぶし》を広めるようになる。享保一一年（一七二六）正月に、市村座で市村竹之丞が「都見物左衛門《みやこけんぶつざえもん》」を演じたときも、浄瑠璃は都太夫一中が勤めている。その弟子の宮古路豊後掾《みやこじぶんごのじょう》は豊後節《ぶんごぶし》を創始したが、心中物を多く語ったため、実際に心中事件が横行するようになり、元文四年（一七三九）に幕府から禁制となる。

このため江戸では豊後掾の直門の弟子加賀太夫《かがだゆう》が、延享二年（一七四五）に富士松薩摩《ふじまつさつま》と名を改め、翌年掾号《じょうごう》を受け一派（富士松節《ふじまつぶし》）を起こし、また、同じく弟子の鶴賀太夫《つるがだゆう》（一七一七～八六）も宝暦四年（一七五四）に鶴賀若狭掾《わかさのじょう》（初世鶴賀新内）と名を改め、これも一派（鶴賀節《つるがぶし》）をなした。その後、若狭掾の門弟二世鶴賀新内（一七四七～一八一〇）の語り口が歓迎され、富士松・鶴賀の両派は一括して新内節と呼ばれるようになる。

新内節は江戸座敷浄瑠璃の系統にあり、常磐津節《ときわずぶし》・富本節《とみもとぶし》・清元節《きよもとぶし》が歌舞伎を中核に演じられたのとは異なり、そこから袂《たもと》を分かち主に遊廓や寄席の音曲として発展していった。独自の発声法で高い声をきかせ、二挺三味線《にちょうじゃみせん》の華麗さと上調子《うわちょうし》の派手なところが、江戸庶民の語り物として支持された。ことに二世鶴賀新内は美声の持ち主で、憂いのある哀切なクドキ（曲の主題、聞かせどころ）で絶大な人気を博した。新内節は心中物に題材をとり、代表作に「明烏《あけがらす》」、「蘭蝶《らんちょう》」、「伊太八《いだはち》」、「赤坂並木《あかさかなみき》」などがある。

また二世新内は、「新内流し」を創始したことでも知られている。新内流しは夏の季語でもあるが、夏の夜に新内を語って町を流して歩き、客の要望に応じて演奏し祝儀をもらう。いわゆる門付《かどづ》け芸《げい》である。文化・文政期頃（一九世紀初め）は太夫と三味線方の二人一組（太夫は地《じ》の三味線、三味線方は上調子の三味線の二挺）で、街頭をゆっくり歩きながら流し、江戸情緒・遊里文化を存分に表現した。

一九世紀に入ると、江戸市中には女性の音曲師匠が輩出してくる。女師匠は常磐津節・富本節・清元節などの浄瑠璃系から歌舞伎の長唄などの稽古をつけたが、表芸《おもてげい》のほかにもどのような音曲でも教えられたという。わかも幼い頃からこうした音曲師匠に就いて、新内節を稽古して師匠となり、夜間には新内流しで稼ぎ、重吉との暮らしを助けていたのだろう。

わかの容貌と暮らしぶり

次に、〈史料21〉に移り、さらに詳しく読み解いてみよう。

〈史料21〉

一　此程風聞有之《このほどふうぶんこれあり》、麻布今井寺町、縫箔職人女房之由申居り候、新内節師匠致し、夜分門付《かどづけ》或は客《きやく》ニ被招酒之酌人《にまねかれさけのしゃくにん》ニ出候小若事幼名政吉《まさきち》、此間被召捕《めしとられ》、於奉行所御吟味《ぶぎょうしょにおいてごぎんみ》之上、手鎖宿預《てじょうやどあず》ケ被仰付候。生年廿七才ニ候得共、廿才之由申立候、容儀も十人並《じゅうにんなみ》ニ而宜《よろしく》、女之体ニて眉毛《まゆげ》有之、歯ハ不染、髪割《わり》いてふ結、玉紬《たまつむぎ》小袖半天裏通《こそではんてんうらとお》し赤キ切抔《きれなど》を付、女頭巾《おんなずきん》を冠《かぶ》り駄下駄《だげた》をはき、立居《たちい》働様《はたらきさま》、言舌《げんぜつ》少しも男とハ見へ不申候。近隣ニ而も女と而已《のみ》存候。新内稽古ニ参候弟子内ニも、女とのミ存居候弟子も有之、女ニ無之哉、平常面《つら》を仰《あおぎ》、ふしのとき隠し候様ニ致候。銭湯へも不参、夏冬共行水《ぎょうずい》ニて平常粧《けわい》ひミがき立《たて》候《そうろう》面体《めんてい》ニて、花車《きゃしゃ》なる生《うまれ》と、年来弟子さへ女とのミ存候。近辺御屋敷の勤番衆抔《など》大分ニ費《ついや》し候《そうろう》者《もの》有之《ありこれ》候《そうろう》由《よし》、格別之悪事ハ無之候よし。

〔このほど噂が立ち、麻布今井寺町の縫箔職人の女房と申している、新内節の師匠をし、夜間は門付け、あるいは客に招かれれば酒の酌人に出ている小若こと幼名政吉（**〈史料20〉**では政之助）を召し捕え、町奉行所において念入りに取り調べの上、手鎖、宿預けを仰せつけた。

小若は年齢が二七歳であるのに、二〇歳と申し立てていた。顔立ちも人並みに宜しく、女の風情で眉毛があり、歯は鉄漿《かね》（お歯黒《はぐろ》）で染めていない。髪形は割銀杏髷《わりいちょうまげ》に結い、玉紬の小袖を着し、半天の裏に通して赤い布《きれ》などを付け、女頭巾を被り、駄下駄を履き、立ち居振る舞いや話し方は少しも男とはみえない。近隣でも女とばかり思われていた。

新内の稽古に来る弟子の中にも、女とばかり思っている者もいた。女でないので、（稽古中は）いつも顔を上げたり、伏したりするときは隠すようにしていた（喉仏《のどぼとけ》のことか）。銭湯へも行かず、夏冬とも行水で済ませ、いつも化粧をして磨き立てている。顔立ちと生まれつき花車《きゃしゃ》な身体つきのために、長年来の弟子でさえ女とばかり思っていた。近くの御屋敷の勤番衆（藩邸勤務の武士）など、大分金を費やした者もあるとの由である。わか自身には格別の悪事はないとのことである〕

〈**史料20**〉に加えて新たに判明した点は、町奉行所での調査後、「手鎖、宿預ケ」の刑に処されたことである。刑の期間は不明である。宿預けは、地方の者を召還した時に馬喰町《ばくろちょう》（現東京都中央区日本橋馬喰町）か小伝馬町の公事宿《くじやど》に預けるのが一般的であるが、わかのような江戸住まいの者は親元・親類のほか、「町預け」といって家主宅などに預けられた。ただし、末尾にわかが格別な悪事を働いたことはないとある。

容姿に関しては、細部にわたって述べられている。

まず、年齢は二〇歳と称していたが、実は二七歳であった。顔立ちは十人並で宜しいとされる。女なのに眉があり、歯には鉄漿《かね》も付けず白いままである。結婚後に女性は眉を剃り、鉄漿で歯を黒く染めるのが通例である。地域によっては眉剃りや鉄漿付けをしないところもあるが、『守貞謾稿』には「江戸は二十《はたち》未満の少女もいまだ嫁さずして歯を染むる者太《はなは》だ多し」とある。また、「江戸も武家の新婦は歯を黒め、髪を丸曲《まるまげ》に結べども眉を剃らず、二十三、四才に及んで始めて眉を剃る」（『守貞』二巻・八五～六頁）という。わかの面相や風体は普通の新妻とはいささか変わっていたといえる。

《江戸女性の髪形》

『守貞謾稿』二巻「女扮　下」を参照に、その推移を簡単に述べてみよう。

まず、生後第七日には男女児ともに産髪《うぶがみ》をすべて剃ってしまう。髪が生えそろう三、四歳から五、六歳までは、男女児ともに芥子《けし》（罌粟）坊主《ぼうず》にする。芥子坊主とは頭髪を百会《ひゃくえ》（脳天）部分だけ残して周囲を剃り落した幼児の髪形である。江戸では、男女児ともに八、九歳までは必ず眉を剃る。

芥子坊主の次に、七〜八歳になると女児は銀杏髷《いちょうまげ》に結う。髪の伸ばしはじめは「芥子坊《けしぼう》の銀杏髷」といい、過渡期のヘアスタイルである。一〇歳を過ぎると男女児ともに眉は剃らなくなる。一四、五歳になると島田髷《しまだまげ》に結う。武家の娘は髷の根元を高くした高島田《たかしまだ》に結った。現在の結婚式で和装の新婦の結う髪形が文金《ぶんきん》高島田であり、高島田よりもさらに根元を高く結い上げたもので、私たちにも馴染みのある和装髪である。

銀杏髷は島田髷の髱《たぼ》を銀杏の葉のように別けた髪形であり、江戸中期以降、銀杏髷や銀杏髷の変形の銀杏崩《ぎんなんくず》しなどは少女の髪形として用いられた。結婚後や中年女性は、髷を丸く広げた丸髷に結うことが多い。若い女性ほど髷の幅を広目にし、年配になると細目に作ったという。

わかの髪形は割銀杏髷（髷に緋縮緬《ひちりめん》や鹿の子を掛け、髷を分けているようにみせる）であった。しかし、「江戸のいてうは稚児の専らとする所なり。江戸にて婦のこの形に結ふものは踊りの師のみなりしが、嘉永五、六年、他の婦も往々これに結ふあり」（『守貞』二巻・一九五頁）とあることから、**〈史料20・21〉**と同時期の嘉永五、六年には童女や少女、また舞踊の師匠などが専ら用いた銀杏髷を、一般女性たちも時々結うようになっていた。このためわかの割銀杏髷も芸道に生きる新内師匠であるなら、さらに似合いの髪形であったはずだ。

また、わかは玉紬の小袖（足首まである長着）を着し、半天の裏には赤い布地を通していたというから、身体を動かすたびに赤い裏地がみえ隠れして、なかなか洒落ていたのだろう。玉紬とは、玉繭《たままゆ》を用いた紬である。玉繭は二匹以上の蚕が作った大きな繭で、蚕の吐いた糸が複雑に絡み合っている。そのため機械で糸を取り出すことができず、繭を煮出して糸を手引きしなくてはならない。手引いた糸にはいくつもの節が出来るが、それを玉糸といい、その玉糸から織り出した絹織物を玉紬という。

玉紬は琉球紬《りゅうきゅうつむぎ》より安価で、「着用の人ははなはだ多し。木綿に近き故に晴服《せいふく》には遠く褻《け》に近し。これには万筋《まんすじ》・千《せん》すじ・替《かわ》り縞《じま》あり、色も種々。三都男女専用す。…茶地紺縞《ちゃじこんじま》・紺地茶紺鼠縞《ねずみじま》等種々。男女これを用ふ」（『守貞』三巻・六七頁）とあるので、わかの着物は、男女共に用いる一般的な日常着で、特に値の張る小袖を着ていたわけではなかった。

被《かぶ》り物《もの》の女頭巾とは御高祖頭巾《おこそずきん》であろう。宝暦期頃（一八世紀半ば）から明治時代まで、女性の防寒頭巾として用いられた。方形の布に耳かけの紐輪《ひもわ》を付けたもので、藤色や鉄色（赤味・緑色を帯びた黒）の浜縮緬《はまちりめん》を用い、雪月花や家紋をその端に染め付けた。履物は「駄下駄」というが、女性用塗下駄だろうか。立ち居振る舞いからことば遣い、すべてが女性であり周囲も疑わなかった。

新内を習いにくる「弟子の中にも、女とばかり思っている者もいた」となると、逆に中には女に疑いをもつ者もいたことになる。通常は正面を向いて教えるが、女ではないので顔を上げたり伏したりするときは、男性特有の喉仏《のどぼとけ》がみえないように注意深く動かしていたのだろう。銭湯へも行かず、一年を通して行水で済ませたため裸体を他人にみせることはなかった。いつも化粧で磨き立て、身体つきも華奢であり、江戸藩邸の勤番衆の中にはわかに大層金を費やした者もいるという。史料からはわかの匂い立つ女っぷりが読み取れるが、不審に思っている者もおり、男ではないかとの噂が立ったのであろう。

女師匠、男弟子をとることの禁

女師匠に関して、寛政一〇年（一七九八）二月、江戸市中へ次のような町触が通達されている。

〈史料22〉

町中女ニて武士町人え唄《うた》浄瑠理《じょうるり》三味線《しゃみせん》抔《など》教え、其中ニは猥《みだり》かましき風聞も有之《これあり》、如何敷儀《いかがわしきぎ》ニ候。男は男ニて教え候者も可有之候《これあるべくそうろう》。別て《べつし》刀帯候《たいとうそうろう》筋《すじ》えは、女師匠之者決て《けつし》弟子ニ取申間敷《とりもうすまじく》候《そうろう》。譬《たと》え町人ニても、女師匠え男之稽古は無用ニ可致《いたすべく》候。此段町中え申渡可置候《もうしわたしおくべくそうろう》。

午二月

（『御触書天保集成　下』五五三二番）

〔江戸町中で女が武士・町人に長唄・浄瑠璃・三味線などを教え、その中には淫らな関係になるとの風聞もあり、如何わしいことである。男には男が教える者もあるという。とりわけ、女師匠は決して武士を弟子に取ってはならない。たとえ町人であっても女師匠の男への稽古はしてはならない。このことを町中に申し渡しておくこと」

女師匠が男を弟子に取ることの禁令である。師弟関係を超えて男女の関係になることを危惧している。寛政一〇年は、すでに老中松平定信を中心に断行された寛政改革は終わっているが、その基本政策はその後も踏襲されたため、風俗粛清の方針は継続していた。同様の禁令は複数回出されており、五〇年以上を経た嘉永三年（一八五〇）七月九日にも次のような町触がみられる。禁止事項が八項目並ぶうちの五番目である。

此節市中《しちゅう》取締《とりしまり》向《むき》相弛《あいゆる》ミ候御沙汰ニ付、町触左之通り

一 音曲《おんぎょく》指南《しなん》致《いたし》候者《そうろうもの》、男は女之弟子を取、女は男弟子を取候義致間敷《いたすまじく》、御触之通相守《あいまもり》可申事《もうすべきこと》。

（『藤岡屋』四巻・一四八頁）

ここでは江戸市中の取り締まりが弛緩しているとし、音曲指南の男師匠の女弟子、女師匠の男弟子を取ることを禁じている。男女ともに師弟間の淫らな行為を取り締まる目的がある。ちょうどわかが捕えられる二年前の町触になる。

この町触に従えば、わかが男性を弟子に抱えていたことは逮捕の理由となり、〈**史料21**〉の「格別之悪事ハ無之候よし」は無効になる。つまり、町触の禁止条項違反、およびわかが実は男ではないかとの風聞が逮捕の根拠といえよう。

さて、捕えて吟味したところ、わかは果たして男であった。したがって、生物学上の女が男を弟子に取ったことにはならない。それでも「手鎖、宿預ケ」に処されたとなれば、男であることを偽

り、女装をして縫箔職の重吉と夫婦（同性婚）になり、女と思い込ませて新内節を男性に教授していた点であろう。

江戸時代において女装自体は他の犯罪をしない限り、処罰の対象にはならないとすると、〈史料20〉の「右は珍敷事《めずらしきこと》故、蜜々此段申上候」の部分が、やはり注目される。男師匠が女を、女師匠が男を弟子に取ることが町触で禁じられるほど頻繁であれば、下座見または定廻り同心が内密に知らせた「珍敷事」は、男同士の「夫婦」の方である。

わかへの「手鎖、宿預ケ」の処分は、はつの遠島に比べればずいぶん軽い刑罰である。これは懲罰というより説諭を主体とするものであろう。たけの最初の逮捕時の男装についても、幕府は「素々《もともと》心《こころ》得違《えちがい》之《の》趣意《しゅい》」と理解し、説諭で「矯正」できると判断したように、それで「改心」するのであれば幕府にとって一番都合がよいのである。

金五郎・はつ夫妻の処罰とこのケースが異なるのは、妻のわかのみが処罰を受け、夫の重吉が処罰されていない点である。もちろん、「女髪結の親・夫」も法的に刑罰の対象であるから、金五郎への処罰は当然ではある。

重吉・わか夫妻の史料が、この他にみつからないため判断に窮するが、もし、幕府が師弟間の淫らな行為を取り締まろうとするのであれば、わかが男である以上、武士や町人との男色を兼ねていたと疑われても致し方ない。この嫌疑を幕府が重視すれば、男色商売を禁じた法令にも抵触する。重吉に関しては、法令を破った「音曲女師匠の夫」に対する刑罰が特段設けられていないために免れたといえようか。

〈史料20〉にあるように、わかが「幼年之頃ゟ新内節稽古致し、女の姿ニ相成」った経緯に着目すれば、幼少期から親や周囲に異性装や言動を咎められても聞く耳をもたなかった竹次郎やはつと同様であり、わかにとっても性自認に基づく筋の通った行動であったと考えられる。すなわち、彼らがトランスジェンダーであったとの想定は可能である。

また、史料の題目である「男コ女ナ被召捕一件」からも分かるように、「男女」あるいは「女男」ということばは、お琴の場合と同じく、そこに込められた侮蔑感は明瞭である。そうした人々に対し、体制維持を図る権力側は厳しく対処したが、一方、庶民の中にも彼らに対する容認と排除の相反する感覚が混在していた。歴史的にみて自分の外見的な性が自身の精神性や性的欲求と相容れない人、また性的指向として同性を愛する人は決して少なくないはずである。その存在の否定や差別化が、当事者にとってどれほど大きな抑圧になっているのかを、これまで歴史学は見過ごしてきたのではないだろうか。自戒を込めてである。

第四章

多様な愛のかたち——レズビアン／シスター

第一節　女性同性愛をめぐる動向

社会学における女性同性愛（レズビアン）研究

近世史料に入る前に、女性の同性愛の様相、レズビアンの研究状況について社会学の成果に沿って若干触れておきたい。

古川誠は、近代日本において一八九〇年代にloveの訳語として「恋愛」が使われはじめ、巌本《いわもと》善治《よしはる》（一八六三～一九四二）や北村透谷《きたむらとうこく》（一八六八～九四）らの文章から普及したとしている（古川、一九九五年）。ここで重要なのは恋と恋愛とは異なるもので、恋は色と同様に劣った情欲であり、恋愛は高尚な感情とされた点である。その後、森鷗外《もりおうがい》（一八六二～一九二二）の一九一〇～一一年の作品『青年』に「同性の愛」という表現がみられる。

そうした中、一九一一年（明治四四）七月、新潟県親不知《おやしらず》の海岸で東京の女学校の卒業生同士（ともに二〇歳）の入水《じゅすい》事件が起きたのである。この二人が上流階級に属する令嬢であったことも手伝い、「恐るべき同性の愛」として大きく報道された（『読売新聞』、一九一一年七月三一日付）。この二人は、卒業後に同性愛を続けられなくなったことを苦にしての心中であったという。

このセンセーショナルな事件は『婦女《ふじょ》新聞』にも取り上げられ、以後「同性の愛」は女学生の同性愛関係を指すことばとして定着していった。古川はこの一九一一年を、男同士の「同性色情」や「同性性欲」（男色・鶏姦など）を「同性愛」とするのみならず、女性を含めた男女ともに使い得る「同性愛」という範疇の成立するターニングポイントとみている。

「同性の愛」に象徴されるのは肉体的関係を伴うものではなく、女学生間の精神的紐帯を強調したところにあり、「同性の愛」の登場により一九一〇～三〇年代にかけて社会問題化した女学生の恋愛関係を、「同性愛」として認識するようになっていった。同時代に平塚らいてう（一八八六～一九七一）らを中心に組織された青鞜社の機関誌『青鞜』（一九一一年九月～一六年二月、通巻五二冊）にも、「獣《けもの》的で粗野で放縦《ほうじゅう》無節制《むせっせい》な男の性欲に比べ、女の性欲は高尚である」（山田わか、一八七九～一九五七）などの主張がみられる（古川、一九九五年）。

また、赤枝香奈子も新潟の事件に触れ、近代日本における女性同士の関係について、「同性愛」という用語や概念が社会に登場する一九一〇年代を契機とし、それ以前の精神的・肉体的な関係を安易に「同性愛」といわずに「親密な関係」と捉えている（赤枝、二〇〇四年）。

一方、『婦女新聞』（一九一一年八月一一日付、社説「同性の愛」）は新潟の事件を例に、女性間の恋愛感情について興味深い指摘をしている。「所謂《いわゆる》同性の愛なるものには二種別あり、一は純然たる友愛の情の熱烈なるものにして、他は女夫婦《おんなふうふ》世俗に所謂オメの関係なるものなり」とする。オメとは「男女」、または、「お目出度《めでた》」のオメの意である。前者は熱烈なる精神的友情によって成立し、後者は一人が必ず男性的性格境遇の女子であり、他を支配することを要し、「不可思議なる肉の接触を俟《ま》ちて成立するが如《ごと》し」と規定している（赤枝、二〇〇四年）。

前者は女子生徒・学生間で芽生える恋愛感情であるシスター（または頭文字をとってS）と呼ばれるものに近く、後者は性愛を伴うレズビアンの関係になろう。このレズビアンの用語は一九六〇年代以降、一般に知られるようになった（赤枝、二〇一四年）。

近代における女同士の心中

近代（明治期）の女同士の心中事件は、どのようなものであったのだろう。

前述の東京の女学校卒業生同士の心中以前にも、女同士の心中事件は起きている。赤枝によると、明治期の新聞掲載における最も早い「娘同士の情死」は、一八八八年（明治二一）二月二九日付の『読売新聞』の記事にある一八歳と一五歳の二人の娘の心中事件である。


情死《しんぢう》と云へば放蕩者が借金に逐《お》はれて困《く》るしさの餘り、同じ思ひのスベタ女郎を踏臺《ふみだい》にして寧《いツ》その事と大抵筋書は極《きま》ツて居るが、茲《ここ》に書出すは一ト《ひと》風變《かざかわ》ツた娘同士の心中。（ルビは原文通り）

記事を要約すると、「情死というと、一般には放蕩者《ほうとうもの》が借金に追われて、その苦しさのあまり、相思相愛の卑しい女郎を利用（踏台）して、いっそのこと死んでしまおうという具合におおかたの筋書は決まっているが、ここで書き表すのは一風変わった娘同士の心中」である。

「情死」がもっぱら娼妓と遊客か、情夫との間で行われるものとみなされていた江戸時代から明治前期にかけては、女同士の心中自体が人目を引く行為だったようである（赤枝、二〇〇四年）。

「スベタ」とは花札《はなふだ》で点数にならない素札《すふだ》のことで、女を卑しめて罵《ののし》ることばである。「スベタ女郎」という表現に娼妓への強い蔑視感が込められている。『読売新聞』(一八七四年創業)の記者が男性であることやその時代感覚に注意が必要である。

右の心中事件の経緯を示すと、「この二人の娘は同じ機屋《はたや》に雇われ、姉妹のごとく睦まじく暮らしていたが、どういうわけかある晩そこを抜け出して隣町のある家を訪れ、一泊させてほしいと頼んだが、その家の主人に断わられ、機屋に戻るようにと説得された。悄然《しょうぜん》とした面持ちで二人はその家を立ち去ったが、その晩に心中を図ったものとみえ、身体を細帯でしっかり結び付け、抱き合ったまま渡良瀬《わたらせ》川に飛び込み、翌朝土地の者によって遺体が発見された」。

機屋の仕事は若い娘らにとって逃げ出したくなるほど辛かったのか、相思相愛がゆえに二人だけの世界に埋没しようとしたのか、その理由を知る手立てはないが、春まだ浅い川に飛び込めば息絶える迄に長くはかからなかったはずだ。

この他にも、新聞に掲載された娘同士の心中がある。すべて『読売新聞』の記事だが、早い順にあげてみよう。

1　奉公人同士(一八九三年五月一六日付)
2　機業工女同士(一人は不明。一九〇六年一二月二一日付)
3　芸妓同士(一九〇七年七月一日付)
4　工女同士(一九〇八年六月七日付)

5　機織工女同士（一九〇九年七月二七日付）
6　撚糸《ねんし》会社工女同士（同年七月二九日付）
7　下女同士（一九一一年七月三〇日付）

このうち、6番の撚糸会社の工女の心中に関して、次のように記されている。「よほどの相性にて姉妹も及ばぬ親しい仲となり、また、工女仲間から妙な関係があるに違いないとの噂があった」。「姉妹も及ばぬ親しい仲」や、工女仲間からの「妙な関係があるに違いない」（傍点―著者）という証言をあえて強調することで、読者の興味をくすぐる記者の姿勢が窺える。しかし、こうした興味本位の表現の中から、セクシュアルマイノリティの存在を丁寧に掬《すく》いとっていかなければならない。そして、右の七例の女性同士の心中は、すべて社会的階層の低い人々（機業工女・撚糸工女・芸妓・下女奉公人など）の行為であったから、これらの事件が貧困や劣悪な環境からの逃避・脱出行為として認識されても不思議ではない。このため、その範疇に収まらない新潟県親不知で起きた東京の令嬢同士の心中（「恐るべき同性の愛」）は、当時の人々の通念を逸脱した行為として、驚きをもって迎えられたのである。

第二節　江戸の女性同性愛

さて、近代における古川や赤枝の議論を踏まえつつ、江戸時代の「女性同士の親密な関係」をみていきたい。

異性装女性、芸者と出奔

異性装や同性愛に関する史料はそもそも残りにくいが、『藤岡屋日記』をめくると何例かのゲイカップルの生きざまが明らかになった。しかし、レズビアンカップルとなるとさらに希少である。その中で該当しそうな事例を取り上げてみよう。

天保六年（一八三五）一一月二八日の「駿府《すんぷ》勤番《きんばん》山田《やまだ》中務《なかつかさ》より書状之内」と題する記事である。

山田中務の役職である駿府勤番とは駿府城の警備にあたる役職で、旗本（直参《じきさん》、万石以下、御目見《おめみえ》以上）がその任にあたった。寛政二年（一七九〇）に書院番在番《しょいんばんざいばん》が廃止となり、その任務であった城内警備を引き継いだもので、以後幕末まで続いた。勤番組頭《くみがしら》が一人（駿府城代支配、高五〇〇石相当の者、役料三〇〇俵）、勤番衆が三〇人（駿府城代支配、扶持米三〇〇俵相当の者、役料なし）の構成である。山田中務の出自は確認できないが、おそらく勤番衆の一人とみてよい。天保六年時の勤番組頭は大橋平左衛門（文化三～天保一二年在職）である（静岡市役所編、一九七九年）。この山田中務の書状の中に、女同士のカップルの事例が記されている。

〈史料23〉

一　藤枝在《ふじえだざい》ニ女同士密会致し、懐妊《かいにん》に相成候者《あいなりそうろうもの》御座候。壱人ハ相応之処之娘、幼年之節ハ男之姿ニ育申候。中年ニ相成候而も兎角《とかく》遠方へ参り候節ハぱつちを用ひ、一刀を差候而者《ては》頭巾を冠《かむ》り歩行致候。度々聟《たびたびむこ》を取候而もきらひ候而不縁致し候処、右之者両三年芸者ニなじミ、右之芸者身重《みおも》ニ相成、其芸者を連れて出奔致し候よし承《うけたまわ》り申し候。　（『藤岡屋』一巻・五八五頁）

（藤枝宿（東海道の宿場、現静岡県藤枝市）の近在で女同士が密会し、懐妊した者がいる。二人の内の一人はそれなりの家の娘で、幼いころは男の姿で育ったという。中年になっても、とにかく遠方に出かける際はぱっち（足首まである股引《ももひき》）を着用して、一刀を差し、頭巾を被って歩いている。度々婿を取ってもそれを嫌い、離縁してしまったところ、この者はここ二、三年芸者と親しくなり、この芸者が身重になったため、芸者を連れて出奔してしまったとお聞きしている）

この女同士は異性装好きの女性と芸者のカップルである。二人は密会し芸者の方に子どもができてしまった。もし、異性装をした者が生物学上の女性であるなら、芸者との間に子ができるはずはない。芸者が他の男（遊客か）との間にもうけた子であろう。しかし、この書状からは、この女性たち二人が密会し、かなりの期間馴染《なじ》んでいた、つまり、性愛関係があったものと想定しているように読める。女同士の親密な関係も性愛を伴うのであるという認識が暗黙《あんもく》の裡《うち》に示されている。

江戸時代の寿命観を〝人生五〇年〟とすれば、中年は三〜四〇代にあたろうか。そして、この女性はこれまでたびたび婿を取ったが、婿を嫌がって離縁を繰り返している。ここ二、三年は芸者と馴染みになったが、この芸者が身重になったため彼女を連れて出奔したという話を、駿府勤番衆の山田中務が上役か誰かから聞き及んだ、というのが書状の内容である。

芸者の年齢は定かではないが、妊娠していたとなれば、二人にはある程度の年齢差があったと思われる。この男装好きの女性は「相応の家」(一定程度の資産家)の娘で、離縁しても縁談話を次々に持ち込む者がおり、周囲も彼女を「普通の女房」として落ち着かせたかった様子である。しかし、幼少期から男子の装いで育ち、成人した後も遠方に出かける際は男の着類を穿き、髪形を隠すための頭巾を被り、腰には刀を差して歩き回っていたとなると、外見はまったくの男である。内面も男であったかもしれない。婿に入る男性も事情を承知であれば、それ相当の覚悟が必要であったろう。こうした状況を鑑みると、この「女性」もたけのようにトランスジェンダーであった可能性があり、性的指向の対象は女性であったと思われる。明言はできないが、芸者との関係は一方が男役のレズビアンカップルであったと考えられる。

出奔後の二人の消息は分からないが、出奔を選択したこと自体が、彼女たちの愛が家族や周囲に容認されなかったことを物語っている。身重の芸者が係累のいない土地で生んだ子は私生児として扱われたか、風変りにみえるにせよ、この「夫婦」の子として人別帳に登録されたか、他人のもとへ養子か里子に出したか、その辺は想像の域を出ない。

このカップルは、『婦女新聞』に記された「一人が必ず男性的性格境遇の女子」のケースに近いものとすれば、女同士といっても疑似的異性愛の関係に該当するといえよう。

江戸時代の心中＝相対死とその処罰

近代における娘同士の心中事件は新聞記事で追うことができたが、江戸時代におけるその種の事件はどのようなものであったろうか。まず、「心中」について確認しておこう。

心中とは、相愛の男女が合意して共に死ぬことである。遊里の発達に連れて、相愛の男女がその愛情の証拠を示す「心中立《しんじゅうだ》て」が行われるようになった。具体的には血文の起請文《きしょうもん》、髪切り、放《ほう》爪《そう》（爪を剝がすこと）、指切り、刺青《いれずみ》などのほか、さらに命を捧げるという究極の情死があった。

北島正元は心中が横行した要因を、幕藩制の初発的危機に対応する享保改革において、緊縮政策と商業資本の抑圧が強まる中、町人の生き方やモラルが貫徹されない状況が広がったことに求めている。元禄末年には京坂地域において、少なくとも一九件の心中事件が数えられている（北島、一九六八年）。政治・経済情勢の変化によって町人的義理の達成が困難になった結果、庶民層の心中が頻発したという見解である。心中は享保改革（一七一六～四五）以前からみられるが、改革の影響によって増加傾向にあった。

こうした社会の変化を受け、近松門左衛門《ちかまつもんざえもん》（一六五三～一七二四（承応二～享保九））は実際に起きた心中事件をもとに、数々の世話《せわ》浄瑠璃《じょうるり》（心中物）を描きはじめる。

そのいくつか紹介しておこう。

まず、世話浄瑠璃の初期の作品として『曾根崎《そねざき》心中』(元禄一六年(一七〇三))があげられる。近松五一歳の時の作である。近松の最初の作品は三一歳の時の『世継曾我《よつぎそが》』(天和三年(一六八三))といわれ、貞享二年(一六八五)に竹本義太夫《たけもとぎだゆう》(一六五一~一七一四(慶安四年~正徳四))のために『出世景清《しゅっせかげきよ》』を書きあげ、これを機に二人の協力関係が始まった。

『曾根崎心中』は、元禄一六年に起きた大坂内本町《うちほんまち》の醤油屋平野屋の手代《てだい》徳兵衛と、堂島新地《どうじましんち》の紀伊国屋の遊女お初の心中事件を題材に、恋と金と義理との葛藤の末、曾根崎天神の森で二人が心中に至るまでを丹念に描き出す。揺れ動く男女の心理描写に優れ、近松心中物の典型として大当りとなった作品である。

心中物の中で最高傑作とされる『心中 天網島《しんじゅうてんのあみじま》』(享保五年(一七二〇))は、やはり同年に起きた大坂天満《てんま》の紙屋主人治兵衛と、曾根崎新地の遊女小春との心中事件である。妻子ある身で小春に通いつめる治兵衛は、妻と小春の女同士の友情の甲斐もなく、周囲を苦難に巻き込みながら、網島の大長寺境内で小春との心中を遂げる。

『心中宵庚申《しんじゅうよいごうしん》』(享保七年)は、同年に起きた大坂新靭《しんうつぼ》の八百屋川崎屋の夫婦養子半兵衛とお千世の心中事件がモデルである。半兵衛の留守中、「姑去《しゅうとさり》」で追い出され山城国上田村の実家へ戻ったお千世と、娘を案じて嘆く父親。半兵衛はお千世を連れ戻すが、姑への孝行の気持ち、義理人情の狭間で翻弄されながら苦悩し、庚申待《こうしんまち》の夜、生玉社《いくたましゃ》の勧進所で二人は心中に及ぶのである。

いずれの作品も実際の事件後に間髪をいれずに演じられ、人々の関心も高かったため客足が絶えることがなかった。

近松作品は、貞享元年（一六八四）に竹本義太夫が大坂道頓堀《どうとんぼり》に創設した人形浄瑠璃の竹本座で興行された。近松は竹本に引き立てられて浄瑠璃作者として成長していくが、創設以来二〇年におよび赤字続きであった竹本座は『曾根崎心中』の興行で大入りとなり、それまでの負債を残らず返済できたという。人気の程が窺える逸話である。竹本は豪快かつ優美な曲節で語り、人形は名人と謳われた辰松八郎《たつまつはちろう》兵衛《べえ》らが遣《つか》った。このため人形浄瑠璃といえば義太夫節をさすほどになり、一世を風靡する時代が到来したのである。竹本は近松作品だけでも一〇〇曲以上を演じたという（北島、一九六八年・小野／鳥越、二〇一六年）。

ところが心中物の一種厭世的《えんせいてき》・退廃的な美学が人々の共感を呼び、世の中に蔓延するのを危惧した幕府は、享保七年一二月、心中を扱った書物の出版を禁じた。また、「心中」の語を避け「相対《あいたい》死《じに》」とし、心中をした者には厳しい処罰を科したのである。

次の史料は「無筋噂事《すじなきうわさごと》幷《ならびに》男女申心中等板行致《だんじょしんじゅうとうもうしはんこういた》し読売候儀停止之事《よみうりそうろうぎちょうじのこと》」と題した町触（「覚」）である。

〈史料24〉

当前《とうぜん》世上《せじょう》ニ有之《これある》無筋《すじなき》噂事《うわさごと》幷男女申合《もうしあわせ》相果《あいはて》候《そうろう》類《たぐい》を、心中と申触、板行いたし読売候儀、前々より御停止之処、此間《このかん》猥《みだり》ニ売りあるき候段相聞《あいきこえ》、不届ニ候。自今《じこん》捕方《とりかた》之《の》もの相廻《あいまわ》し、召捕《めしとり》、急度《きっと》曲事《くせごと》ニ《に》可申付候《もうしつくべくそうろう》。（下略）

（『徳川禁令考』前集第五、二九四三番）

〔今の世にあるさしたる意味のない噂話や、男女が申し合わせて死ぬことなどを心中といいふらし、書物として出版し、読みながら売り歩くのは以前から禁止であるのに、この頃勝手に売り歩いていると聞き及ぶが、不届きである。今後は捕り方を差し向けて捕縛し、厳重に処罰を申しつける〕

当然ながら近松作品の大ヒットと民衆への負の影響力を踏まえてのことであろう。また、「男女が申し合わせて死ぬことを心中といい及び」という文言からも「心中」の語を忌避していることが分かる。

心中の理由はまさに様々である。近松の心中物を含め、親の反対や別の縁組を勧められた場合、商家の奉公人と遊女、夫婦者、金銭上のトラブル、飯盛女と旅客人、不義密通の清算、身分違いの者同士などなど。必ずしも男が借金苦に喘ぎ、遊女を「踏台」にして遂げた心中ばかりではない。

以下、いくつか具体的な事例を紹介しよう。

安政六年（一八五九）正月二九日に竹《たけ》の塚《づか》（現東京都足立区竹の塚）で起きた心中である。

竹の塚ニ心中有之《これあり》。是ハ竹の鼻の者ニて、夫婦約束致し候処、外《ほか》へ縁談極《きま》り候ニて、男ハ麻上《あさかみ》下《しも》を着し、女ハ髪を結、婚礼の姿ニ相成《あいなり》、（『藤岡屋』八巻・四二九頁）

相対死《あいたいじに》に及んでいる。これなどは夫婦約束をした者同士が、他の者との縁組が決まったのを苦に、心中によって叶わぬ夫婦の契りを遂げようとしたケースであり、双方が婚礼服姿で亡くなっているのが痛ましい。史料中の「竹の鼻」は地名か、判明しない。

他に、文久二年（一八六二）二月一一日夜、北品川宿（現品川区北品川）の旅籠屋丸川屋の「年季《ねんき》

食売女《しょくばいじょ》」の多美（二一歳）が、止宿していた旅人小林藤吉という男に喉を突かれて殺害された事件がある。藤吉は備前家中《びぜんかちゅう》らしかったが、多美を殺したのち、みずからも腹を切り喉を突いて死んだ。両人の死骸は多美の上に藤吉が覆いかぶさるような形で発見された。このため検使《けんし》（殺傷・変死の調査）が入ったが、これを見分した多美の父親と請人の伯父は、「全相対死無相違候《まったくあいたいじににそういなくそうろう》」と認め、この件に関しては今後一切願いの筋を申し立てないとの一札を検使役人に提出している（『藤岡屋』一〇巻・二四一〜二頁）。

これは宿場の飯盛女と宿泊人との心中であるが、行きずりの旅人との間にどれ程の恋情が芽生えたのかは測りがたい。多美の父親と請人が二人を「相対死」として了承し、処理されたのである。藤吉と多美の心中が恋情によるものである可能性は否定できないが、遊女や飯盛女は、遊客との無理心中に巻き込まれて落命することもしばしばであった。

飯盛女と遊客とが道ならぬ恋を、死によって達成しようとした心中も確かにあった。この事件は死亡した女性が、奉公先の旅籠屋の主人（〈史料25―a〉）と父親（〈史料25―b〉）に宛てた遺書が残っているという珍しい事例である。

元治元年（一八六四）四月三日朝六ツ時（午前六時）に発覚した「品川宿、相対死一件」と題する史料である。北品川宿の旅籠屋政田屋栄吉抱《かか》えの飯盛女で、神田平永町《ひらながちょう》（現千代田区神田須田町）の久右衛門店大三郎《きゅうえもんだなだいざぶろう》の娘、勢《せ》ん事はな（二四歳）と御寄合《およりあい》（三〇〇〇石以上の無役の旗本）戸田鉄之進の元足軽《もとあしがる》、森長三郎（二三歳）の死骸が発見された。発見場所の記載はないが、おそらく政田屋内であったと思われる。以下、はなの二通の遺書を示しておこう。

〈史料25―a〉

かきおき一筆申上まいらせ候。扨《さて》とや此たびま事《こと》ニ〳〵御主人様初《はじめ》、おやしんるいニまでめんぼくなく候得共、此始末ニ而候得ば、なにぶんあと〳〵ハ此ものとはなれ〴〵にならぬよふニ、見おくり可被下候《くださるべくそうろう》。また此様な御《ご》くろふかけ候間、あと〳〵ハしよふばいはんじよニ、かないにびよふ人のないよふニ、草葉《くさば》のかげでいのりまいらせ候、まづあら〳〵かしく。

御主人様

〔書き置きで一筆申し上げます。この度、本当にご主人様はじめ親、親類にまで顔向けできませんが、このような事情ですので、どうかこののちは相手の者と離ればなれにならぬよう見送りくださいますよう。このようなご苦労を掛けますうえは、こののちずっと商売繁盛で、家内に病人の無いよう、草葉の陰でお祈り申し上げております。まずは粗略にて恐れ入ります〕

〈史料25―b〉

かき置ながら御父《おとう》さま江も、母様《かかさま》江も、ま事ニ〳〵さしおきいまゝでさん〴〵御くろふをさせて、今また此よふな御事をいたし、ま事ニふこふの上ぬりいたし候得ども、これもないむかしと御あきらめ被下《くだされ》、どふぞ〴〵死がいハ此ものとひとつ所江ほふむり被下べく候。まづハあら〳〵かしく。

御父上様

〔書き置きではありますが、お父様、お母様を放っておいて、今までさんざんご苦労をさせて、今またこのような事を致し、本当に不孝の上塗りを致してしまいますが、これも（私が）居なかったものとお諦《あきら》めくださり、どうか死骸は相手の者と一つ所に葬ってくださいませ。まずは粗略にて恐れ入ります〕

（『藤岡屋』一一巻・四七九頁）

愛する人と未来永劫、共にいたいがための身勝手な行為を前に、奉公先の主人や両親に許しを乞い、心から詫びを入れるという、何とも哀れを催す遺書である。また、少女の頃から飯盛女という売色に携わり、勉学の機会にも恵まれなかったであろう奉公人女性の識字能力や教養の丈を知る上でも、まことに興味深い書状である。

実際の筆跡を目にしたわけではないが、印象としては手紙の書式を心得ており、平仮名のみではなく漢字仮名交じり文を用い、一定程度の教育を受けた形跡がみられる。大口勇次郎の一連の研究によれば、近世後期の江戸という大都市においては、「九尺二間《くしゃくにけん》」（間口九尺（約二・七メートル）・奥行二間（約三・六メートル））の貧しい裏長屋住まいの女子であっても寺子屋への就学率の高さが確認できる（大口、二〇一五年・二〇一六年）。

飯盛下女奉公に出されるような境遇にあっても、幕末の江戸は女子教育の機会が浸透しており、はなも例外ではなかったといえようか。はなと長三郎のその後の処遇は明らかにしえないが、こうした史料の残ることがまさに稀有なのであって、この背後に多くの類似の事実を想定することが可能である。

さて、『公事方御定書』成立以前の幕府法令を収載した『享保度法律類寄《きょうほうどほうりつるいよせ》』によれば、「相対死」をした男女の仕置について、次のように規定している。

一　男女申合《もうしあわせ》相果《あいはて》候者《そうろうもの》の義、死骸取捨《とりすて》、一方存命候はゝ下手人《げしゅにん》、死骸弔《とむらい》候《そうろう》事停止《ちょうじ》、但、双方ともに存命候はゝ、三日さらし非人手下《ひにんてか》に相渡《あいわたす》。（『徳川禁令考』別巻）

〔男女が申し合わせて死んだ場合の死骸は取り捨てる。一方が存命の場合はその者を下手人とする。死骸を弔うことは禁止する。但し、双方が存命の場合は、三日間晒《さら》しの上、非人手下とする〕

心中した者の弔いや埋葬は許されなかった。仕損じた二人が三日間晒される場所は、江戸は日本橋の高札場《こうさつば》脇（現中央区日本橋、橋の南詰）、大坂は千日前《せんにちまえ》（現大阪市中央区千日前）の刑場・火葬場付近であった。

「下手人」とは、『刑典便覧』によれば、「首を刎《はね》、死骸取捨、様者《ためしもの》ニ不申付《もうしつけず》」とある。つまり、片方が生き残った場合は、斬罪に処して死骸は取り捨てるが、刀の試し斬り（様者）には用いない。

さらに、晒した後に「非人手下」にするとは、「穢多弾左衛門立合《えただんざえもんたちあい》、非人頭《ひにんがしら》へ相渡《あいわたす》」（『徳川禁令考』別巻）のである。穢多頭《えたがしら》弾左衛門の立合いのもと、非人頭車善七《くるまぜんしち》へ身柄を渡される。享保七年成立の『公事方御定書』においても同様の刑罰が踏襲されている。いずれにせよ、心中は仕損じたときには被差別身分への下降や厳しい刑罰が待っていた。

以上のように、「相対死」は情愛に根差した男女による申し合わせの死であり、同性による「相対死」は幕府にとってまったく想定外であることに注目しておきたい。

仲良し娘の入水事件

次の史料は『藤岡屋日記』に収載された、弘化二年（一八四五）四月二二日に起きた娘同士の入《じゅ》水《すい》事件である。こうした事件記録はまずもって少ない。本件は同性同士の死亡事件であり、「相対死」の範疇には入らない。

〈史料26〉

娘二人ニ而、両国大川《りょうごくおおかわ》へ身投事《みなげのこと》

下柳原同朋町《しもやなぎわらどうぼうちょう》、忠左衛門店《ちゅうざえもんだな》
治兵衛従弟《じへえいとこ》　とし　十八
同町、清七店
清吉方ニ罷在《まかりあり》候、同人妻之姪
上野北大門町《きただいもんちょう》、吉右衛門店
寅右衛門娘　なを　十五

右なを義は去辰中五月より清七方へ参り居候処、前書としと別懇《べっしてねんごろ》ニ致し候処、昨夜五ツ半時頃、不斗罷出《ふとまかりいで》、相帰り不申候《もうさずそうろう》ニ付、心当之所《こころあたりのところ》々《どころ》相尋中《あいたずねるうち》、今朝四ツ時頃、大川通難波橋《なにわばし》際《きわ》之川中ニ而、両人共死骸見当り候ニ付、米沢町三丁目河岸《さんちょうめがし》へ右死骸引付置候而、今日御検使《ごけんし》願《ねがい》ニ罷出《まかりいで》候、両人共《りょうにんとも》一時《いっとき》ニ同様之及始末《しまつにおよび》ニ候段《そうろうだん》、事替《ことかわ》り候義ニ付、認メ《したため》置候《おきそうろう》。

（『藤岡屋』二巻・五一八頁）

〔右のなをは昨年五月から清七方へ参り住んでおり、前書のとしととりわけ親しくしていたが、昨夜（二一日）の五ツ半時（午後九時）頃、ひょいと出かけて帰宅しないため、心当たりの所々を探してみたところ、今朝四ツ時（午前一〇時）頃、大川（隅田川）通り難波橋（両国橋西岸下流、薬研堀《やげんぼり》に架かる橋で元柳橋とも。現中央区東日本橋二丁目）に接する川の中で二人の死骸がみつかった。このため米沢町三丁目河岸（現中央区東日本橋二丁目）に二人の死骸を寄せて置き、本日検使の願いにまかり出た。二人とも同時に同様の結果に及んだのは、変事であるため書き記しておく〕

さて、娘二人のうち一人は下柳原同朋町（現中央区東日本橋二丁目）の忠左衛門店に住む治兵衛の「従弟」のとし、一八歳である。もう一人は、同じく同朋町の清七店に住む清吉の妻の姪にあたり、実家は上野北大門町（現台東区上野）に住む寅右衛門の娘なを、一五歳である。としは治兵衛の「従弟」と書かれ、家族の有無や居住地は不明である。ここでは、なぜとしを「従妹」とせずに「従弟」としたのが気になるところで、単なる誤記でないとすれば、としが普段から男のような性格であったか、男装をしていたか、好んだかなどが推測される。

なをは、昨年（弘化元年）五月から一年近く、おじ・おばの住む下柳原同朋町に寄留していた。そこで近所に住む三歳上のとしと知り合い、仲良くなったのであろう。それも、「別懇ニ致し」とあることから、とりわけ親密な関係であったと思われる。この文言は単なる仲の良さとは違い、特別な情交関係を匂わせるようにも受けとれる。一八歳と一五歳であれば、前述の『読売新聞』でみた一八八八年二月に心中した機屋の織子たちと同年齢のカップルである。

下柳原同朋町は神田川の右岸にあり、その先で大川（隅田川）に合流する。二人は午後九時以降に神田川に飛び込み、そのまま大川へ流れていき、翌朝変わり果てた姿でみつかったのであろう。引き上げられた米沢町三丁目河岸から、彼女たちの住まいは直近であった。

ここでは当然ながら「心中」の語は使われないが、「相対死」でもなかろう。したがって、人々は「事替り候義」という判断をした。通常では理解できない娘たちの死は、一九一〇年代以降に出現した女性同性愛という範疇に入ろうか。あるいは女子生徒・学生間に起きるシスターの関係といえようか。「事替り候義」という判断の裏には、同性愛やシスター的感情の存在を江戸時代の人々も承知しており、そうしたカテゴリーのない時代の婉曲的な表現方法とも思われる。「従弟」のとしが、男性的な性格や異性装であったかは〈史料26〉のみでは分からないが、二人が「別懇ニ致し」ているところを、周囲からきつく咎められたのであれば、傷つきやすい年頃の娘たちは死をもって一緒になりたいと願ったのかもしれない。あるいは一方の縁談が決まったなど、様々な想像ができる。

湯屋と居酒屋の娘同士の入水事件

次の史料は短文であるが、やはり娘同士の入水事件である。〈史料26〉と同じく、弘化二年四月二二日の出来事である。

〈史料27〉

四月廿二日夜五ツ過也。

両国吉川町《よしかわちょう》湯屋の娘十四歳、同広小路角《ひろこうじかど》居酒屋ノ娘十五歳、右両人平生中《へいぜいなか》よろしくて、夜中両国の川へ両人一所ニ入水致すなり。

(『藤岡屋』二巻・五二〇頁)

二二日の五ツ(午後八時)過ぎのことである。両国吉川町(現中央区東日本橋二丁目)の湯屋の娘一四歳と、同じく両国広小路角の居酒屋の娘一五歳が、夜間両国の川(隅田川)に一緒に入水した。「平生中よろしくて」とあるように、日頃から仲の良い娘同士であった。

両国広小路は両国橋西詰の火除《ひよ》け地《ち》一帯をさし、現在の中央区日本橋北部・横山町・米沢町・元《もと》柳河岸《やなぎがし》・吉川町・新柳町《しんやなぎちょう》などを含んでいる。明和・安永年間から見世物小屋・芝居小屋・茶店などが建ち並ぶ盛り場となった。二二日の朝に隅田川でとしとなをの死骸が上がり、同日の夜に湯屋と居酒屋の娘二人の入水事件が起きたことになる。そう離れていない場所で連続二件の娘の入水である。史料をみつけたとき、同じ事件を再度書き記したのかと思ったくらいである。

この二人は年齢の近いとしとなをの入水を知り、米沢町河岸へ引き上げられた死骸を目撃した可能性もある。また、吉川町は下柳原同朋町の西隣りであり、両国広小路に位置している。二人がとしやなをとも顔見知りであったことはおおいに考えられる。同様の親しい関係にある娘同士が事件に強い衝撃を受け、突発的にとった行動であろうか。二人の少ない情報からは、どちらかが「男性的」であったかなどは判明しないが、お互いを深く愛するシスター的な要素は十分に考えられる。**〈史料26・27〉**の事件はともに若い娘が、家人に告げずに夜分に外出したり、お互いに訪ね合うことが普通に行われている状況下で起きている。夜分の外出は、町々の木戸が閉まる夜四ツ（午後一〇時）前に家を出れば、どうにか目的地にまで辿りつけたろう。ちなみに木戸が開くのは明け六ツ（午前六時）である。若い娘たちにとって、子ども時代の数人の遊び仲間から特別親しい結びつきが生まれれば、性的指向のあり方によっては同性愛に発展することもありうるだろう。とはいえ、この二例がそうであるとの確信はないのだが。

第三節　入水事件から愛のかたちを考える

三人娘の入水事件

次の史料は「弘化四丁未年五月十日、三人娘身投《みなげ》」と題する娘三人による入水事件である。検使役人の調書はいささか長文ではあるが、当時の人々がこうした事件をどのように捉えていたかを知る手掛かりとして、紹介してみたい。

〈史料28〉

五月十日　三人娘身なげ一件

御検使之節書上、左之通

新和泉町《しんいずみちょう》南側、又兵衛店、久助娘

水死　よね　十八

神田鍛冶町《かじちょう》一丁目、家主市右衛門娘

同　ひさ　十九

同処同町二丁目、喜兵衛店、安兵衛娘

同　ちか　十八

右之者共義、当月五日昼九ツ時頃、両国辺より浅草辺へ罷出《まかりいで》候《そうろう》趣《おもむき》申之《これもうし》、三人共申合《もうしあわせ》罷出《まかりいで》、相帰り不申候ニ付、心当《こころあたり》所々相尋罷在候処、昨九日永代橋際ニ女子死骸有之《これある》趣《おもむき》風聞有之候《ふうぶんこれありそうろう》ニ付、銘々《めいめい》親共《おやども》罷越《まかりこし》見《み》候処《そうろうところ》、前書店《たな》名《な》前《まえ》之者共《のものども》死骸《しがい》ニ相違無之《そういこれなく》、尤《もっとも》右三人共申合候哉《もうしあわせそうろうや》、腰帯ニ而相互ニ腕縛《うでしば》り合《あい》、一同水死致し候様子ニ有之、何方《いずかた》より身をなげ候哉相分り不申、霊岸島《れいがんじま》向《むか》井《い》将監様《しょうげんさま》御《ご》番所前《ばんしょまえ》碇綱《いかりづな》ニ右三人死骸引懸り有之候ニ付、昨夜柳原岩《やなぎはらいわ》

図23　亀島橋から亀島川を望む。中央区新川1丁目。（著者撮影）

井町《いちょう》地先《じさき》柳原土手、里俗《りぞく》稲荷河岸《いなりがし》と唱《となえ》候《そうろう》川岸《かわぎし》へ引付罷在候義ニ御坐候趣、委細之義《いさいのぎ》ハ追々御届可申上候、以上。

（『藤岡屋』三巻・一六二頁）

（右の者たちは五月五日の昼九つ（正午）過ぎ頃、両国から浅草辺へ出かけると申し、三人で相談して出かけ、その日に帰らなかったため心当たりを方々尋ねたが、昨九日に永代橋際に女子の死骸があるとの噂があったので、それぞれの親たちが出向いてみたところ、前書の店名前の者たちの死骸に相違なかった。なるほど右の三

図24　霊岸島、向井将監御番所前付近。中央区新川2丁目の隅田川。（著者撮影）

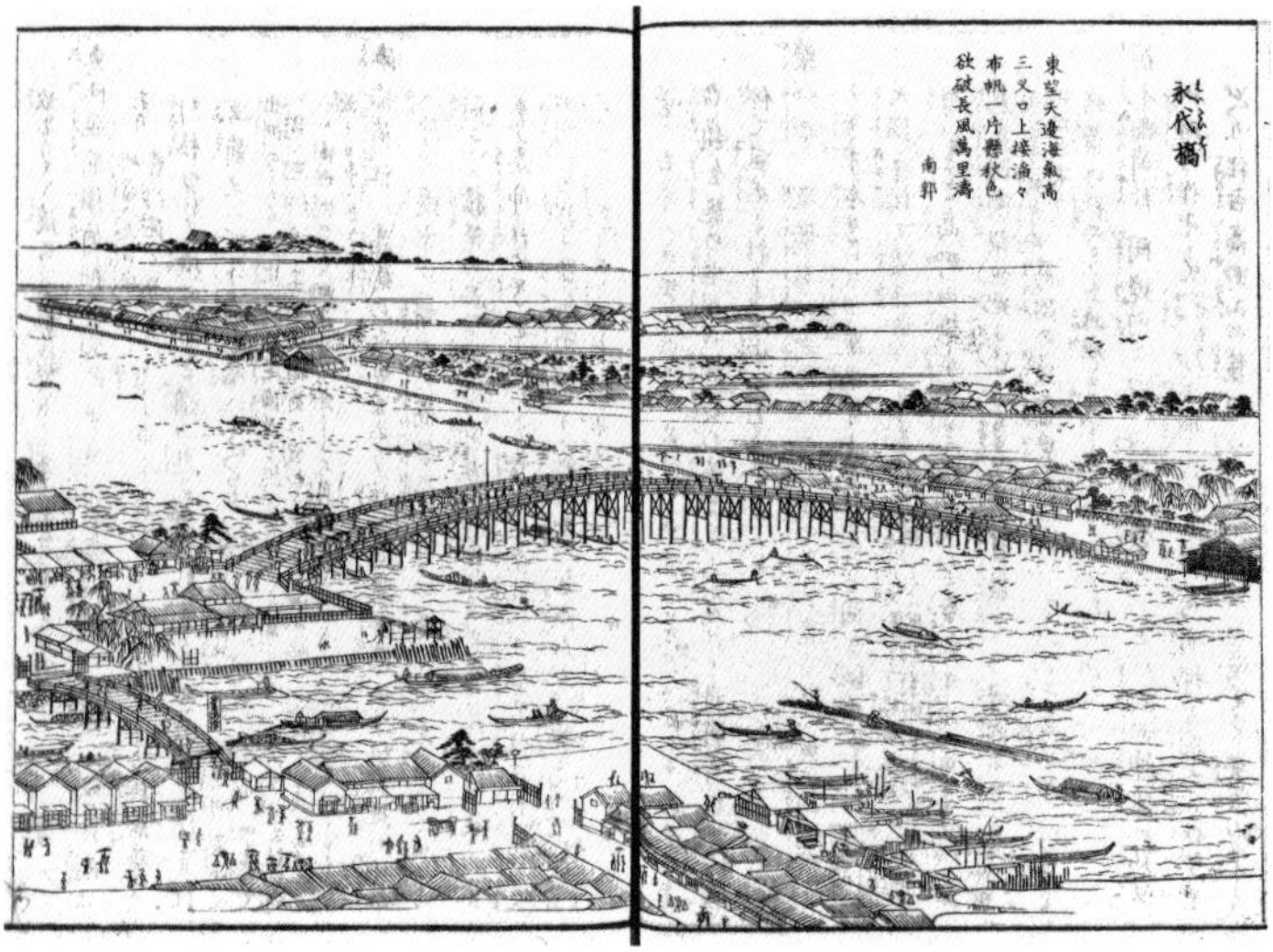

図25　元禄11年（1698）創架の永代橋（出典：『江戸名所図会』、国立国会図書館蔵）

人は申し合わせたのか、腰帯（腰ひも）で互いの腕を縛り合い、全員水死した様子である。どこから身投げしたか分からないが、霊岸島の向井将監様御番所前の碇綱に三人の死骸が引っかかったので、昨九日夜、柳原岩井町地先の柳原土手、その地で稲荷河岸と呼んでいる川岸に引き寄せておいた様子である。詳しい事情は追々届け申し上げるつもりである」

水死したのは、新和泉町（現中央区日本橋人形町）久助の娘よね（一八歳）、神田鍛冶町（現千代田区神田鍛冶町）市右衛門の娘ひさ（一九歳）、同所安兵衛の娘ちか（一八歳）である。深川の説明でも述べた（第二章第四節「異性装の禁止と羽織芸者」）が、三人の遺骸の上がった永代橋は〝隅田川十三橋〟の一つで、現在中央区新川一丁目と江東区永代一丁目・佐賀一丁目を結ぶ橋であり、元禄一一年（一六九八）の創架である（図25）。霊岸島（現中央区新川二丁目）の向井将監番所前は、亀島《かめじま》川と大川が交流している（図23・24）。弘化四年時は向井伊織正道《いおりせいどう》が御船手頭《おふなてがしら》である。向井家は二四〇〇石取の旗本、代々御船手頭を世襲し、居屋敷《いやしき》は本所石原町にあった（小川、一九九八年）。柳原土手は万世橋《まんせいばし》から浅草橋に至る神田川南岸の俗称であり、稲荷河岸は永代橋西側一帯を指し大川に面している。

現地を訪ねてみたが、当時とは地形が変わっているとはいえ、水深もあり川幅も広く、飛び込むには危険な場所である。まずは死ぬ気で飛び込めば、どんなところでも危ないだろうが。

さて、この事件の委細は次のようであり、儀兵衛《ぎへえ》という男が関わってくる。以下、史料は「義兵衛」と混用されているが、ここでは初出の「儀兵衛」の字を用いる。

〈史料29―a〉

本石町《ほんごくちょう》二丁目定吉店、利兵衛方ニ同居
儀兵衛　廿四
右娘同道人《どうどうにん》

右儀兵衛ハ本町一丁目伊豆蔵《いずくら》之通ひ番頭《かよいばんとう》之倅《せがれ》ニて、平常所々之女《おんな》娘等《むすめなど》の有家《あるいえ》へ遊びニ行候由、新和泉町久助ハ酒屋《さかや》、鍛冶町一丁目市右衛門ハ八百屋《やおや》にて、両家親類之由也。儀兵衛事幼《よう》名《みょう》定吉、平常共両人方江参り酒給《さけたべ》、或ハ娘を芝居見物等ニ連行、三夜宛《さんやずつ》他江泊り候事度々有之、然ル処当五月五日、（ママ）義兵衛、よね・ひさを連、両国辺より浅草参り候処、此節鍛冶町二丁目安兵衛娘ちかハ町年寄喜多村彦右衛門隠居方《いんきょかた》ニ奉公致し居《おり》、向嶋《むこうじま》ニ居り候ニ付、朋友事故《ほうゆうのことゆえ》さそひ、義兵衛幷三人ニて猿若町《さるわかちょう》江参り、芝居見物致し、其夜ハ宵《よい》の程《ほど》ニ銘々宅江帰り申候。
（『藤岡屋』三巻・一六二〜三頁）

内容を確認しておこう。

儀兵衛は本石町（現中央区日本橋本石町）利兵衛方に住み、本町一丁目（現中央区日本橋本町）にある伊豆藏の通い番頭の息子（二四歳）であった。伊豆藏とは伊勢松坂（現三重県松阪市）の蔵方《くらかた》豪商の鈴木家が、江戸初期に出店《でだな》した老舗《しにせ》の呉服屋である。常日頃、儀兵衛は所々の女や娘のいる家へ遊びに出かけていた。よねの家は酒屋、ひさの家は八百屋で互いに親類同士であった（他の史料から、ちかの家は魚屋と判明する）。儀兵衛こと幼名定吉は、よねやひさの家に行っては酒を飲んだり、娘たちを連れて芝居見物に出かけたり、三晩ずつ他に泊まることも度々あった。そのような折の五月五日、儀兵衛はよねとひさを連れて両国から浅草辺へ出かけたところ、この時期ちかが町年寄喜多村彦右衛門の隠居宅に奉公しており、向嶋（現墨田区向島）にいたので、仲良しゆえに呼び出し、儀兵衛と三人で猿若町に行って芝居見物をし、その夜は宵のうちにそれぞれ帰宅した。

町年寄とは町奉行配下の樽屋・奈良屋（館）・喜多村の三家が担い、江戸初期から世襲で江戸惣町を掌握した。喜多村は本町三丁目（現中央区日本橋本町）に屋敷地を拝領して役宅を構え、樽屋は本町一丁目、奈良屋は本町二丁目にあった（加藤（貴）、一九九二年）。隠居後は向嶋の屋敷に移ったのであろう。

前掲の〈**史料28**〉では、三人娘は五日から家に帰らなかったことになっている。次に〈**史料29**〉

a〉の続きをみていく。

〈史料29―b〉

翌六日昼頃、義兵衛鍛冶町市右衛門方へ参り候処、ひさは先刻《せんこく》外江遊《そと》びニ行候由申候ニ付、夫《それ》より新和泉町久助方江参り候処、よねも外江出て留守故ニ久助と咄《はなし》し致居候処江、義兵衛を尋候て男参り、手紙を差出し、鍛冶町市右衛門様方へ尋参り候処、此方様《こなたさま》ニ御出之由《おいでのよし》、御同道致参り候様、委細ハ是ニと文《ふみ》を取出し渡しけれバ、義兵衛取開き見るに、よね・ひさ・ちか三人の名前ニて義兵衛江の文也。文談《ぶんだん》ニ亀井戸《かめいど》吾妻森《あずまのもり》手前の塩橋《しおはし》の茶屋ニて御待受申候間、何卒《なにとぞ》〳〵此人《このひと》と御同道ニて御出下されとの文也。

（『藤岡屋』三巻・一六三頁）

〔翌五月六日の昼頃、儀兵衛が鍛冶町の市右衛門宅を訪れると、ひさはすでに遊びに出かけたというので、そこから新和泉町の久助方に行くとよねも出かけて留守とのことなので、久助と話し込んでいるところへ、儀兵衛を訪ねて男がやって来て手紙を差し出した。市右衛門様宅へ伺ったところ、こちら様にいらっしゃるとのこと、ご同道してお出でくださいますよう、詳細はここにと、手紙を取り出して渡したので、儀兵衛が開いてみると、よね、ひさ、ちか三人の名前で儀兵衛宛ての手紙であった。文面に亀井戸吾妻森（現墨田区立花、吾嬬《あずま》神社）手前の塩橋の茶屋で儀兵衛を待っているので、何卒その人とご同道でお出で下さいとの手紙であった〕

その後の流れは史料に沿って要約しておきたい。

新和泉町（久助宅）から亀井戸（塩橋の茶屋）までは遠い上、雨が降り出したので、儀兵衛は行くのは困ると断ったが、久助が今日は店の収支勘定もあるので娘らを迎えに行けず、駕籠を雇うので

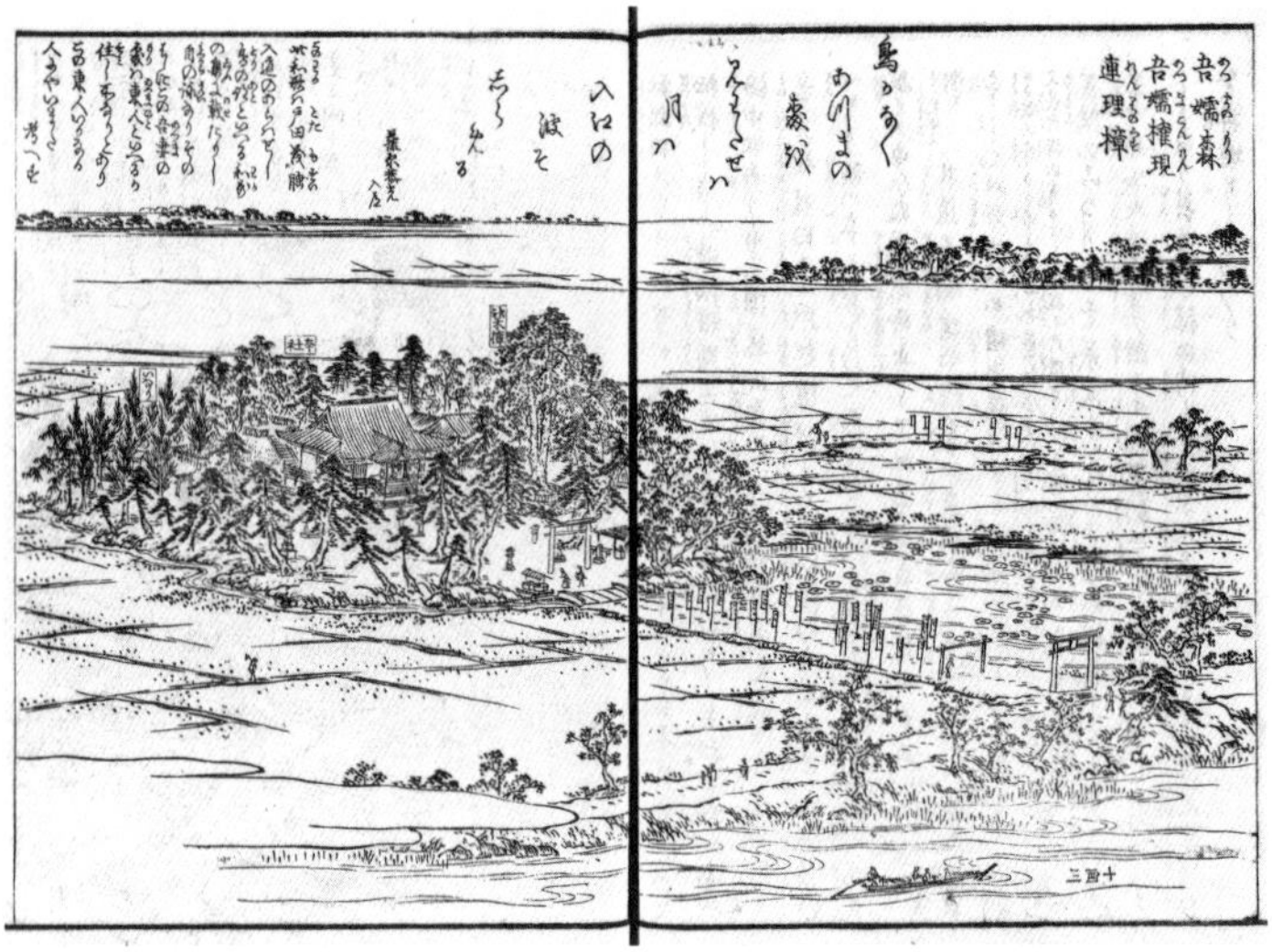

図26　弟橘姫命を祀る吾嬬神社のある吾妻の森（出典：『江戸名所図会』国立国会図書館蔵）

それに乗っていってほしいと頼むので、儀兵衛は止むを得ず、手紙を持参した男と一緒に駕籠に乗り、吾妻の森塩橋の茶屋まで向かった（図26）。よねとひさは喜多村の隠居宅に奉公するちかを呼び出し、三人揃って儀兵衛を待っていた。そこにやって来た儀兵衛を交えておおいに盛り上がり、酒を酌み交わし、舞い踊り、夜通し遊興に耽《ふけ》った。翌朝四ツ時（七日、午前一〇時）頃、四人は屋根船《やねぶね》（屋根板が葺いてある小船）に乗り大川に出て、夕方近くに両国に付けて船から上がり、酒食を重ね、その夜はどこに泊まったかも分からない始末であった。

八日の夕方、四人は難波町《なにわちょう》（現中央区日本橋人形町）の千代本《ちよもと》という手打ち蕎麦屋で酒食に及んだ。儀兵衛が、二、三日遊び歩いたのでもう家に帰った方がよかろうというと、直《じか》には帰りにくいと三人が申すので、自分が親たちに話を付けるので三人とも蕎麦屋で待っているようにといい、久助宅、次に市右衛門宅へ行き、この間の事情を説明した。よねとひさの親たちは、儀兵衛が度々娘を遊びに連れ出すのを承知していたので、そのままにしておいた。

次に安兵衛宅に行くと、ちかの奉公先の喜多村の隠居宅から、六日以降戻らないとの連絡が入り、安兵衛は久助・市右衛門方に行き、娘の居所を何度も尋ねたが、二人とも落ち着いた様子であり、二人が馴《な》れ合《あ》ってちかのことを隠しているのではと疑い、出訴しようと考えていた矢先であった。そこに儀兵衛がやって来て事情を話したので、彼を取り押さえ、難波町の蕎麦屋に娘を迎えに行ったところ、三人とも既にそこにはおらず、それぞれの親たちは大騒ぎになり探索が始まった。

さらに遺体発見までを史料で追ってみたい。

〈史料29―c〉

親類・長屋・近所之者手分致《てわけいた》し、所々尋候処、永代橋下《し》もニ女の身なげ有之風聞《これあるふうぶん》ニ付、早速参り見候処、右よね・ちか・ひさの三人ニ相違無之《そういこれなく》、右三人相談之上覚悟致候入水と相見へ、腰帯ニて結び合せ、はなれ〴〵にならぬ様ニ致し、互ひニ片手づゝ取組合《とりくみあい》、御検使之節はなし候得共、組合候手放れ不申《もうさざる》よし。誠ニいぶかしき事共也。（『藤岡屋』三巻・一六三頁）

〔親類や長屋、近所の者まで手分けして所々を探し回ったところ、永代橋の下流で女の身投げがあったという噂があり、早速行ってみたところ、右のよね、ちか、ひさの三人に間違いなかった。三人で話し合った上での覚悟の入水とみえ、腰ひもで結び合って離ればなれにならないようにして、お互いに片方の手で他の二人の手と組み合っていた。御検使の際、離そうとしたが組み合った手は離れなかったという。本当に不思議なことである」

事件のあらまし

以上のように事件の経過をみてきた。

一八歳の酒屋のよねと一九歳の八百屋のひさは親戚同士で、家も遠くない距離である。魚屋のちかもひさと同町に住む一八歳。酒屋と八百屋と魚屋という近しい商売柄の娘たちは、育った環境も似ており、子どもの頃から姉妹のような仲だったのだろう。そしてこの近くに住んでいた儀兵衛は、老舗呉服屋の番頭の息子で、何不自由のない暮らしぶりのため、仕事もせずに女の家々を訪ね歩き、酒食や芝居見物に興ずる道楽息子であった。儀兵衛は二四歳で独り身、三人娘からすれば少し年上の心安い遊び仲間といったところだろうか。

ちかは町年寄の喜多村彦右衛門隠居方へ奉公に出ていたが、これは家計補助の賃稼ぎ奉公ではなく、行儀見習いなどの花嫁修業の類であろう。家業に忙しい親たちは娘の日々の行動に構っていられなかったのか、教導しきれなかったのか、外泊して遊びまわっているのを承知の上で黙認せざるを得なかった。また、彼女たちも既に親に諭される年齢ではなかった。そろそろ嫁ぎ先を考える年頃の娘たちが、男と連れ立って茶屋通いや芝居見物に明け暮れ、夜通し飲酒・遊興する姿は、周囲から決してよく思われていなかっただろう。

端午の節句の五月五日、儀兵衛とよね、ひさは両国から浅草辺の歓楽街で遊び、奉公中のちかを呼び出して猿若町で芝居見物をした後、その日は宵のうちにそれぞれ帰宅した。翌六日、よねとひさは早々に家を出て亀井戸吾妻の森まで出かけ、そこでちかを呼び出して合流した。儀兵衛はよね、ひさ、ちかからの手紙で吾妻の森の茶屋まで呼び出され、四人はそこで翌朝まで酒食、踊りに興じる。七日午前中、四人で屋根船に乗って川遊びをし、夕方になり両国で船を降りたが、そこでまた一晩を遊興に費やした。八日の夕方になり、難波町の蕎麦屋で酒食後、儀兵衛が娘たちの家に事情を話しに出かけている間、三人は入水自殺を決意し、蕎麦屋を出た。その後お互いに腰ひもで身体を結び合い、それぞれ手を繋いだまま大川へ飛び込んだ。翌九日に向井将監番所前の碇綱に三人が引っかかり、変わり果てた姿で発見されたという顚末である。

事件後の風聞から

これだけの事情では、三人が入水に至る要因が希薄だと感じるが、実際は諸々の理由があったのかもしれない。当時の人々も不可思議なその理由を考えたようで、次のような憶測が語られている。数種類掲載されたうちの二点を紹介しておく。

〈史料29-d〉

一　其節《そのせつ》諸人の推量ニハ、三人の女皆々義兵衛の女房ニなるつもり故ニ、内一人女房ニ成事もならぬ義理合《ぎりあい》となり、相談之上入水せしならんなぞとの、とりぐ\の評判成しが。

一 六月上旬の評判ニハ、三人の娘ハ強淫《ごういん》ニて殺されしとの事也。是《これ》ニも種々の説在《せつあり》。舟頭之外共拾弐人《ほかどもじゅうににん》ニてなれ合、船へ連れ行廻りを取しとの事也。其の内一人の女大声を立て騒ぎける故ニ、手拭《てぬぐい》ニて口をふさぎ候処、いきを留《とめ》気絶致し候ニ付、残り二人も助ケ難く、後《こう》なんを恐れて共々殺せしと也。ほどき置候帯直打有候《ねうちありそうろう》ニ付、是を売し処、右娘の親古着《ふるぎ》やで此帯を見付出し、是が手懸りニ相成候て一人召捕《めしとり》、白状《はくじょう》ニ及び、六人迄召捕入牢《じゅろう》致し、残り六人を専《もっぱ》ら御詮議《ごせんぎ》のよしなり。（下略）（『藤岡屋』三巻・一六三頁）

〔一つ目は、その頃の多くの人の推量では、三人の女はみな儀兵衛の女房になるつもりでいたため、その内の一人がという訳にもいかぬ義理がらみの関係となり、相談した結果、入水したのでは、と種々の評判になったが。

二つ目は、六月上旬の評判では、三人の娘たちが強姦されて殺されたとのことである。これにも種々の説がある。船頭ほか一二人で申し合わせ、船へ娘らを連れ行き廻りを取り囲んだ。娘の一人が大声をあげて騒いだため、手拭いで口を塞いだところ気絶したので、残る二人も後難を恐れて殺害したという。ほどいた帯が値打ち品だったので、これを売ったところ、娘の親が古着屋でこの帯をみつけ、これが手掛かりとなって一人を逮捕、白状に及んだ。これで六人までが逮捕入牢し、残る六人は取り調べの中とのことである〕

一つ目は、年頃の三人娘と一人の男という組み合わせから想像された類である。ただし、自分が他の二人を追い落として意中の男と結ばれるという願望が抑制され、三人がどうにもならぬ「義理合」になったという理解は重要で、この推測は三人が互いを思いやる熱い友愛を持ち合わせていたと受け止められていたことを窺わせる。

二つ目の説は、三人が八日の夜まで蕎麦屋におり、その後入水したとなれば、翌九日に水死体として発見された事情から察して少々無理があろう。しかしながら、男たちの性暴力によって若い娘たちが殺害される、あるいは死に追いやられるという事件は、当時においても珍しくなかったため噂になったのであろう。

娘たちの日頃の遊び方や生活態度は決して褒められたものではなかったが、経済的に不自由のない商家で育った同年齢の娘たちが、始終行動を共にすることで生まれる友愛や一体感を永遠に続けたいと考えたときに、おのずと選択された結果ではなかったか。金は十分に与えられていたものの、親たちは商売にばかり熱心で、三人は父母の愛情に飢えていたのかもしれない。特によねとひさの親たちは何日か娘が外泊しているのに、儀兵衛からの説明を聞いても慌てる様子でもなく、無事を喜ぶ風でもなかった。あるいは、彼女たちは年頃からいって結婚は日程に上っており、それによって三人の絆が断たれることは是非とも避けたいと願ったのであろうか。想像は多少できるが、真相は闇の中である。

また、**〈史料26・27〉**でも指摘したが、町娘たちが親に断りもなく夜分に外出したり、お互いに訪ね合うことが珍しくなかったという事実は新たな発見である。江戸庶民の親子関係や町娘の生活を検討する際に留意してよいだろう。

こうした娘たちの行動は、幼く、思慮がないと非難するのはたやすいが、ふとしたきっかけで極限の心理状態に陥ってしまう、娘たちのナイーブで壊れやすい感性を思わずにはいられない。死を共有するところまで昇りつめる可能性のあるシスター的関係と同性間の愛情との間に、場合によっては何らかの共通する感覚があるのだろう。一方で、シスターという女子生徒・学生間に起こりがちな恋愛感情は一過性の側面もあり、ある時期を過ぎると「卒業」してしまうケースも多い。娘たちも一定の年齢まで無事に過ごせれば、入水という選択はなかったのかもしれない。

第五章

セクシュアルマイノリティ研究の現在

第一節　出版後の反響と美術館の企画展示

NHKの番組「歴史秘話ヒストリア」

二〇一七年一一月に本書初版を出版してからまもなく、NHKの「歴史秘話ヒストリア」担当のディレクター浦邉藻琴氏から、私がトランスジェンダーではなかったかと推論した「たけ＝竹次郎」について、番組でとりあげたいとの連絡があった。あまりに突然に降って湧いた話で、右往左往しているうちにどんどん話が進み、メールや電話、拙宅での取材などを繰り返すうちに、次第にドラマが出来上がっていった。

その間、映像化するのは難しいことがいくつも出てきた。竹次郎の着類、髪形、言葉遣いや担ぎの姿、評定所での白洲の場面なども検討した。そもそも竹次郎役を誰にするか、私もシスジェンダー（出生時に割り当てられた性別と性自認が一致している人）の俳優では上手くいくと思えず、かなり難航したのだが、ある日、浦邉氏がなんとトランス男性を表明している俳優をみつけてきてくれた。彼は、まさに「竹次郎」はこんな風だったのではないかと思われる迫真の演技をしてくれた。ディレクターの手腕と努力には頭が下がる。

翌年四月には「歴史秘話ヒストリア」「生きた、愛した、ありのまま～さまざまな心と体の物語～」として放映された。長年心に抱き、大切にしてきた「竹次郎」が紙の史料の中から立ち上がり、生き生きと動き、言葉を発する姿に大きな感動を覚えた。

裏話であるが、拙宅での長時間のインタヴューを撮影後、頭上でずっとマイクをかざしていた音声の方が、「長島さんが、いかに竹次郎さんを愛しているかが伝わってきましたよ」とおっしゃった。自分では意識していなかったのでびっくりしたが、私の中で竹次郎がいかに愛すべき人物になっているかを認識させられた嬉しいひとことまである。

番組では日本の古代・中世・近世・近代を通してセクシュアルマイノリティと思われる人々を、各時代の研究者が丁寧に紹介した。私たちが日頃生活する中で、当然とも思えるがなかなか確信できない、こうした人々が長い歴史の中で生きてきた事実をはっきりと示す好機となったといえよう。また、竹次郎のほか、本書で描いたレズビアンやシスターと思われる女性や少女たちにも言及してもらった。浦邉氏も話していたが、歴史的にみて女性同性愛の事例は非常に少ないのである。私も同感であるが、レズビアンがとりわけ少なかったとも思えない。実際、史料としてもなかなか見つからないのは、歴史叙述の主体は男性が多く、異性の性愛行動にまで関心が及ばなかったということもあろうか。

竹次郎のことは、二〇〇八年に拙稿「幕藩制社会における性規範――女性の男装をめぐって」と題して世に送り出したのだが、雑誌論文と書物との影響力の差は明白で、拙著では研究者以外の方ようである。「歴史秘話ヒストリア」もその流れであったように思う。を含め、より広範な人々の目に留まったようである。「歴史秘話ヒストリア」もその流れであったように思う。

太田記念美術館の企画展

初版が出版された翌年、二〇一八年三月二日から二五日まで、渋谷区の太田記念美術館で企画展「江戸の女装と男装」が開催された。同美術館主幹学芸員（当時）、渡邉晃氏による『江戸の男装と女装』（青幻舎、二〇一八年）が図録として出版されている。渡邉氏からご案内があり、同展を見学して同氏のセミナーを受講し、その後お話を伺うという機会に恵まれた。

展示は浮世絵を中心に、江戸時代の祭礼（吉原の俄《にわか》、山王祭、神田祭の附祭《つけまつり》など）の際の自由な異性装や、歌舞伎の女形などを鑑賞することができ、そこに息づく異性装の伝統文化や色彩の豊かさ、その魅力が伝わってきた。

図録の「おわりに――浮世絵に描かれた女装と男装」では、江戸の人々にとって異性装は非常に身近なもので、彼らが異性装の趣向をさまざまな形で楽しんでいたとの解説の後、本書が少々触れられ、「女性でありながら男装をして盗みを働いた「たけ」という人物が「人倫を乱し候もの」との判断のもとに、遠島になった事例が紹介されており、現実の庶民生活の中での異性装の扱われ方については、さまざまな事例を踏まえて慎重に解釈を行う必要があろう」と述べられている。渡邉氏のお考えに同感である。

言うまでもないが、展示作品に描かれた人々の男装・女装と「たけ＝竹次郎」の男装とは性格を異にするものである。竹次郎にとっての男装は「異」性装ではなく、彼の性自認に基づいた自然な気持ちの欲するところの装いであった。そしてそれを祭礼のような非日常の世界ではなく、幕府からの再三の禁止命令があったにもかかわらず、日常生活の中で装い続けたことが、男女の峻別や男尊女卑を支配理念とする幕府権力にとって遠島という厳罰を下さざるを得なかった大きな理由である。

トランスジェンダーの男女の場合は、異性を装って演じ楽しむのではなく、性自認に基づく自らの強く欲する装いであることを理解する必要がある。

また、図録最後のまとめの部分で、「少なくとも祭礼などの非日常的なイベントや、小説や芝居、浮世絵などのいわば絵空事の中で、江戸の人々が、男女の境界を行き来する自在な想像力を発揮したことは確かであり、そこには異性装の風俗や文化の豊かな広がりを感じ取ることが出来るだろう」とあるが、その指摘に改めて学ぶところが多かった。江戸の人々が、男女の境界を行き来する自在な想像力を発揮した事実は、今後の日本近世史における異性装の観点のみならず文化史・美術史・芸能史をはじめ関連諸科学の重要な研究指標となるだろう。

渋谷区立松濤美術館の企画展

二〇二二年九月三日から一〇月三〇日まで、渋谷区立松濤美術館で「装いの力——異性装の日本史」が開催された。今までにない挑戦的な試みである。企画・構成を担当した学芸員の西美弥子氏からご案内を頂き、同館を訪れた。古代から現代までの絵巻物・古文書・浮世絵・絵画・雑誌・漫画・着物・写真、ドラァグクィーンのインスタレーションなどなど、興味深い展示品の数々に圧倒されながら館内を見学した。

西氏とはそこで貴重なお話しをする機会がもてたが、なかでも図録に収載された氏の「「装いの力」の可能性――日本の異性装の「これまで」と「これから」」は、異性装のもつ計り知れない力を念頭に、過去から現在、さらに未来を見据えた示唆に富んだ論考であった。今回の企画展は、人が「装う」とはどういうことかという問いに答える試みでもある。単に「異性装」にとどまらず、セクシュアルマイノリティの立ち位置からの「装い」とは何か、さらに、人が自由に生きる上での自己表現、自己解放のあり方の装置としての「装い」の役割や重要性を考えるきっかけをもらえた。

くわえて西氏からは、初版刊行後、目配りしつつもなかなか見つからない江戸時代のセクシュアルマイノリティ関係史料類をご教示頂くことになり、遅ればせながら目を通した次第である。次に紹介し、私なりの理解を試みたい。

第二節　滝沢馬琴の『兎園小説　余録』

馬琴と「耽奇会」・「兎園会」

西氏の論考と図版でとりあげられたのは滝沢馬琴《たきざわばきん》（曲亭《きょくてい》馬琴とすべきとの主張もあるが、ここでは参考文献のタイトルも踏まえて滝沢とした）の『兎園小説《とえんしょうせつ》　余録《よろく》』収載の記事である。記事に入る前に、馬琴と『兎園小説』の基となった「兎園会《とえんかい》」および同時期にあった「耽奇会《たんきかい》」との関連をみておこう。

滝沢馬琴（明和四・一七六七〜嘉永元・一八四八）は本名滝沢興邦《おきくに》（幼名倉蔵、戯号曲亭馬琴）のちに解《とく》。号は著作堂《ちょさくどう》ほか。江戸後期に活躍した戯作者・読本作者である。代表作は『椿説弓張月《ちんせつゆみはりづき》』『南総里《なんそうさと》見八犬伝《みはっけんでん》』など多岐にわたる。明和四年、旗本松平信成の用人であった滝沢興義《おきよし》・もん夫妻の五男（うち二人は夭折）として江戸深川の松平家内で生まれた。九歳で父と死別後、兄・母は松平家に倉蔵を残して大身旗本戸田家に転居した。長じて俳諧・医術・儒学などを学ぶ。また、兄の勧めで戸田家の徒士になるが長く続かず、そこを離れて旗本の渡り奉公を転々としながら放蕩生活を送る。

俳諧は兄に誘われ俳人越谷吾山《こしがやごさん》に師事し、一七歳の時、吾山撰の句集『東海藻《とうかいそう》』に三句が撰ばれた際、はじめて「馬琴」と号した。寛政二年（一七九〇）、戯作で身を立てると決意し、山東京伝の門を叩く。翌年二五歳の時、「京伝門人大栄山人《きょうでんもんじんだいえいさんじん》」名で黄表紙『尽用而二分狂言《つかいはたしてにぶのきょうげん》』を刊行した。寛政四年、京伝の本を板行している版元蔦屋重三郎《つたやじゅうざぶろう》に見込まれ、その番頭として雇われる。商人になったことで武士の名である滝沢興邦を捨て、字《あざな》を瑣吉《さきち》、諱《いみな》を解と改めた。

寛政五年二七歳の時、飯田町中坂（現千代田区九段北一丁目）の履物商伊勢屋の後家会田百《あいだひゃく》（三〇歳）と結婚する。馬琴は入婿したが会田姓は名乗らず、義母の死後は履物商をやめ本格的な創作活動を開始する。百との間に一男（興継《おきつぐ》（宗伯《そうはく》））三女をもうける。

下って文政七年（一八二四）五八歳の時、隠居の身となり飯田町中坂から神田同朋町《どうぼうちょう》（現千代田区外神田二丁目）に住む息子宗伯の家に転居し同居する。同年一一月の第一二回目から山崎美成《やまざきよししげ》らの主宰する「耽奇会」に参加する。美成は馬琴より三〇歳ほど若く、薬種業に携わりながら『海録《かいろく》』などを著した随筆家で、江戸風俗考証もよくした文人である。

「耽奇会」は古書画や古器財の図などを持ち寄って考証を加える会合で、文政七年五月の初回から翌年一一月まで、毎月一回計二〇回（閏八月を含む）開催され、内容は『耽奇漫録《たんきまんろく》』にまとめられた。いっぽう「兎園会」は馬琴・美成が中心となって結成され、文政八年正月から同年一二月まで、毎月一回計一二回開かれた。会員は見聞きした珍談・奇談を披露しあう。両会は活動時期が重なり、重複する会員もおり相互補完的な関係にあった。

「兎園会」は文政八年末に終了したが、翌年二月に馬琴は少人数で再開し、その内容は『兎園小説 外集《がいしゅう》』にまとめられた。その後も馬琴はひとりで珍談・奇談の蒐集を続け、独自に編纂したものが『同　別集《べつしゅう》』『同　拾遺《しゅうい》』『同　余録』である。

「兎園会」について

「兎園会」の会員は、一八九一年七月の「如電居士大槻修二《にょでんこじおおつきしゅうじ》」の解題（『日本随筆大成』第二期第一巻）によると、「本員」一二人、「客員」二人の一四人で構成されている。以下、解題および揖斐高の著書を参考に、少々付け加えてみたい。

〔本員〕

著作堂　滝沢馬琴（解）　号蓑笠翁ほか

好問堂《こうもんどう》　山崎美成　字文卿　号北峰　下谷長者町の薬種商　三月、「耽奇会」出品の「大名慳貧《けんどん》の匣《はこ》」の「けんどん」名義について馬琴と激しい論争となる

海棠庵《かいどうあん》　関思亮《せきしりょう》　号東陽　書家　父書家関克明《こくめい》　祖父書家関其寧《きねい》　常陸土浦藩士　西原梭江の娘婿

輪池堂《りんちどう》　屋代弘賢《やしろひろかた》　幕府御家人　俸禄一五俵御台所人から御右筆となり禄高一〇〇石賜る　国学者　蔵書家

松蘿舘《しょうらかん》　西原梭江《さこう》　筑後柳河藩士　江戸留守居役　柳河に帰藩のため第三回までの参加

麻布学究《あざぶがっきゅう》　大郷良則《おおごうよしのり》　号信斎　越前鯖江藩士

龍珠館《りゅうじゅかん》　桑山修理　幕府旗本　禄高一二〇〇石

文宝堂《ぶんぽうどう》　亀屋（今井）久右衛門　狂歌師　飯田町の茶商　太田南畝（蜀山人）に師事二代目蜀山人を襲号
蘐園《けんえん》　荻生維則《おぎゅういそく》　字式卿　大和郡山藩柳沢家儒官　徂徠の孫鳳鳴《ほうめい》の養子
遯斎《とんさい》　清水正徳《せいとく》　号赤城《せきじょう》　兵学者　砲術家　上野国の人
乾斎《けんさい》　中井豊民《とよたみ》　儒者　儒者大田錦城《きんじょう》の門人
琴嶺《きんれい》　滝沢興継　宗伯　医師　馬琴の長男

〔客員〕
青李庵　角鹿氏京師人　著作堂馬琴の紹介
晃　樹　西原氏柳河人　松羅舘西原氏の親族

会員は滝沢父子のほか、幕府旗本・御家人、藩士、儒者、町人（薬種業・茶商）などで、本業の他、随筆や風俗考証をものし、諸事一家言ある文人・知識人らからなる。

既述のように『兎園小説　余録』二巻は、「兎園会」終了後、馬琴によって編集されたもので、天保三年（一八三二）に、「此小説は、官府の事又は殺伐の事などは、しるすまじきとて、初《はじめ》より社友と定めたれども、別集以下独撰に至りては、それにしも拘《こだわ》らず。世に殺伐の事なるも、亦勧懲の為なれば、捨てずして録したり。されば憚《はばか》るべきすぢ多かれば、叨《みだり》に人の見ることをゆるさで、いよゝ帳中《ちょうちゅう》の秘となすのみ（後略）」と記されている（『日本随筆大成』第二期第五巻）。

要約すれば、『別集』以下の本は、馬琴個人の撰であり、「世の中の殺伐としたことであっても、勧善懲悪のためなので捨象せずに記録した。慎むべき事柄も多いので、むやみに人が見るのを許さず、一層帳《とばり》の中の秘事とする」という編集方針が示されている。

第三節　『兎園小説　余録』収載の二人の記事

「偽男子」吉五郎

前置きがいささか長くなったが、『兎園小説　余録』（以下、『余録』と記す）の史料的位置づけのために述べた次第である。さて、「目次　第二」にある「偽男子《にせなんし》并《ならびに》仮婦人《かりふじん》」の記事をみていくが、本文には「偽男子」と題されている。

〈史料1〉

麹町《こうじまち》十三町目なる蕎麦屋の下男に、〔割注〕かつぎ男といふものなり」吉五郎といふものあり。此もの実は女子也。人久しくこれを知らず。年廿七八許《ばかり》、月代《さかやき》を剃り、常に腹掛《はらがけ》をかたくかけて乳を顕《あらわ》さず。背中に大きなるほり物あり。俗に金太郎小僧といふものゝかたちを刺りたり。この余、手足の甲までも、ほり物せぬところなし。そのほり物にところ〴〵朱をさしたれば、青紅まじはりてすさまじ。丸顔ふとり肉《じし》にて大がら也。そのはたらき、男に異なることなし。はじめは四谷新宿なる引手茶屋《ひきてちゃや》にあり。そのゝち件の蕎麦屋に来てつとめたりとぞ。誰いふとなく、渠《かれ》は偽男子也といふ風聞ありければや。四谷大宗寺横町なる博奕《ばくち》うち、これと通じて男子をうませけり。是により里の評判甚しかりしかば、蕎麦屋の主人、吉五郎には身のいとまをとらせ、出生の男子は主人とりて養育す。かくて吉五郎は木挽町《こびきちょう》のほとりに赴きてありし程、今茲《ここ》天保三年壬辰秋九月、町奉行所へ召捕られて入牢したり。これが吟味の為、奉行所へ召呼るゝとて、牢屋敷より引出さるゝ折は、小伝馬町辺群集して、観るもの堵《と》の如くなりしとぞ。〔割注〕こは十一月の事なり」或はいふ。此ものは他郷にて良人《おっと》を殺害して、迯《のがれ》て江戸に来つ。よりて偽男子になりぬ。世をしのぶ為也など聞えしかども、虚実定かならず。四谷の里人に此事をたづねしに、何の故に男子になりたるか。その故は詳《つまびらか》ならず。

この文章を読むと、第一章でとりあげた「たけ＝竹次郎」の記事とよく似ている。両者を比較しながら詳しくみていこう。

まず、この「偽男子」とされる「吉五郎」は実は女であったが、周囲は長い間それに気づいていなかった。勤めた蕎麦屋は麹町十三丁目（現新宿区四谷二丁目）にあり、いっぽう竹次郎の雇われた蕎麦屋山口は四ツ谷内藤宿、太宗寺門前丁（現新宿区新宿二丁目）にある。両店間は約二キロ弱の距離である。

また、両人とも蕎麦屋では担ぎ仕事をしている。年齢は吉五郎が二七〜八歳、竹次郎は二〇歳であり、いささか離れている。月代を剃り、腹掛けを高く掲げて乳房を隠しているのは共通しているが、吉五郎の方は背中に大きな金太郎小僧の彫り物があり、手足の甲まで彫り物をしている。その彫り物に朱を刺すので、青紅入り混じってものすごい。丸顔で太り気味で大柄、男のように働く。竹次郎には彫り物はないが、銭湯は男湯に入り、女とは思われない働きぶりであった。

そして吉五郎も竹次郎も蕎麦屋で男子を出産している。吉五郎は「誰いふとなく、渠は偽男子也といふ風聞ありければ」、太宗寺門前横町の博奕打ちの男が吉五郎と性交し、男子を産ませた。いっぽう竹次郎は、八王子宿の飯売旅籠から江戸へ逃亡し野郎姿となり立ち回っていた間に、飲み屋で出会った男に正体を見破られ、脅迫されて性交におよび妊娠したという経緯である。つまり、竹次郎は蕎麦屋に雇われる以前の妊娠である。時期的には異なるが、両人とも行きずりのその場限りの男との性行為という点は共通している。出産後は江戸町中での噂がかまびすしく、吉五郎は蕎麦屋から暇を出され、竹次郎の方は蕎麦屋の合羽を盗んで逃亡している。生まれた男子は、吉五郎は蕎麦屋の主人が養育し、竹次郎の子は間もなく死んだ。出産後は両人とも蕎麦屋から離れている。

その後、吉五郎は木挽町に移り住んでいたところ、町奉行に捕まって入牢したが、これが天保三年九月のことと記されている。ただし、捕縛の理由は書かれていない。もし「或はいふ」という、他郷での夫殺しが露見して町奉行に捕まったのであれば、殺人犯は評定所での評議となるため『御仕置例類集』「天保類集　女之部」の天保三年の項に、たけと同じく吉五郎も記されて然るべきであるが、その記載はないのである。

竹次郎が出産した時期は明確で、天保三年八月二九日である。その後所々で盗みを働いたため、火附盗賊改、柴田七左衛門康直によって捕らえられている。『御仕置例類集』によれば、柴田から評定所への刑罰の伺い、その後の返答が天保三年（月日未詳）とあるので、九月の吉五郎捕縛の時期と重なる可能性もある。

〈史料1〉の続きには、吉五郎が牢屋敷から町奉行所の白洲に引きたてられるときには、小伝馬町周辺は物見高い群衆が集まり、垣根のようになったとある。これが天保三年一一月のことである。竹次郎も小伝馬町の牢屋敷（女牢）で五〇日間の牢舎（過怠牢）に科されたため、この時期の牢舎も考えられるが、史料がないため判明しない。

馬琴は、吉五郎の男装は他郷で夫殺害後、江戸へ逃亡し「世をしのぶ為也など聞えしかども、虚実定かならず」とし、さらに四谷辺りの人に尋ねても、男装の理由は明らかにはならなかったと結んでいる。

この馬琴の書きぶりからは、男装の理由は不明としながらも、夫殺しの隠蔽という合理的な目的に基づく男装であるとの解釈を施そうとしているように感じられる。馬琴の解釈の通りなら、竹次郎の自ら欲する「男装」とは性格を異にすることになる。しかし、両者は細かい部分は相違するところもあるが、大筋は似通っており、同事件とみてよいものと私は判断する。

『余録』**〈史料1〉**の部分は、竹次郎の噂話を聞いた馬琴が、自己流の解釈や調査をくわえて書き記したのではなかろうか。みずから四谷に赴いて聞き取りを行っていることから、馬琴の強い関心事であったことに違いない。もし、別件であったなら、四谷まで出かけた馬琴の耳に竹次郎の噂がまったく入らないはずはなかろう。吉五郎の話がたけ＝竹次郎の一件に基づくという確たる証拠はないが、強い可能性があるという想定のもとに吉五郎もトランスジェンダーであったと仮定して、以下推論を進めてみたい。

「仮婦人」おかつ

〈史料1〉の後半には、「仮婦人」についての記述がある。

〈史料1　後半部分〉

四谷には渠《かれ》に似たる異形《いぎょう》の人あり。四谷大番町《おおばんちょう》なる大番与力某《なにがし》甲の弟子《おとうご》に、おかつといふものあり。幼少のときよりその身の好みにやありけん、よろづ女子のごとくにてありしが、成長してもその形貌を更《あらた》めず。髪も髱《たぼ》を出し、丸髷《まるまげ》にして櫛笄《くしこうがい》をさしたり。衣裳は勿論、女のごとくに広き帯をしたれば、うち見る所、誰も男ならんとは思はねど、心をつけて見れば、あるきざま、女子のごとくならず。今茲《ここ》は〔割注〕天保三年。」四十許《ばかり》歳なるべし。妻もあり子供も幾人かあり。針医を業とす。四谷にては是ををんな男と唱へて、しらざるものなし。年来か丶る異形の人なれども、悪事は聞こえず。且与力の弟なればや、頭《かしら》より咎もあらであるなれば、彼《かの》偽男吉五郎は、此おかつ男をうらやましく思ひて、男の姿になりたるか。（後略）

結びには、これは珍説なので、今後の備忘のために記しておく旨が書かれている。

「仮婦人」の話は、吉五郎に似た「異形の人」が四谷大番町（現新宿区大京町）にもいるという内容である。おかつは大番与力某の弟で、幼少の頃より女子の様相を好み、成長後もその容姿を変えなかった。現在は丸髷に結って髪飾りを挿し、幅広帯の女用着物を身に着け、ちょっと見は女のようだが、よくよくみると歩き方が男のようである。天保三年の時点で四〇歳くらいである。妻子がおり、鍼医を業とし、四谷辺りでは「をんな男」と呼ばれて知らない者はいないほどであった。悪事はしていないという。

おかつは、本書第二章・第三章でとりあげた男性の「女装」と類似の要素が看取できる。第二章は青山千駄ヶ谷界隈で金貸しを営むお琴であり、第三章は鳶《とび》職金五郎の妻で女髪結のおはつと、縫《ぬい》箔《はく》職重吉の妻で新内《しんない》師匠のわかである。

おかつは、おはつやわかと同じく女性としての性自認をもって成長し、それを維持しているように描かれており、そこは彼女たちと共通している。大きく異なるのは、おはつやわかが男性の夫をもち夫婦として暮らしたのに対し、おかつは女性の妻との間に子らをもうけ、通常の生活を営んでいるという点である。また、大番与力の兄をもつことがどれほどの功を奏したかは定かではないとしても、その与力の組頭から常日頃の女装を咎められたこともないという。

ここで、おかつの性的指向について、お琴と比較しながら触れておきたい。

幕府権力は男性同性愛を強く忌避したのであり、生物学的男女による夫婦であれば、外見上どうであれ問題視することはなかった。おかつは女装を常としながら妻である女性と異性愛関係で結ばれている。お琴も女装であったが、娘を愛し結婚を望んだことから異性愛者ということができる。女装姿の二人は周囲からおかつは「をんな男」、お琴は「男女《おとこおんな》」と蔑称されていたように、周囲は二人を男だと認識しているのである。

お琴がおかつのように幼年期から女装を好んだかの記載はないが、二人の性的指向には異性愛の要素が含まれる。ただし、誤解を招かないために付言すると、性的指向は多種多様であり、他人がましてや歴史上の人物の性的指向まで判断できるものではない。お琴やおかつを異性愛と推測するのは史料上の範囲という限定付きである。既述の通り、日常の女装姿を咎められることのなかったお琴がなぜ捕縛されたかといえば、身分を偽って大名家奥方に上がった件が発覚したためである。悪事を犯さなければ咎めの対象外であった。

さて、馬琴は、おかつが悪事をなさず与力の弟という家筋から咎めを逃れていることを述べ、「彼偽男吉五郎は、此おかつ男をうらやましく思ひて、男の姿になりたるか」と記し、「偽男吉五郎」が「おかつ男」を真似ようとしたことが男装のきっかけとなったとみている。

吉五郎・おかつをめぐる馬琴の解釈

馬琴は本来別件であるこれら二つの話を一つの項でとりあげたが、単に並列的に並べたのではない。吉五郎の男装を合理的に解釈するために、おかつの件を位置づけたのである。馬琴にとって、性自認が女性であっても妻子をもって「通常の」家族生活に適応している男性は、「女装」の範囲として許容されるのであろう。いっぽう、性自認が男性である女性の男性的な頭髪や衣装、行動や生業は、悪事露見を防ぐという目的を付することで、自己の内的感情に発するのではない行為として解釈しないと納得できなかったのではないか。

馬琴は、吉五郎の夫を殺した自らを隠蔽するためという男装の理由をあげ、さらに、おかつの糾弾されない女装を提示することにより、社会的通念の範囲内にとどまるものとして解釈しようとしている。つまり、女装のおかつの話を引き合いにして、吉五郎の「男装」を蓋然性の高い、想定可能な事柄として描き出したのである。

くわえて、馬琴の「偽男子弁仮婦人」という表現の中に、吉五郎の「偽《にせ》」には人を騙そうとたくらんで男子になったという意味合いを、おかつの「仮《かり》」には本意ではないが一時的・臨時的にというそれを感じとれる。「偽」の方が「仮」より悪質であるという心持があったのではないか。「偽男吉五郎」と「おかつ男」という書きぶりにもそれが顕著である。

今回、馬琴を例にしたが、おそらく当時の文化人にとっても、一般の人々にとっても彼の解釈は受容できるものだったろう。江戸時代においては、出生時の性別と一致しない性自認に基づいた女の「男装」、あるいは男の「女装」という社会的認知は未だしであり、それは近現代を待たねばならなかった。否、今世紀までといっても遅くないかもしれない。竹次郎も吉五郎も江戸時代では理解を超えた存在であった。ただし、馬琴が「異形の人」と表現する中に、現在でいうセクシュアルマイノリティの要素を、うすうすではあれ感じ取っていたことは十分にあり得るのではなかろうか。

小括

竹次郎＝たけは幼少期から男の子と遊び、男の容貌を好んだ。それに対し他人から叱正されても、応じることはできなかった。自身の欲求に赴くまま「男装」を続けたことは、竹次郎の性自認に基づく自然の行為であり、男でいることが心地良かったからに違いない。つまり、竹次郎は女の身体で生まれたが、心情は男であった。そしてそれは「吉五郎」も然りであったと私には感じられる。江戸時代は日常的な男の女装に関しては特段の咎めはなかった。男の「女装」で問題視されるのは、おはつやわかのような男性同性愛に基づくケースである。他方、竹次郎のような日常的な「男装」、ことに最初の裁許の男装禁止を守らずに、さらに火附盗賊改配下の手先を名乗っての大胆な行動は、幕府にとって支配権力への反逆行為とみなされ厳罰に処されねばならなかった。

ところで、この竹次郎の男装に関して、赤阪俊一氏から拙著の書評の中で疑問が呈された（増補改訂版あとがき参照のこと）。私が、罪を犯さなければ男性の女装は不問であったように、たけも盗みや出産という大事を起こさなければ、生涯をひっそりと男装で過ごせたかもしれない（六六頁）と述べた箇所についてである。

赤阪氏は、お琴の女装は周囲の多くに知られていたので、「そうであるからこそお琴は「男女」という侮蔑的な目で見られていたのだろう。しかしながら女性による男装は公認ではありえなかった。ひたすら隠しおおさなければならなかった。（中略）男装者は必死なのである。女であるとの疑いを生じさせることすら絶対にあってはならなかった。男装を見破られたたけが理不尽な要求に従わざるを得なかった事情がそれを示している」と。

確かに「公認」である男の女装とそうでない女の男装とは、一様に扱えるものではない。氏の「公認」の意味するものが歌舞伎や陰間、宮地芝居等の女装に典型的だとするなら、その範疇から外れた女の「男装」は、ひっそりと暮らしてさえいれば生涯安泰だなどといえないことはその通りである。トランスジェンダーであるなら、疑いをもたれぬような緊張状態を常に強いられるであろう。いくら男を通そうとしても拒否できなかった性交によって、竹次郎も吉五郎も不本意な妊娠・出産を甘受せざるを得なかったことに象徴的である。

その点を軽んじたわけではないが、しかし、だからこそ、男装禁止の境遇にありながら、裁許に挑戦するような大胆な火盗改配下の手先という行動に出た竹次郎に対し、幕府はその存在自体が脅威となり遠島という厳罰に処したのではなかったか。そうした意味合いで、常に周囲に気を配りながら、男装であってもひっそりと生きていれば島流しなどにはならなかったと思ったのである。

赤阪氏には江戸時代の価値観・意識形態の内在化にまで踏み込んで、拙著の内容を受け止めてくれたことに感謝し、今後の研究視角として考えていきたい。

今回の吉五郎・おかつの二つの事例は、江戸時代人――狭義には知識人男性――の意識構造を理解するうえで非常に興味深いものであった。馬琴というひとつの人格を通して、セクシュアルマイノリティに対する当時の通念を窺うことができたからである。端的には「女の男装」と「男の女装」とに対する価値観ないしは許容量の差異性・温度差のようなものである。江戸時代のセクシュアルマイノリティのあり方は、性自認・性的指向だけの問題にとどまらず、その社会の体現する男女の関係――それは多くが男尊女卑の理念に基づく女性差別の構造によるが――を見事に反映していることを強く感じた。

こうした過去の時代認識を踏まえながら、私たちは現代社会におけるセクシュアルマイノリティ問題を理解し、解消させる努力を重ねる必要がある。容易いことではないが、あらゆる人が「異なること」を理由に差別を受けることなく、個々人が尊重される社会の実現のために、本書がいささかなりとも有効に作用すれば、この上ない喜びである。

おわりに

江戸幕府のセクシュアルマイノリティの人々に対する方針は、一貫して存在することの拒絶・否定の姿勢であった。それは幕藩体制維持や再生産に抵触するものは、一切許容しないという態度である。近世社会は一対の夫婦による小家族（「家」）の成立と、その相続・継承に重きを置いていた。もっとも重要な性規範は夫婦間の子どもの出産と育児である。そして「家」の成り立ちに不可欠な家族間の相互扶助（労働・育児・教育・看護・介護・婚礼・葬礼など）と、共同体における協力体制維持のための有形無形の強制力が機能していた。こうして社会の再生産や維持活動に「家」や共同体は寄与していくのである。

この原則に協力する者に権力側は褒賞を与え、賛美し、人々の手本とした。逆に、これらに抵触する者は蔑視・差別を受け、抑圧・処罰の対象となった。セクシュアルマイノリティの存在は、そもそも一対の夫婦を基礎に「家」・共同体・社会が成り立つという前提を根底から覆すものであり、権力側からみれば反社会・反権力的行動として認識された。性的指向に基づく男性同性婚はその典型であり、激しい拒絶と厳罰の対象となった。一方、女性同性婚については明確な事例がみつからず、存在しなかったのか、記録者に関心がなかったのか、今後も注目していきたい点である。セクシュアルマイノリティは少数者として、元来自己抑制の中に生きており、事件として顕在化することは極めて稀《まれ》であった。その極めて稀な現象が顕在化したとき、権力側は通常とは比較にならない厳しい態度で臨み、社会からの隔離・抹殺することも辞さなかったのである。これは性差を前提としてなされた女性の「不行届《ふゆきとどき》」や犯罪に対し、女性愚民観に基づいた刑の一等軽減や、夫や父親に責任をとらせて説諭で済ませるような、一見温情のある姿勢とは正反対のものであった。

本書では特に異性装に着目して、性自認に従って生きる意味を考えてみた。近世社会は身分制を基軸に、職業・男女(夫婦)・年齢・居住地などを峻別し、差別化することで支配論理や秩序維持を正当化しようとした。このため身分制の外的指標となる性別による衣服(素材・デザイン)や髪形の規制(慣習的なものも含めて)からの逸脱・越境は、幕府権力の特に嫌悪し拒絶するところとなる。職業的なものや祭礼・年中行事等の異性装に対して寛容であったのは想定内ともいえるが、日常的な異性装の男女による処遇の差は看過できない点である。さらに、性自認に依拠する異性装者への権力側の対応は、たけの事例のように目前からの抹殺という苛烈なものであった。

江戸時代には異性装禁止に関する法的規制はみられなかったが、それはあまりにも身分・階層差が明確であり、また性別を強調する社会においては法制化するまでもなかったからである。明治初年の〈違式詿目追加〉第六二条が異性装禁止令の初見であるが、封建的身分制が否定され、いわゆる「四民平等」が推進される中、無制限な男女の別の弛みを危惧した明治政府によって発布されたものと考える。

また、同時代のオランダ人女性、マリア・ファン・アントウェルペンの異性装や性的指向についても言及した。オランダにおいても女性の異性装に対する処罰例が認められる一方、オランダやイギリスでは兵士や水夫として活躍した女性も存在し、異性装をめぐる共通性と相違性の両面が浮き彫りになった。

本書のもう一つの課題である男色について述べておこう。江戸時代には性的指向から発する同性愛とは一線を画する男色が存在していた。男色には舞台子や色子のような歌舞伎役者との師弟関係に基づくものや、陰間茶屋の主人と奉公人という雇用関係がまず土台にあり、客との対等な性愛は持ちえなかった。若衆歌舞伎や野郎歌舞伎における少年役者、宮地芝居の陰子、芝居出演の有無に関わらず陰間の少年たちに強要した男色の実態は、男色が性的指向による男性同性愛として一括りにできない根拠となる。

また、陰間茶屋の主たる客層は僧侶であった。戒律の遵守は出家としての基本であったが、「十重戒」の「不淫戒」で禁じた性交渉は往々にして破られた。これは僧侶と寺院の尊厳を揺るがしかねない事態であり、自己を律すべきはずの僧侶は幕府法令によって規制される始末となった。幕府は「女犯僧」に対し厳罰を科したため、僧侶は情交の相手を女装の少年にして事無きを得ようとしたのである。ここにも僧侶と陰間との性売買を介在した主従関係を指摘できる。

江戸時代における男性同性愛は性的指向に依拠する対等性をもつもの、女性の代替えとなるものと、それ以外の男娼（舞台子・陰子等）相手の買売春とを峻別する必要がある。武士間で賛美された男色も、その性関係において家格や役職、年齢差に基づく主従・上下関係が影を落としていた。さらに、商家の小僧や丁稚など、住み込みの少年が成人男性から男色の対象として狙われる事例もみられたが、これらは両者の対等性どころか性犯罪そのものであった。

本書の「はじめに」で、諸外国と比較して江戸時代が男色や同性愛に寛容で緩やかな時代と評されることへの疑問を呈しておいた。確かに、近年まで死刑を含むソドミー法が布かれていたヨーロッパ諸国に比べ、日本は男色に厳罰を科さなかった点ではその通りである。また、男色行為そのものの禁令も出されなかった。しかし、無理強いの男色（衆道）を禁じる法令や風俗取り締まりの強化の実態を明らかにし、その一方で、性自認や性的指向に基づく同性愛や同性婚が、権力側から徹底的に排斥・弾圧された事実は提示しえたと思う。

江戸時代においては、役者の弟子に「公界」を真似させることは禁ぜられたが、風俗取り締まりが強化される場合でなければ、「陰間買い」は黙認されていた面がある。あくまでも「女郎買い」に匹敵する男性の性欲処理の仕組みとして存在したのであるから、この範囲を逸脱するものには何らかの規制が働いたはずである。天保改革の場合も陰間茶屋や陰間の職業替えの強制に主眼が置かれ、男色自体を厳罰に処すものではなかった。これは男色が一時的・臨時的同性間性交渉とみられていたからである。しかし、これが同性間の恒久的性関係となってあらわれた場合には、厳しい処分でその存在を否定しなければならなかった。これが女髪結となったはつ（初治郎）と金五郎夫妻の事例である。男が女になり、男と夫婦になることは、一時的な陰間通いとは本質的に異なるものとみなされたのである。

男女の心中は、享保改革の緊縮財政と商業資本の抑圧を契機に、町人層の恋愛・義理人情を果たせぬ状況下から次第に増加の傾向をみせるが、幕府は厭世的・退廃的な潮流が社会に蔓延するのを嫌い、社会秩序の維持を根拠に心中物の芝居上演や創作活動に弾圧を加え続けた。にもかかわらず、男女による心中は止むことがなかったが、ほかにも女性同士の心中が存在した。ある意味、男女による情死は人々にとって理解しやすかったが、女性同士の心中は不可解な事件として表出した。それはレズビアンという性的指向や、近代に入ってからの女子生徒・学生間のシスター的要因を容易に推測しうるが、江戸時代の人々はそうした女性間の感情の存在を認識しつつも、「事替り候儀」と婉曲に表現したのである。

書き終えて、まず思ったのは、セクシュアルマイノリティとして人を区別することの無意味さである。筆を進めながら、人はそうしたカテゴリーに誰一人として収まらないものだ、という知見に到達する作業を重ねてきたともいえる。

出生時に割り当てられた性と異なる性が真の自分自身であると感じる人が、時代の波に抗《あらが》いながら懸命に生きる姿を追う過程は、新たな視座の発見の連続であり、それは異性装と密接な関係にあった。差別化や排除の構造は、国家や社会・共同体維持の要請と連動しており、それは一つひとつの個性や人権を蹂躙する危険を伴うものであったとともに、残念なことに権力側の要請を人々が受容し、差別化や排除を推進する力にもなりえたのであった。そして、こうした状況は歴史過程のみならず、現代社会においても様々な形で存在しているとの識見を得ることができた。

本書では人々の多様な性の営みを、江戸時代の政治社会構造を踏まえながら、性自認や性的指向に着目して史料を読むことを心掛けた。ここでは江戸時代という時間軸を区切り、そのごくわずかな事例を示したに過ぎないが、分析を進めながら絶えず「今（私の出会った学生たち）」を考えていた。現在、私たちの身の回りでも海の彼方でも、セクシュアルマイノリティとされる人々が勇気を奮って声を上げて連帯の輪を作り、それに多くの人々が共鳴し支持を表明している。行政もそれに後押しされて法整備を進めている。

外見上の性に捉われない生き方を貫く人々、性的指向に基づく多様な愛のかたち、性愛を欲しない人（アセクシュアル）、ジェンダーアイデンティティが男でも女でもない人、あるいは男でも女でもある人（無性・Xジェンダー）、性愛をどのような性自認・性的指向の人とでも受け入れる人（パンセクシュアル）などなど。こうした人々がみずからを語り、可視化の方向に動き出している。このようにすべての人の性自認や性的指向は、どれ一つとして同じものはなく、それぞれが個性の発露であり、尊重されるべきとの認識が社会に広まりつつある。

こうした経緯から誕生し、よく知られるようになった「LGBT」の語は、セクシュアルマイノリティの社会的認知と連帯のシンボルとしては意義深く、かつ貴重である。しかしその反面、そのカテゴライズによって個々のセクシュアリティの差異が蔑《ないがし》ろにされ、また、マイノリティの人々を特別な領域に囲い込む危険も生じてくる。まさに功罪両面を持ち合わせている語でもあることを学んだのは、授業を通じての学生との議論の中からであった。

セクシュアリティは千差万別であり、出生時に割り当てられた性別と心の性が一致している人（シスジェンダー）による異性愛（ヘテロセクシュアル）も、多様な性のあり方の一形態として捉えることができる。私たちの社会にはびこるジェンダーバイアス（性的先入観・偏見）や男女二分法、男と女は番《つが》うものというカテゴリーは、何とも曖昧で独りよがりな概念と化していく。セクシュアルマイノリティは果たして「マイノリティ」なのかという疑念さえ生じてくる。そして、「マジョリティ」の心無い言動に傷つき、不登校や引きこもり、自傷行為や自死に追い込まれる人々が存在するなら、それは一刻も早く解消されなければならない重大問題である。

こうしたまさに現代の喫緊の課題に対し、本書が過去の歴史事象に終始しているのに、もどかしさを感じる人がいるかもしれない。「昔の話が何の役に立つのか、知りたいのは現在のことだ」という声が聞こえてくるからだ。確かに、歴史学研究、特に前近代史は現実の問題に直結することが少ない。しかし、その研究のいとなみの中で、何か心に引っかかった小さなことが徐々に積み重なっていき、ある日ふと、はたと膝を打つようなことに思い当たるのである。その面白さのために研究をしているようなものだ。大上段に構えることもないが、過去を探究し、現代を相対化し、未来を展望する、その創造性から紡ぎ出される豊かな洞察力を私は信じている。

私たちはその顔が異なるように様々な差異に満ちて、今を生きている。それらの差異を認め合い、しかしそれを差別にさせない社会が大切である。過去の中の誰かは歴史の深淵に沈んではおらず、あなたの愛する人、家族・友人、そしてあなた自身に連なっていることを、本書から感じていただければ望外の喜びである。

参考文献（五〇音順）

赤枝香奈子「女同士の親密な関係と二つの〈同性愛〉――明治末から大正期における女性のセクシュアリティの問題化」（仲正昌樹編『差異化する正義』叢書アレテイア四、御茶の水書房、二〇〇四年）

赤枝香奈子「戦後日本における「レズビアン」カテゴリーの定着」（小山静子・赤枝香奈子他編『セクシュアリティの戦後史』京都大学学術出版会、二〇一四年）

赤阪俊一「異性装のジェンダー構造」（赤阪俊一・柳谷慶子編著『ジェンダー史叢書　第八巻　生活と福祉』明石書店、二〇一〇年）

赤阪俊一「異性装から見た男と女（1）～（5）」（『埼玉学園大学紀要』人間学部篇　第二～六号、二〇〇二～二〇〇六年）

浅野秀剛「吉原の女芸者の誕生」（佐賀朝・吉田伸之編『シリーズ遊廓社会1　三都と地方都市』吉川弘文館、二〇一三年）

浅野美和子「出雲のお国像と民衆意識」（『歴史評論』第四四九号、一九八七年）

麻生磯次『滝沢馬琴』（吉川弘文館、一九五九年）

池田信道『三宅島流刑史』（小金井新聞社、一九七八年）
石井良助編『明治文化史　第二巻　法制編』（洋々社、一九五四年）
石井良助編『徳川禁令考』前集第三巻（創文社、一九五九年）
石井良助編『徳川禁令考』前集第五巻（創文社、一九五九年）
石井良助編『徳川禁令考』別巻（創文社、一九六一年）
石井良助編『御仕置例類集』「天保類集」第十四冊（名著出版、一九七四年）
石井良助編『御仕置例類集』「天保類集」第十六冊（名著出版、一九七四年）
稲垣史生編『三田村鳶魚　江戸生活事典』（青蛙房、一九五九年）
揖斐高『江戸の文人サロン　知識人と芸術家たち』歴史文化ライブラリー278（吉川弘文館、二〇〇九年）
今尾哲也『歌舞伎の歴史』（岩波新書（新赤版）、岩波書店、二〇〇〇年）
今川徳三『八丈島流人帳』（毎日新聞社、一九七八年）
今西一『文明開化と差別』歴史文化ライブラリー（吉川弘文館、二〇〇一年）
今西一『近代日本の差別と性文化――文明開化と民衆世界』（雄山閣、二〇〇三年）
上野平真希「警察機構の創出と違式詿違条例――明治初期熊本を舞台として」（『熊本史学』第八五・八六号、二〇〇六年）
大口勇次郎「幕末維新期のリテラシーとジェンダー」（『講座　明治維新　九　明治維新と女性』有志舎、二〇一五年）
大口勇次郎『江戸城大奥をめざす村の娘　生麦村関口千恵の生涯』（山川出版社、二〇一六年）

大島敏之「ソドミー法を終わらせたヨーロッパ人権裁判所」(『神戸学院法学』第三五巻第一号、神戸学院大学、二〇〇五年)
小川恭一編著『寛政譜以降　旗本家百科事典』(東洋書林、一九九八年)
小野幸恵・鳥越文蔵監修『週刊誌記者　近松門左衛門　最新現代語訳で読む「曾根崎心中」「女殺油地獄」』文春新書(文藝春秋、二〇一六年)
葛西重雄・吉田貫三『増補三訂　八丈島流人銘々傳』(第一書房、一九八二年)
風間孝・河口和也『同性愛と異性愛』(岩波新書(新赤版)、岩波書店、二〇一〇年)
霞信彦『明治初期刑事法の基礎的研究』(慶応義塾大学法学研究会叢書　五〇、慶応義塾大学法学研究会、一九九〇年)
加藤曳尾庵『燕石十種　初輯　五』青木頼徳(写)(早稲田大学図書館蔵、一八八六年)
加藤征治「天保改革における「かげま茶屋」の廃止」(『風俗史学』第二三号、二〇〇三年)
加藤貴校注『徳川制度(上)』(岩波文庫、二〇一四年)
加藤貴校注『徳川制度(中)』(岩波文庫、二〇一五年)
加藤貴「江戸の都市行政と町」(自治大学校、地方自治研究資料センター編『月刊自治フォーラム』三九〇(一九九二年)
『角川日本地名大辞典』一三　東京都(角川書店、一九七八年)
金井圓校注『土芥寇讎記』江戸史料叢書(人物往来社、一九六七年)
金沢康隆『江戸髪結史』(青蛙房、一九六一年)
神崎宣武「「廓」のにぎわい」(旅の文化研究所編『落語にみる江戸の性文化』河出書房新社、一九九七年)

神田由築「江戸の子供屋」（佐賀朝・吉田伸之編『シリーズ遊廓社会1　三都と地方都市』吉川弘文館、二〇一三年）
岸井良衛『女藝者の時代』（青蛙房、一九七四年）
喜田川守貞・宇佐美英機校訂『近世風俗志（守貞謾稿）（一）』（岩波文庫、一九九六年）
喜田川守貞・宇佐美英機校訂『近世風俗志（守貞謾稿）（二）』（岩波文庫、一九九七年）
喜田川守貞・宇佐美英機校訂『近世風俗志（守貞謾稿）（三）』（岩波文庫、一九九九年）
北島正元『日本史概説　II』（岩波全書、一九六八年）
京都美容文化クラブ編『日本伝統の髪型――櫛まつり作品集』（京都書院、一九九八年）
京都町触研究会編『京都町触集成』第一一巻（岩波書店、一九八六年）
近世史料研究会編『江戸町触集成』第五巻（塙書房、一九九六年）
礫川全次編『男色の民俗学』歴史民俗学資料叢書　第三巻（批評社、二〇〇四年）
礫川全次、田村勇、畠山篤、下川耿史『女装の民俗学』（批評社、一九九四年）
『古地図ライブラリー別冊　切絵図・現代図で歩く江戸東京散歩』（人文社、二〇〇八年）
斎藤美奈子『物は言いよう』（平凡社、二〇〇四年）
佐伯順子『「女装と男装」の文化史』（講談社、二〇〇九年）
作者未詳『田夫物語』『仮名草子集　浮世草子集　日本古典文学全集　第三七巻』（小学館、一九七一年）
桜井由幾「商家奉公人のライフコース――再生産からの隔離」（氏家幹人・桜井由幾・谷本雅之・長野ひろ子編『日本近代国家の成立とジェンダー』柏書房、二〇〇三年）

五月あかり・周司あきら『埋没した世界　トランスジェンダーふたりの往復書簡』(明石書店、二〇二三年)
三代目中村仲蔵・郡司正勝校注『手前味噌』(青蛙房、一九六九年)
静岡市役所編『静岡市史　近世』(静岡市役所、一九七九年)
新改訳聖書刊行会『聖書　新改訳』(いのちのことば社、一九七〇年)
鈴木棠三『江戸巷談　藤岡屋ばなし』ちくま学芸文庫(一九九一年、のち三一書房より刊行、二〇〇三年)
鈴木棠三・小池章太郎編『近世庶民生活史料　藤岡屋日記』第一巻(三一書房、一九八七年)
鈴木棠三・小池章太郎編『近世庶民生活史料　藤岡屋日記』第二巻(三一書房、一九八八年)
鈴木棠三・小池章太郎編『近世庶民生活史料　藤岡屋日記』第三巻(三一書房、一九八八年)
鈴木棠三・小池章太郎編『近世庶民生活史料　藤岡屋日記』第四巻(三一書房、一九八八年)
鈴木棠三・小池章太郎編『近世庶民生活史料　藤岡屋日記』第五巻(三一書房、一九八九年)
鈴木棠三・小池章太郎編『近世庶民生活史料　藤岡屋日記』第八巻(三一書房、一九九〇年)
鈴木棠三・小池章太郎編『近世庶民生活史料　藤岡屋日記』第一〇巻(三一書房、一九九一年)
鈴木棠三・小池章太郎編『近世庶民生活史料　藤岡屋日記』第一一巻(三一書房、一九九二年)
鈴木棠三・小池章太郎編『近世庶民生活史料　藤岡屋日記』第一三巻(三一書房、一九九四年)
鈴木啓之『そばの歴史を旅する』(柴田書店、二〇〇五年)
関民子『江戸後期の女性たち』(亜紀書房、一九八〇年)
高田衛『滝沢馬琴――百年以後の知音を俟つ』(ミネルヴァ書房、二〇〇六年)

高柳眞三・石井良助編『御触書寛保集成』（岩波書店、一九三四年）
高柳眞三・石井良助編『御触書天保集成　下』（岩波書店、一九四一年）
武田佐知子『衣服で読み直す日本史　男装と王権』（朝日選書、一九九八年）
田中健次『図解　日本音楽史』（東京堂出版、二〇〇八年）
谷口洋幸「「同性婚」は国家の義務か」（『現代思想』四三―一六、青土社、二〇一五年）
柘植清『静岡市史余録』（非売品、一九三二年）
土屋恵一郎〈解説〉「私が法科大学院で「同性愛と法」を講義する理由」（ポストモダン・ブックス、タムシン・スパーゴ、吉村育子訳『フーコーとクイア理論』岩波書店、二〇〇四年）
デッカー、ルドルフ・M／ファン・ドゥ・ポル、ロッテ・C／大木昌訳『兵士になった女性たち――近世ヨーロッパにおける異性装の伝統』（法政大学出版局、二〇〇七年）
東京大学史料編纂所編纂『大日本近世史料　市中取締類集　一』（東京大学出版会、一九五九年）
中根千絵ほか七名『異性装　歴史の中の性の越境者たち』（インターナショナル新書117、集英社インターナショナル、二〇二三年）
永井義男『江戸の下半身事情』（祥伝社、二〇〇八年）
長島淳子「働く農村の女たち――加賀『農業図絵』を読む」（林玲子編『日本の近世　一五　女性の近世』中央公論社、一九九三年）
長島淳子『幕藩制社会のジェンダー構造』（校倉書房、二〇〇六年）

長島淳子「幕藩制社会における性規範――女性の男装をめぐって」(『総合女性史研究』第二五号、総合女性史研究会(現総合女性史学会)、二〇〇八年)
長島淳子「近世　嫁入り婚と小家族の展開」(伊集院葉子・栗山圭子・長島・石崎昇子・浅野富美枝著『歴史のなかの家族と結婚』森話社、二〇一一年)
長島淳子「武家女性の行列におけるジェンダー――溶姫の婚礼行列を中心に」(『総合女性史研究』第三三号、総合女性史学会、二〇一六年)
長島淳子「日本近世における異性装の特徴とジェンダー」(服藤早苗・新實五穂編『歴史のなかの異性装』アジア遊学二一〇、勉誠出版、二〇一七年)
長島淳子「近世女性労働の特質と歴史的位置――農村・漁村(「海付き村」)を例に」(総合女性史学会・辻浩和・長島・石月静恵編著『女性労働の日本史――古代から現代まで』勉誠出版、二〇一九年)
長島淳子「高群逸枝の江戸時代史　詩人と歴史家の狭間で」(芹沢俊介・服藤早苗・山下悦子編『高群逸枝 1894－1964 女性史開拓者のコスモロジー』(別冊『環』) 藤原書店、二〇二二年)
長島淳子「多様な性のあった江戸時代」(三成美保・小浜正子・鈴木則子編『「ひと」とはだれか?――身体・セクシュアリティ・暴力』、〈ひと〉から問うジェンダーの世界史　第一巻、大阪大学出版会、二〇二四年出版予定)
中塚幹也「学校の中の「性別違和感」を持つ子ども――性同一性障害の生徒に向き合う」(ＪＳＰＳ日本学術振興会、科学研究費助成事業、挑発的萌芽研究、二〇一五年)
名和弓雄『拷問刑罰史』(雄山閣、一九六三年)

西美弥子「「装いの力」の可能性——日本の異性装の「これまで」と「これから」」（図録『装いの力——異性装の日本史』渋谷区立松濤美術館、二〇二二年）
西垣晴次『ええじゃないか——民衆運動の系譜』（新人物往来社、一九七三年）
西山松之助他編『〔縮刷版〕江戸学事典』（弘文堂、一九九四年）
『日本随筆大成』第二期第一巻（吉川弘文館、一九七三年）
『日本随筆大成』第二期第四巻（吉川弘文館、一九七四年）
『日本随筆大成』第二期第五巻（吉川弘文館、一九七四年）
沼正也『財産法の原理と家族法の原理』〔新版〕『沼正也著作集』二（三和書房、一九八〇年）
長谷川輝夫・大久保桂子・土肥恒之『世界の歴史　一七　ヨーロッパ近世の開花』（中央公論社、一九九七年）
花咲一男『江戸のかげま茶屋』（三樹書房、一九九二年）
林玲子「序章　八丈・三宅に流された女性たち」（林玲子編『日本の近世　一五　女性の近世』中央公論社、一九九三年）
平賀源内・松田修／柴田美都江解題・校注『男色細見　三の朝』藝能史研究會編『日本庶民文化史料集成　第九巻　遊び』（三一書房、一九七四年）
平松義郎『近世刑事訴訟法の研究』（創文社、一九六〇年）
フェイ、ショーン／高井ゆと里訳／清水晶子解説『トランスジェンダー問題——議論は正義のために』（明石書店、二〇二二年）

服藤早苗『平安朝の女と男』中公新書(一九九五年)
古川誠「同性「愛」考」(『imago』一一月号、六巻一二号、青土社、一九九五年)
ベアード、ヴァネッサ/町口哲生訳『性的マイノリティの基礎知識』(作品社、二〇〇五年)
松田修『新版　日本近世文学の成立――異端の系譜』(法政大学出版局、一九七二年)
松原國師『ホモセクシュアルの世界史』(作品社、二〇一五年)
松村博「享保期における江戸の橋の民営化について」(『土木史研究　講演集』二四号、二〇〇四年)
三橋順子『女装と日本人』(講談社現代新書、講談社、二〇〇八年)
三橋順子「日本トランスジェンダー小史――先達たちの歩みをたどる」(『現代思想』四三―一六、青土社、二〇一五年)
南和男『江戸の町奉行』歴史文化ライブラリー(吉川弘文館、二〇〇五年)
百川敬仁『日本のエロティシズム』(筑摩書房、二〇〇〇年)
森安彦『村人の一生』(『日本村落史講座』第七巻、雄山閣、一九九〇年)
横山百合子「一九世紀江戸・東京の髪結と女髪結」(高澤紀恵ほか編『別冊　都市史研究　パリと江戸　伝統都市の比較史へ』山川出版社、二〇〇九年)
横山百合子「遊女を買う――遊女屋・寺社名目金・豪農」(佐賀朝・吉田伸之編『シリーズ遊廓社会1　三都と地方都市』吉川弘文館、二〇一三年)
余筱秋「中国戯曲小説『再生縁』におけるヒロインのディスガイズ――男の出世譚への模擬と反転」(『言語・地域文化研究』第一六号、東京外国語大学、二〇一〇年)

吉原健一郎『江戸の情報屋――幕末庶民史の側面』(NHKブックス、一九七八年)
リュープ、ゲイリー・P／藤田真利子訳『男色の日本史　なぜ世界有数の同性愛文化が栄えたのか』(作品社、二〇一四年)
渡邊晃『江戸の男装と女装』(青幻舎、二〇一八年)
渡辺憲司「下関遊女歌舞伎――女かぶき禁止令と地方遊里」(『日本文学研究』第一九号、梅光女学院大学日本文学会、一九八三年)
渡辺照宏『日本の仏教』(岩波新書〔青版〕、一九五八年)
渡辺信一郎『江戸の女たちの湯浴み――川柳にみる沐浴文化』(新潮選書、一九九六年)

あとがき

二〇〇三年に出会った学生以来、これまでに授業を通じて何人かの学生からカミングアウトを受けてきた。社会人教育の講座を含めれば、ご本人や家族、友人の相談など、少なくない方からお話を伺っている。半期の授業か一度限りの講座で、それもどのような素性の者かも分からない講師に、クローゼットにしまっておきたい大切な話を告げてくださるのだから、私も身の引き締まる思いで聞き役を勤めている。

「聞き役」に徹してはいるが、相手の真剣な眼差しを前にことばを探しながら、歴史学に携わる者、またひとりの人間として、授業や講座以外で自分の考えや立ち位置を、何らかの形で伝えることができたらといつも感じてきた。その念願がこのささやかな書物によって実現されたことは大きな喜びであり、まずは、出版の労を執ってくださった勉誠出版のみなさまに、心より感謝を申し上げたいと思う。

本書をまとめるきっかけになったのは、私が所属している総合女性史学会（旧総合女性史研究会）

の畏友服藤早苗さんが、拙稿「幕藩制社会における性規範――女性の男装をめぐって――」に興味を持ってくださり、「同じような史料をみつけて、本にしなさいよ」という助言を得たためである。ずいぶん以前の話になるが、この嬉しいことばに奮起して関係史料をみつける作業にとりかかった。

しかし、前近代のセクシュアルマイノリティの史料は、たやすくみつかるものではないことをすぐに思い知ることになった。あちらこちらを渉猟しているうちに『藤岡屋日記』が使えそうだと感じ、図書館で読み始めたのだが、暇をみて通うのでこれが遅々として進まない。そのうち根っからの怠惰と忙しさにかまけて、中途半端のまま作業をうっちゃってしまった次第である。

ある日、ネット通販のサイトを何気なくみていると、『藤岡屋日記』全一五巻が格安で販売されているのに遭遇し、逸る心を抑えてすぐさま購入した。手許に本が届いてからは格段に作業が進捗するようになり、それからは『藤岡屋日記』の多方面にわたる収載記事の面白さにハマってしまった。そこで幸いにも、いくつかのセクシュアルマイノリティの史料に巡り合うこともできた。膨大な『藤岡屋日記』を翻刻された関係者のご努力・ご苦労に敬意を表するばかりである。

長い時間を費やして、万全な作品ができたかといえば心許ないところである。もっと適当な史料があるのではないか、取り上げた史料の読みが浅いのではないか、違う見方ができるのではないかなど忸怩たる思いが募ってくる。それでも、これまでに出会ったセクシュアルマイノリティの学生や、そうでない学生、また多くの人々にも、遠い昔の先人たちがマイノリティであることを理由に差別され、激しい抑圧に喘ぎながら、しかし懸命に生きた姿を知ってほしいという気持ちは強く湧き上がっている。

これまで細々ながらも歴史研究を続けてこられたのは、諸先輩や学友をはじめ、多くの方々の暖かい励ましや有益なご批評・ご教示があってのことだとつくづく感じている。四〇年近く昔の生意気盛りの頃であるが、大学院時代に所属した北島正元ゼミの大先輩であり、懇切なご指導をいただいた深谷克己さんから、「君はものしり博士になれ」、「どこか自分にとって居心地のよい研究会をみつけよ」といわれたのを覚えている。いつかは学窓を離れるのであり、自分の居場所のある研究会は、研究を続けていくうえでは大事なことだろうと思った。

ものしり博士の道はなかなか厳しいものがあるが、居心地のよい研究会は、考えてみると総合女性史学会だった。会の諸先輩や仲間との切磋琢磨により学んだ知識は限りなく、何よりまして熱い友情にも恵まれ、この会なしには研究者としての自分はないといっても過言ではない。また、長年学会の会員である大口勇次郎さんからの親身なご教示には、いつも勇気づけられている。深謝するとともに、これからも女性史を探求する仲間たちと、共に学んでいければと切に願っている。

もう一つ、好きな学会に民衆思想研究会がある。夏・冬の年に二回だけ開催する縛りのない研究会だが、これが五〇年近く続いている。夏に催される大会は持ち番制で全国各地の巡見を含むのだが、「夜の部」がまた楽しいのである。深谷さんをはじめ、今は亡き安丸良夫さん、山田忠雄さん、青木美智男さん、尾藤正英さんら歴史学の先達と酒を酌み交わしながら、若い連中も円座に加わり深夜まで語り合う。北島ゼミもそうであったが、忌憚のない議論の数々を通し、歴史学と葛藤していく気構えを叩き込まれた場所といってよい。そこから培ったあれこれは、今では私のかけがえのない宝である。

また、鹿野政直さんには、学生時代から女性史を学ぶ意義や方法論をはじめ、差別されるものへの共感や歴史学に対する真摯な姿勢を教わっている。近年の鹿野さんの沖縄に対する深い学識や、愛情と尊敬に裏打ちされた政治的行動や市民運動の推進は、女性差別に止まらない多様な差別構造を見抜く力を、身を挺して示してくださっているのだと痛感する。その熱意に学ぶところは大きい。

本書の出版まで編集部の黒古麻己さんには、いつも明るく適切に対応していただいた。彼女は仕事と子育てを両立させる頼もしい編集者である。この場を借りて厚くお礼を申し上げたい。

最後に私事にわたるが、常に私の応援団でいてくれた亡き父母、率直な(手厳しい?)意見をくれる息子遥にも感謝したいと思う。また、学生時代からゼミ仲間であった夫との議論はいつも刺激的で面白く、そこから得るさまざまな知見は、私の思考の根っこに豊かな養分を与えてくれる。心からの謝意を長島光二に捧げることを、お許し願えれば幸いである。

二〇一七年六月六日　父の命日、私の生まれた日に

長島淳子

増補改訂版　あとがき

初版出版後、いくつかの貴重な書評を頂戴し、嬉しい限りであった。主なものを刊行順にあげると、三橋順子『図書新聞』第三三五六号（二〇一八年六月）、同『ジェンダー史学』第一四号（二〇一八年一〇月）、赤阪俊一『総合女性史研究』第三六号（二〇一九年三月）、落合延孝『歴史評論』第八二八号（二〇一九年四月）、鈴木則子『民衆史研究』第九七号（二〇一九年五月）などがある。

今後の研究に資すべき数々のご教示やご指摘、率直な感想は誠にありがたく、研究意欲をかきたてられるものであった。お名前をあげることのできなかった方々を含め、この場を借りて心より感謝を申し上げたい。

今回、誤字脱字等や見落としには修正をくわえた。大きな修正は、本文三頁でたけが江戸から八丈島送りになる時期を「天保八年秋」と書いたところを、「天保八年春」と直した点である。これは大学院時代のゼミ仲間である加藤貴氏、西脇康氏から、三宅島到着時のたけの史料をご教示頂いたからである。

両氏が三宅島の史料調査をした際、三宅村郷土資料館で公開している複製本に『流人在命帳』があり、「天保八酉年四月十日　木村七右衛門様御掛　八丈嶋江流罪　新嶋茂助船」と記される四人の流人の中に、「一ゆすり御科　日蓮宗　無宿　入墨　たけ（爪印）　酉廿四歳」との箇条があり、たけの名があった。四月一〇日は流人船が三宅島に到着した日付とのことであり、したがってたけの江戸出港は、三月の申し渡し後から翌四月一〇日以前の間となる。いわゆる「春船」の乗船である。八丈島到着の時期は判明しないが、三宅島からの出港はその数か月後の秋、順風を待っての適時と推測される。加藤氏、西脇氏には長年の友情に深謝したい。

末尾ながら、増補改訂版にあたって、その機会を与えてくださった勉誠社のみなさま、ことに初版に引き続き担当して頂いた黒古麻己氏には、心より感謝申し上げる。また、いつもながら議論に付き合ってくれる長島光二、長島遥にも謝意を表する次第である。

二〇二三年一〇月　金木犀の香りにつゝまれて

長島淳子

索　引

【か】

【さ】

【た】

【な】

【は】

【ま】

【や・ら・わ】

【著者プロフィール】

長島淳子（ながしま・あつこ）

1954年　埼玉県生まれ
早稲田大学大学院文学研究科博士課程後期満期退学。

日本近世史、女性史専攻。博士（文学、早稲田大学、2005年）。

国士舘大学非常勤講師。これまで早稲田大学、千葉大学、上智大学、川村学園女子大学、群馬大学大学院などで勤務。

元総合女性史学会代表。

著書・論文　『幕藩制社会のジェンダー構造』（校倉書房、2006年）、『江戸の異性装者たち　セクシュアルマイノリティの理解のために』（勉誠出版、2017年）、編著『女性労働の日本史　古代から現代まで』（勉誠出版、2019年）、共著『歴史のなかの家族と結婚』（森話社、2011年）、「近世農村の「家」経営と家族労働にみるジェンダー」（『ジェンダー史叢書6　経済と消費社会』（明石書店、2009年）、「日本近世における異性装の特徴とジェンダー」（『歴史のなかの異性装』アジア遊学、勉誠出版、2017年）、「高群逸枝の江戸時代史　詩人と歴史家の狭間で」（『高群逸枝　1894-1964　女性史の開拓者のコスモロジー』、別冊『環』26、藤原書店、2022年）、「多様な性のあった江戸時代」（『「ひと」とはだれか？―身体・セクシュアリティ・暴力』大阪大学出版会、2024年出版予定）ほか。

増補改訂《ぞうほかいてい》　江戸《えど》の異性装者《クロスドレッサー》たち
セクシュアルマイノリティの理解のために

2023年12月15日　初版発行

著　者　長島淳子
発行者　吉田祐輔
発行所　株式会社 勉誠社
〒101-0061　東京都千代田区神田三崎町2-18-4
TEL：(03)5215-9021(代)　FAX：(03)5215-9025
〈出版詳細情報〉https://bensei.jp/

印刷・製本　中央精版印刷
ISBN 978-4-585-32033-3 C1021

乱丁・落丁本はお取り替えいたします。定価はカバーに表示してあります。

女性から描く世界史
17〜20世紀への新しいアプローチ

東南アジアから、アジア諸地域、ヨーロッパ諸地域、中南米までを視野に入れ、世界史の中に女性を見出すための新たな方法を探る。

水井万里子・伏見岳志・太田淳・松井洋子・杉浦未樹 編・本体三二〇〇円（＋税）

世界史のなかの女性たち

女性のライフイベントを軸として、歴史のなかの女性たちの生き方・価値観を見直し、彼女たちと歴史的文脈のインタラクティブな関係性を描き出す。

水井万里子・杉浦未樹・伏見岳志・松井洋子 編・本体二五〇〇円（＋税）

中国の娯楽とジェンダー
女が変える／女が変わる

女性たちはどのように娯楽を変え、また女性たち自身は娯楽を通してどう変わったのか。映画、ラジオ、有線放送など様々な娯楽のフィルターを通して明らかにする。

中国ジェンダー研究会 編・本体二八〇〇円（＋税）

女性の力から歴史をみる
柳田国男「妹の力」論の射程

「妹の力」を男女の関係や現代社会のあり方を捉えなおす視座として提示し、個人的な生にとって意義のある歴史の構築を目指した柳田国男の民俗学を問い直す。

永池健二 編・本体三二〇〇〇円（＋税）

男色を描く

西鶴のＢＬコミカライズとアジアの〈性〉

日本古典の男色の世界、二次創作、「萌え」の共振、アジアのＢＬ解釈からＬＧＢＴ事情まで、時代や国の中で変化していく、恋愛・性愛の多様性を探る。

染谷智幸・畑中千晶 編・本体二二〇〇円（＋税）

江戸時代生活文化事典

重宝記が伝える江戸の智恵

学び・教養・文字・算数・農・工・商・礼法・服飾・俗信・年暦・医方・薬方・料理・食物等々、江戸時代に生きる人々の生活・思想を全面的に捉える決定版大事典。

長友千代治 編著・本体二八〇〇〇円（＋税）

江戸庶民のまじない集覧

創意工夫による生き方の智恵

江戸時代に出版・書写された資料を博捜、効能別に分類し、二四〇点以上の図版とともに紹介する「まじない」百科事典！

長友千代治 著・本体六〇〇〇円（＋税）

江戸庶民の読書と学び

当時の啓蒙書や教養書、版元・貸本屋の記録など、人びとの読書と学びの痕跡を残す諸資料の博捜により、近世における教養形成・書物流通の実情を描き出す。

長友千代治 著・本体四八〇〇円（＋税）

書物・印刷・本屋
日中韓をめぐる本の文化史

書物史研究を牽引する珠玉の執筆者三十五名による知見を集結、三九〇点を超える図版資料を収載した日中韓の知の世界を彩る書物文化を知るためのエンサイクロペディア。

藤本幸夫 編・本体一六〇〇〇円（+税）

書籍流通史料論 序説

貸本屋や絵草紙屋、小間物屋等の営業文書や蔵書書目・看板・仕入れ印など、書籍流通の実態を伝える諸史料を博捜。書籍文化史の動態を捉える。

鈴木俊幸 著・本体一〇〇〇〇円（+税）

書籍文化史料論

チラシやハガキ、版権や価格、貸借に関する文書の断片など、人々の営為の痕跡から、日本の書籍文化の展開を鮮やかに浮かび上がらせた画期的史料論。

鈴木俊幸 著・本体一〇〇〇〇円（+税）

出版文化のなかの浮世絵

世界の第一線の論者に導かれ、伝存する作品や資料に残る痕跡から、かつて生活とともにあった「浮世絵」という多色刷りの文化遺産を時代の営みのなかに捉え返していく。

鈴木俊幸 編・本体三八〇〇円（+税）

近世蔵書文化論
地域〈知〉の形成と社会

社会の基盤をなす〈知〉は、いかに形成・浸透したか。地域で受け継がれるアーカイブズを「蔵書文化」という観点から読み解き、近世社会特有の〈知〉の構造を描き出す。

工藤航平 著・本体一〇〇〇〇円（＋税）

近世戯作の〈近代〉
継承と断絶の出版文化史

社会の変容に出版をめぐる人びとはいかに対応したか。資料の博捜により移行期の出版文化のあり方を活写し、近世と近代における継承と断絶の諸相を明らかにする快著！

山本和明 著・本体九〇〇〇円（＋税）

浸透する教養
江戸の出版文化という回路

従来、権威とされてきた「教養」は、近世に如何にして庶民層へと「浸透」していったのか。「図像化」「リストアップ」「解説」の三つの軸より、近世文学と文化の価値を捉え直す。

鈴木健一 編・本体七〇〇〇円（＋税）

形成される教養
十七世紀日本の〈知〉

〈知〉が社会の紐帯となり、教養が形成されていく歴史的展開を、室町期からの連続性、学問の復権、メディアの展開、文芸性の胎動という多角的視点から捉える画期的論集。

鈴木健一 編・本体七〇〇〇円（＋税）

輪切りの江戸文化史
この一年に何が起こったか？

江戸幕府の始まりから幕末明治まで、節目の年を選び出し、文学・風俗・美術・宗教・政治など、多様な切り口で解説。江戸時代を大摑みできる画期的入門書！

鈴木健一 編・本体三二〇〇円（+税）

生産・流通・消費の近世史

具体的なモノの移動に着目し、その生産・流通・消費の有様を把握。環境・資源・生態系との対話から産まれた技術や生業の複合性から近世の人々の生活を描き出す。

渡辺尚志 編・本体八〇〇〇円（+税）

前田育徳会尊経閣文庫所蔵
七十一番職人歌合

諸種多様な職人の風俗を絵画と和歌で描き出し、中世日本の人々の営みを伝える最善本を全編フルカラーで紹介。当時の歴史・文化・技術・風俗研究における貴重資料。

公益財団法人前田育徳会尊経閣文庫 編
本体一二五〇〇〇円（+税）

鍬形蕙斎画
近世職人尽絵詞
江戸の職人と風俗を読み解く

松平定信旧蔵にかかる名品全篇をフルカラーで掲載し、文学・歴史・美術史・民俗学など諸分野の協力による詳細な絵解・注釈・論考を収載。近世文化研究における基礎資料。

大高洋司・大久保純一・小島道裕 編・本体一五〇〇〇円（+税）